새 번역

평등

불평등과 능력주의를 극복하려면
무엇이 필요한가?

새 번역

평등

불평등과 능력주의를 극복하려면 무엇이 필요한가?

알렉스 캘리니코스 지음 | 이수현 옮김

책갈피

차례

역자 서문
평등주의적 자유주의와 고전적 마르크스주의의 대화 7

머리말과 감사의 말 23

1장 오늘날의 불평등 27
불평등한 세계
선진국의 빈곤과 불평등
불평등은 대수롭지 않은 문제인가?

2장 평등과 혁명 57
모더니티의 원동력
사회주의와 평등: 마르크스, 토니, 크로스랜드

3장 평등과 철학자들 81
신노동당과 사회주의적 가치들
롤스와 차등의 원칙
무엇의 평등인가?
부정의, 착취, 응분의 몫
정체성과 차이

E Q U A L I T Y

4장 평등과 자본주의 157

사회적 충돌 없이도 평등이 실현될 수 있을까?

자본주의의 롤러코스터에 관해

평등 대 시장

현실의 검증

맺음말 219

부록

능력주의는 기회 균등을 보장하는가? 225

후주 237

찾아보기 261

일러두기

1. 인명과 지명 등의 외래어는 최대한 외래어 표기법에 맞춰 표기했다.

2. 《 》 부호는 책과 잡지를 나타내고, 〈 〉 부호는 신문, 주간지, 노래, 영화, 텔레비전 프로그램을 나타낸다. 논문은 " "로 나타냈다.

3. 본문에서 [ ]는 옮긴이나 편집자가 독자의 이해를 돕거나 문맥을 매끄럽게 하려고 덧붙인 것이다. 인용문에서 지은이가 덧붙인 것은 [— 캘리니코스]로 표기했다.

4. 본문의 각주는 옮긴이나 편집자가 넣은 것이다.

5. 원문에서 이탤릭체로 강조한 부분은 고딕체로 나타냈다.

역자 서문

평등주의적 자유주의와 고전적 마르크스주의의 대화

이 책의 원서가 2000년에 출판된 뒤 세계적 불평등은 더 커졌다(28쪽의 각주 참조).* 사회적 불평등을 다룬 토마 피케티의 《21세기 자본》이 세계적 베스트셀러가 된 것은 이를 반영한다.**

한국 사회의 불평등도 마찬가지다(33쪽 각주 참조). 문재인 전 대통령은 취임사에서 "기회는 평등하고 과정은 공정하며 결과는 정의로울 것"이라고 공언했지만 자본주의 내 개혁 추구자

---

* 이 책의 국역판은 다른 출판사에서 다른 분의 번역으로 발간된 적이 있다. 책갈피 출판사가 발행한 이 번역서는 내가 완전히 새로 번역한 책이다.

** 피케티 책의 출간 의의와 정치적 함의, 이론적 약점을 우호적이면서도 비판적으로 살펴보는 글 "알렉스 캘리니코스, 토마 피케티의 《21세기 자본》을 읽다"가 〈노동자 연대〉 웹사이트(https://wspaper.org/article/14458)에 실려 있다.

들이 어떻게 약속을 어기는지를 몸소 보여 줬다. 그 바람에 대중이 실망하고 환멸을 느낀 틈을 타서 윤석열이 '공정과 상식'을 모토로 내걸고 집권할 수 있었다.

그러나 공정보다 공작에 능하고 상식보다 몰상식과 파렴치가 몸에 밴 자들을 "훌륭한 사람들"이라고 공개적으로 칭찬할 만큼 후안무치한 대통령이 역대급 낮은 지지율을 기록한 것 정도가 공정한 평가일 뿐, 한국 사회는 공정이나 평등과 거리가 멀어도 한참 멀다. 이것이 아마 평범한 사람들의 상식일 것이다.

주위를 조금만 둘러봐도 이런저런 형태의 차별에 반대하고 평등을 요구하는 운동과 투쟁이, 또 공정과 역차별 여부를 두고 벌어지는 논쟁과 갈등이 널려 있다. 그래서 서점에는 평등·정의·공정을 주제로 다룬 책이 끊임없이 쏟아져 나온다. 그러나 마르크스주의 관점에서 평등과 정의 문제를 다룬 책은 찾아보기 힘들다. 이 점만으로도 이 책은 충분한 가치가 있다.

그런데 지은이가 이 문제를 다루는 방식은 약간 독특하다. 마르크스 이래로 마르크스주의자들이 평등과 정의에 관해 무슨 주장을 했는지, 그런 주장이 현실의 구체적 쟁점들에 어떻게 적용되고 어떤 실천으로 이끌었는지를 이야기하기보다는 흔히 마르크스주의의 비판 대상으로 여겨지는 자유주의 정치철학과 대화를 시도한다는 점이 그렇다.

이 점을 설명하기 전에 자유주의 정치철학의 평등과 정의 논의가 단지 복잡하고 난해한 추상적 이론에 불과한 것은 아니라는 점부터 짚고 넘어가는 게 좋을 듯하다. 김범수 서울대 교수가 지은 《한국 사회에서 공정이란 무엇인가》(아카넷, 2022)는 이 점을 잘 보여 준다. 이 책은 학교 전면 무상 급식 정책, 코로나 재난 지원금 지급 방식 등을 두고 벌어진 선별적 복지 대 보편적 복지 논쟁에 존 롤스의 정의론을 적용하고, 날로 심화하는 소득 격차 문제에 로버트 노직의 이론을 적용하며, '금수저'와 '흙수저', 합법적 '엄빠 찬스' 문제를 로널드 드워킨이 주장한 자원의 평등 이론으로 살펴보고, 학생부 종합 전형과 수능 같은 대학 입시 제도의 공정성 문제에 아마르티아 센의 역량 평등론을 적용하며, 여성 할당제나 소수자 우대 정책이 과연 공정한 것인지를 아이리스 영의 이론으로 검토하는 등 구체적 현실 쟁점에 추상적 정의 이론이 어떻게 적용될 수 있는지를 보여 준다.

캘리니코스는 본서 3장 "평등과 철학자들"에서 바로 이들의 이론을 비판적으로 살펴본다. 그런데 원서의 분량이 후주까지 합쳐도 150여 쪽밖에 안 되는(분량이 제일 많은 3장도 50쪽 남짓이다) 얇은 책에 저 방대한 철학적 논의뿐 아니라 역사적 맥락과 사회적·경제적 분석도 모두 담다 보니 한나절이면 통독할 수 있는 쉬운 읽을거리는 아니라고 할 수 있다. 그래서 지은이가 2006년에 펴낸 책 《Resources of Critique》(비판의 자원들) 7장 "정의와 보편성"의 내용을 보충해서 독자의 이해를 돕고자 한다.

그 책에서 캘리니코스는 마르크스주의에 체계적 윤리학이 없거나 부족하고("윤리학적 적자赤字"), 전통적 마르크스주의자들이 흔히 "도덕적·정치적 신념들을 지배적 생산관계의 기능적 요건으로 환원하는 상대주의적 메타윤리"를 옹호한다고 주장했다(마르크스주의 윤리관을 상대주의로 비판하는 주장은 뒤에서 다시 살펴보겠다). 그래서 자본주의에 대한 마르크스주의적 비판은 자본주의가 정의롭지 않다고 규탄할 수 있는 윤리적 원칙들을 분명히 설명해야 하는 이론적 과제가 있다고 한다. 이를 위해서는 고전적 마르크스주의와 평등주의적 자유주의 사이에 진심 어린 대화가 필요하다고 주장한다.

이런 주장을 보면서, 120년 전쯤 독일 사민당의 베른슈타인과 오스트리아 사민당의 막스 아들러 등이 신칸트주의 윤리학을 마르크스주의에 도입해서 혁명적 예각을 제거하려 한 사례를 떠올릴 사람도 혹시 있을 듯하다. 아마 이런 연상 때문에 생전의 다니엘 벤사이드는 "[롤스의] 정의론으로 마르크스의 비판을 누그러뜨리려는 시도는 서로 완전히 다른 두 가지를 뒤섞는 것과 마찬가지"라며 평등주의적 자유주의를 비판했을 것이다.

물론 캘리니코스 자신의 목적은 마르크스주의적 비판을 희석시키려는 것이 아니라 더 효과적으로 만드는 것이다. 평등주의적 자유주의와 진지한 대화를 추구한다는 것이 의미하는 바는 캘리니코스에게 다음과 같은 것이다: 평등주의적 자유주의가 주장하는 정의의 원칙들은 자본주의의 개혁이 아니라 전복을 통해서만 실현될 수 있다는 점을 보여 주는 것이다(본서 4장에서 바로 그 일을 하고 있다).

1971년에 출판된 롤스의 대작 《정의론》은 흔히 추상적이라고, 즉 현대 사회생활의 구체적 현실과 거리가 멀다고 비판받았다. 처음에 마르크스주의자들이 주로 제기한 이런 비판을 나중에 마이클 왈저와 마이클 샌델 같은 공동체주의자들도 받아들이고 발전시켰다. 그들의 비판인즉, 특정한 사회적 맥락을 초월한다고 주장하는 어떤 정의 원칙도 타당하지 않다는 것이다.

그러나 캘리니코스가 보기에는 바로 이런 추상성, 즉 '현실주의'의 부족이야말로 롤스의 이론(과 더 일반적으로 평등주의적 자유주의)의 결정적 강점이다. 다시 말해, 가치가 땅에 떨어진 현대 자유민주주의 정치에서 실현 가능하다고 여겨지는 것과 거리가 멀다는 바로 그 점 때문에, 오히려 차등의 원칙(사회적·경제적 불평등은 최소 수혜자들에게 이득이 될 때만 허용돼야 한다는)이 이 세계(불평등이 최대 수혜자에게 이득이 되도록 편성된)를 고발하는 지속적 근거가 될 수 있다는 것이다.

그런데 철학적 이론과 사회정치적 현실 사이의 이런 간극이 롤스의 마지막 저작인 《만민법》(1999)에서는 거의 사라져 버린다. 《만민법》에서 롤스는 미국 국무부의 시각, 즉 자유민주주의 국가들을 '실패한' 국가나 '불량' 국가와 대립시키는 관점으로 세계를 바라본다.

이렇게 추상적 보편주의에서 청년 마르크스가 무비판적 실증주의라고 부른 것으로 눈에 띄게 이동한 롤스를 보면서 캘리니코스는 규범적 정치 이론을 철학적 추상화의 한계에서 벗어나게 하려던 시도가 결국은 초강대국의 '현실정치'를 합리화하는 것으로 변질되고 말았다고 개탄한다.

나중의 변화야 어떻든, 롤스가 《정의론》에서 공리주의를 비판하며 촉발한 평등주의적 사회정의 개념을 둘러싼 논쟁은 중대한 의의가 있고 귀중한 통찰을 많이 제공한다. 특히, 무엇의 평등인가라는 물음에 대한 나양한 내답, 즉 사회적 기본재(롤스), 복리(수정된 공리주의), 자원(드워킨), 이익에 대한 접근권(코헨), 역량(센)을 살펴보면, 평등주의자들이 제안한 재분배의 본질이 무엇인지를 명확히 하고, 또 평등의 실현을 추구하는 심오한 윤리적 이유가 무엇인지 명확히 하는 데에도 도움이 된다.

우리는 흔히 사람들이 평등한 대우를 받아야 한다고 말한다. 그런데 어떤 점에서 평등해야 한다는 것일까? "탐욕스런 자본주의적 인간의 자기 정당화"에 불과하다는 평가를 받은 자유시장 자유주의의 옹호자 로버트 노직조차* 어떤 것(즉, 개인의 자

* 서울대학교 정치외교학부 최정운 교수가 그렇게 평가했다("미국의 자유주의: 롤스와 노직의 논쟁", 《미국학》 20집, 1997).

유)은 평등하게 분배돼야 한다고 주장한다. 따라서 무엇의 평등인가라는 물음에 어떻게 대답하느냐에 따라 평등주의의 형태가 구별된다. 그러나 모든 사람에게 자유가 평등하게 배분된다고 하더라도 경제적 평등은 어떻게 이룰 것인가?

모든 사람의 화폐 소득을 똑같게 해 주면 될까? 사람들의 필요와 능력은 저마다 다르기 때문에 그렇게 해서는 안 될 것이다. 장애인에게 올림픽 금메달리스트와 똑같은 소득을 제공한다고 해서 장애인을 평등하게 대우한다고 할 수 있을까?

그렇다면, 공리주의가 주장하듯이 사람들의 행복과 이익, 즉 복리의 평등을 목표로 해야 할까? 다시 말해, 모든 사람의 만족이 평등하도록 해 줘야 할까? 이것은 이른바 값비싼 취향 문제에 부딪힐 것이다. 내가 우주 여행 욕구를 발전시키면 사회가 내 욕구를 만족시켜 줘야 할까? 말도 안 되는 소리라고 다들 이야기하겠지만, 그렇다면 내 만족은 남들보다 작을 것이다.

이 문제는 평등과 책임의 관계를 부각시킨다. 특히, 드워킨은 평등주의적 정의가 나쁜 '불가피한 운'의 결과(스스로 잘못한 게 전혀 없는데도 우연히 불이익을 당하는 것)를 바로잡으려고 노력해야 한다고 주장한다. 롤스가 "도덕적 관점에서 볼 때 임의적"이라고, 즉 개인에게 책임이 있다고 보기 어렵다고 말한, 천부적 재능의 분배는 '불가피한 운'의 사례다. 개인이 저마다 물려받은 재산도 마찬가지다.

그래서 드워킨이 내놓은 대안은 자원의 평등이다. 이를 실현할 방안으로 그는 가상의 경매와 보험 시장을 제시한다. 똑같은 양의 화폐를 가진 개인들이 경매에 참가해 저마다 원하는 재화와 서비스를 낙찰받을 때까지 경매가 반복되다가 모두 원하는 것을 얻고 만족하면 경매는 끝나고 자원은 평등하게 분배된다. 그러나 이런 자원을 활용해 자신의 꿈이나 포부를 실현해 가는 과정에서 불의의 재난이나 타고난 재능 차이 등에 따라 불리한 처지에 놓일 수 있으므로, 그럴 경우에 대비해 보험에 가입해 두면 불평등이 발생하더라도 바로잡을 수 있다는 것이다.

드워킨의 이론은 첫째, 지나치게 개인주의적 정의관이라는 비판을 받았다. 드워킨에 따르면, 태어날 때부터 장애가 있는 사람은 나쁜 '불가피한 운'의 피해자이므로 사회가 보상해 줘야 하지만, 운전 부주의로 자동차 사고가 나서 장애인이 된 사람은 '선택적 운'이 나쁜 경우이므로 사회가 보상해 줄 필요가 없다. '신좌파'를 자처한 드워킨이* 개인의 책임을 강조하는 신자유주의 우파와 다를 바 없는 결론에 이르고 마는 것이다.

둘째, 드워킨의 전략은 선택과 기회의 엄격한 구분에 의존하지만, 개인의 선택과 객관적 여건이 항상 쉽게 구분되지는 않는

---

* 드워킨은 사후적 결과의 평등을 주장한 '구좌파'와 달리 자신은 사전적 자원의 평등을 주장한다며 '신좌파'를 자처했다.

다. 가난하고 차별받는 사람은 자신이 처한 상황을 운명으로 여기고 받아들일 수 있다. 그래서 그의 선택과 선호는 자신의 상황에 만족한 결과처럼 보일 수 있다. 그러나 진정한 대안이 없는 경우에 개인의 선호는 상황에 적응한다. 그 결과를 빈곤과 차별의 피해자가 실제 선택한 것으로 다룬다면 부정의를 정당화하게 된다.

셋째, 소득의 평등과 마찬가지로 자원의 평등 이론도 개인의 필요와 역량은 저마다 차이가 있다는 사실을 제대로 고려하지 못한다. 예컨대, 내가 고질병을 앓고 있다면 건강한 사람과 똑같은 자원을 얻는다 해도 불리한 처지를 벗어나기 힘들 것이다.

이런 이유로 아마르티아 센은 역량의 평등을 대안으로 제시한다. 그는 사람의 행복은 삶의 질에 달려 있고 삶의 질은 최대한 광범한 '기능들'을 실행할 능력에 달려 있다고 주장한다. 여기서 '기능'은 건강하거나 잘 먹는 것 같은 단순한 상태(존재)부터 자신이 바람직하다고 생각하는 삶을 자유롭게 선택하는 것 같은 복잡한 활동(행위)까지 다양하다. 이런 기능들을 최대한 폭넓게 확보하고 실행할 수 있는 역량이 평등해야 한다는 것이 센의 주장이다.

센의 이론은 개인의 행복을 측정하는 기준으로 국민소득 같은 조야한 지표보다 더 복잡하고 미묘한 지표를 제공한다는 장점이 있다. 그래서 유엔개발계획이 삶의 질 수준을 더 정확히 측정하는 인간개발지수를 만드는 작업에 센의 주장이 영향을 미쳤다.

그런데 캘리니코스는 코헨이 주장한 '이익에 대한 접근권'의 평등이 이른바 평등주의적 정의의 다양한 통화(척도) 중에서 철학적으로 가장 정교한 것이라고 평가한다. 여기서 '이익'은 "개인이 보유한 자원 묶음이나 복리 수준으로 환원될 수 없는, 그 사람의 바람직한 상태들의 이질적 집합"을 말한다.

코헨의 주장은 다음과 같은 문제의식에서 나왔다. 드워킨은 불평등한 분배라도 선택의 결과라면 허용된다고 생각하고, 능력의 부족은 보상해 줘야 하지만 값비싼 취향은 그럴 필요 없다고 주장한다. 반면 코헨은 엄밀한 의미에서 개인이 통제할 수 없는 불이익에 대해서는 다 보상해 줘야 한다고 생각한다.

이런 코헨의 사고방식은, 예컨대 '기울어진 운동장을 평평하게 만들어야 한다'고 주장하며 '심층적' 기회의 평등 개념을 발전시키려는 다양한 노력과 부합한다.

그런데 캘리니코스는 코헨의 주장과 센의 역량 평등론 사이에 어떤 실천적 차이가 있는지 알기 힘들기 때문에 둘을 같은 것으로 다루겠다고 한다. 두 평등 개념은 모두 우리가 행복을 객관적 조건으로 이해하는 더 광범한 이론으로 향하게 한다.

무엇의 평등인가를 둘러싼 논쟁은 주관적 행복 개념의 한계를 분명히 보여 준다. 공리주의는 우리가 추구해야 하는 선善을 사회 전체의 복리 극대화로 정의한다. 만족스러운 정신 상태나 (현대 공리주의 논의에서는) 욕구 충족을 의미하는 복리 개념은 개인의 행복에 관한 주관적 개념이다.

그러나 개인의 선호는 흔히 상황에 적응한다. 노예의 욕구도 모두 충족될 수 있다. 노예가 끔찍하고 억압받는 상황과 양립할 수 없는 욕구를 모두 포기한다면 말이다. 따라서 개인의 행복을 제대로 평가하려면 주관적 복리 개념을 벗어나야 한다.

우리가 선호 충족을 액면 그대로 받아들이기를 거부하면, 개인의 행복과 행복의 조건에 대한 주관적 인식을 서로 구별할 수밖에 없다. 그러나 이런 거부는 어떤 만만찮은 평등주의에도 내재한다. 그렇지 않다면, 행복한 노예와 자기 삶에 길들여져 만족하는 가정주부의 사례를 다룰 수 없을 것이다.

따라서 우리는 롤스가 '완전설'이라고 부른 것과 같은 객관적 행복 개념으로 향하게 된다. 예컨대, 아리스토텔레스나 마르크스가 옹호한 개인의 자아실현이라는 이상이 평등의 근거가 될 수 있다. 그러나 이 길은 롤스가 옹호한 자유주의의 심층적 동기와 어긋나게 된다. 자유주의 정치철학의 핵심 가설인 사회계약론에 의지하는 롤스는 상대방의 이해관계에 무관심한 계약 당사자들이 자신의 가치관을 알지 못하는* 상태(이른바 "원초적

* 자유주의 사회에서는 가치관이 본질적으로 다양하다는 사실을 반영한다.

입장")에서 사회·정치 제도들에 관한 합의를 통해 정의의 원칙들에 도달하게 될 것이라고 주장한다. 하지만 객관적 행복 개념에 따르면, 개인과 집단이 자신들의 가치관을 추구하는 사회 형태가 허용된다. 완전설을 근거로 평등주의적 자원 분배를 정당화하는 것은 하나의 가치관, 예컨대 개인의 자아실현에 특권을 부여하는 듯하다. 다시 말해, 제대로 된 평등주의는 인간의 좋은 삶, 즉 아리스토텔레스가 말한 에우다이모니아(행복)에 관한 이론을 요구한다.

이제 캘리니코스가 마르크스주의 윤리관을 '상대주의'라고 비판한 문제를 살펴보자. 고故 크리스 하먼은 《Resources of Critique》 서평에서 이런 비판이 부당하다고 주장했다. 이 점은 "서로 대항하는 도덕률의 충돌을 … '문명'을 야만으로 되돌릴 위험이나 '서로 싸우는 계급들의 공멸'을 부를 위험을 무릅쓰더라도 구질서를 온존시키고자 하는 사람들과 새로운 토대 위에서 사회를 재구성하려고 노력하는 사람들 사이의 충돌로 보면" 분명히 알 수 있다고 하먼은 덧붙였다.*

5000~6000년 전쯤 계급사회가 시작된 이래로 인류 역사에 잇따라 나타난 생산양식들은 서로 다른 경제 조직을 포함했을

* Chris Harman, "Dialectics of Morality: a review of Alex Callinicos' *The Resources of Critique*", *International Socialism* 113(January 2007), p 202.

뿐 아니라, 사회 성원들의 필요를 충족시키는 인간 사회의 능력(즉, 생산력)을 발전시키는 동시에 방해하는 서로 다른 단계들이기도 했다. 우리가 살고 있는 자본주의 생산양식 단계는 사회 성원 대다수를 착취하는 데 바탕을 두고 있을 뿐 아니라, 그냥 내버려 두면 사회생활 자체를 파괴할 지경에 이르렀다. 이것은 '선'의 기준이 무엇이든 간에, 즉 어떤 가치관에 따르더라도 '부도덕'하다.

이와 대조적으로, 자본주의 사회에서 노동계급의 투쟁은 연대·공유·평등주의의 개념들을 발전시킨다. 이런 개념들은 자본주의의 (보편적) 파괴 경향에서 벗어날 길을 제시하는 새로운 도덕, 더 정확히 말하면 원시 공산주의의 도덕이 '더 높은 수준에서' 재탄생되는 토대를 놓는다. 그래서 청년 마르크스는 프롤레타리아를 '보편적 계급'이라고 일컬었다. 자본주의를 비판할 때 이런 관점이 롤스의 '자유주의적 평등주의'보다 더 나은 근거를 제공한다는 것이 하먼의 주장이다.

그래도 하먼은 캘리니코스가 본서에서 다음과 같은 결론을 내린 것에는 틀림없이 동의했을 것이다.

마르크스주의 전통은 불평등의 원인으로 착취에 주목한다. 그리고 자본주의적 착취를 생산 자원이 불평등하게 분배된 결과로 본다. 사람이 착취당하는 경우는 남을 위해 일하도록 부당하게 강요당할 때다. 노동자는 자신의 노동력을 자본가에게 판매하도록 강요되고, 따라서 착취당할 수밖에 없다. 생산 자원의 불평등한 분배는 노동자와 자본가 사이의 자유로운 교환이라는 외관을 허울에 불과한 것으로 만들어 버린다.

노예나 농노와 달리 노동자는 잉여노동을 직접 강요받지는 않지만, '경제적 관계의 말 없는 강제' 때문에 자본가를 위해 잉여노동을 하지 않을 수 없다. 노동자의 자유는 부당하게 침해당하는 것이다. 따라서 착취는 생산 자원이 처음 분배될 때 어떤 부정의(부당함)가 있었는지와 무관하게 그 자체로 정의롭지 않다.

더욱이 착취는 그 결과로 이익에 대한 접근권이 불평등하게 분배된다는 점에서 간접적으로도 부정의에 일조한다. 에릭 올린 라이트의 말처럼 "착취하는 자들의 복리와 착취당하는 자들의 궁핍은 서로 인과관계가 있"는 것이다. 착취하는 자와 착취당하는 자 사이의 적대 관계가 계급 구조의 토대를 이룬다.

《계급, 소외, 차별》(책갈피, 2017)의 공저자인 제프리 디스티 크로익스는 "착취라는 사실의 집단적·사회적 표현"이 계급이라고 했다. 계급은 근본적으로 불평등한 사회관계를 나타내는 개념이므로 '평등한 계급 관계'는 앞뒤가 안 맞는 말이다. 따라서 노동자와 자본가라는 계급으로 이뤄진 자본주의 체제하에서 평등은 불가능하다. 캘리니코스의 말처럼 "평등을 요구하는 것은 곧 혁명을 제안하는 것"이다.

지금까지 본서의 "철학적 핵심"인 3장의 일부 내용에 관해 이야기했다. 하지만 현대적 평등 사상의 기원과 그 역사적 의미를 살펴보는 2장이나, 불평등과 자본주의 경제구조 사이의 인과관계를 분석하는 4장도 중요하다. 어쩌면 본서의 결론 격이라고 캘리니코스가 이야기한 4장이 가장 중요할 수도 있다.

그 밖에도 이 얇은 책에는 중요한 주제와 논의가 많다. 예컨대, 능력주의, 응분의 몫, 기본 소득, 시장 사회주의, 정체성 정치, 제3의 길, 신자유주의, 케인스주의, 세계화 등등. 물론 지면 제약 때문에 자세하지는 않지만, 그래도 이런 다양한 주제에 관한 캘리니코스의 통찰을 엿볼 수 있는 좋은 책이라는 점도 덧붙이고 싶다.

이 좋은 책을 번역하는 데 도움이 된 몇 분께 감사 인사를 전하고 싶다.

최일붕 노동자연대 운영위원은 본서 번역을 제안해서 옮긴이가 다시 한 번 인식의 지평을 넓힐 기회를 제공했고, 그가 편집한 책《그들의 윤리, 우리의 윤리》(책갈피, 2017)는 번역에 큰 도움이 되기도 했다. 김하영 노동자연대 운영위원도 번역 원고를 꼼꼼히 읽고, 옮긴이가 실수하거나 놓친 부분을 날카롭게 지적하고 때로는 대안도 제시해 줬다. 덕분에 번역이 많이 나아질 수 있었다. 양효영 〈노동자 연대〉 기자는 오탈자 지적은 물론 유용한 아이디어와 귀중한 제안들을 많이 해 줬고, 전교조 조합원이자 노동자연대 활동가인 정원석 교사도 번역문에서 수정하거나 보완할 부분을 지적하고 대안과 조언으로 도움을 줬다. 또, 만만찮은 원서와 만만찮은 번역문을 붙잡고 씨름한 출판사 편집자들의 노고도 잊을 수 없다.

물론 이들의 지적과 조언, 대안을 모두 받아들이지는 않았기에 번역에 잘못이 있다면 오로지 옮긴이 책임이다.

본서 "머리말"에서 캘리니코스는 "규범적 정치 이론의 영역에 무모하게 뛰어드는 바람에 … 큰 빚을 지게 됐다"고 말한다. 옮긴이는 그런 책에 무리하게 달려드는 바람에 뱁새가 황새 따라가다 가랑이가 찢어지는 지경에 이르렀다고 한탄한 적이 여러 번 있었다.

자본주의는 지금 핵전쟁의 위협과 기후 재앙, 끝이 안 보이는 경제 위기와 감염병 재난으로 지구와 인류를 파멸시킬 지경에 이르렀다고 해도 과언이 아니다. 이 책이 많은 독자에게 자본주의와는 다른 대안을 위해 이론적 무기로 쓰인다면 옮긴이에게 큰 위안과 보람이 될 것이다.

머리말과 감사의 말

나는 규범적 정치 이론의 영역에 무모하게 뛰어드는 바람에 몇 가지 큰 빚을 지게 됐다. 내가 요크대학교에서 매우 활기 넘치는 정치철학자들과 어울리며 지낸 지도 이제 거의 20년이 됐다. 사회정의 개념을 둘러싼 난해한 문제들에 관한 그들의 견해 가운데 적어도 일부는 틀림없이 나에게 영향을 미쳤을 것이고, 따라서 이 책에 (분명히 굴절된 형태일 테지만) 반영됐을 것이다. 평등에 관한 내 일반적 생각은 다른 철학자 3명(에티엔 발리바르, 자크 비데, G A 코헨)의 연구에 큰 영향을 받았다. 그들과 나는 마르크스주의 전통이라는 공통 배경이 있(지만 분명히 그들은 모두 내가 지나친 정설 마르크스주의자라고 생각할 것이)다. 또 나는 지난 몇 년 동안 마르크스와 롤스의 관계를 다룬 석사 학위논문을 지도해 달라고 나에게 요청한 대학원생들에게도 많이 배웠다.

데이비드 헬드는 이 책에 대한 책임을 어느 정도 나와 함께 져야 한다. 왜냐하면 그가 의뢰한 다른 일을 하느라 기진맥진한 채 비틀거리던 나에게 이 책을 쓰라고 제안했고, 내가 그의 감언이설에 넘어간 뒤에는 편집에 도움이 되는 많은 지침을 제공했기 때문이다. 데이비드는 앤서니 기든스, 존 톰프슨과 함께 [1984년에 설립된] 폴리티 출판사를 발전시킨 것을 자랑스러워할 만하다. 폴리티 출판사에서는 흔히 근본적으로 견해가 다른(때로는 점차 견해가 달라진) 사회·정치 이론가들도 서로 잘 지낼 수 있다. 나는 또 폴리티 출판사의 다른 사람들(샌드라 바이엇, 루이즈 나이트, 팸 토머스)에게도 감사한다. 그리고 이 책의 제작 과정이 아무 탈 없이 순조롭게 진행되도록 애써 준 크리스 베전트에게도 고마움을 전한다.

샘 애시먼과 익명의 심사 위원 한 명은 내 초고를 읽고 논평해 줬다. 이 책의 철학적 핵심인 3장은 요크대학교의 정치 이론 워크숍에서 발표한 논문인데, 당시 나는 비록 독감 때문에 기운이 빠져 있었지만 그 토론이 매우 유익했다고 생각한다. 맷 매트레이버스(논거와 참고 문헌의 귀중한 제공자이기도 했다)와 수 멘더스는 내가 요구하지도 않았는데 자신들의 논평을 문서로 작성해서 나에게 건네줬다. 그들 모두에게 감사한다. 내가 그들의 비판을 충분히 진지하게 받아들였다면 이 책은 분명히 더 좋아졌을 것이다.

사랑하는 아주머니 두 분의 영전에 이 책을 바친다. 세상에는 불운이 많지만, 내가 두 분을 알게 된 것은 매우 행운이었다.

1장

오늘날의 불평등

EQUALITY

불평등한 세계

21세기로 접어드는 세계는 옛 세대들이 상상도 할 수 없을 만큼 부유해졌지만 빈곤과 불평등은 여전히 만연해 있다. 유엔개발계획UNDP이 해마다 발행하는 《인간 개발 보고서》는 주로 전 세계의 사회적·경제적 불평등이 꾸준히 증대하고 있다는 우울한 사실을 기록한다. 1999년도 《인간 개발 보고서》를 보면, 전 세계 인구 중에서 가장 부유한 20퍼센트의 소득과 가장 가난한 20퍼센트의 소득 격차가 1960년에는 30배였는데 1990년에는 60배로 벌어졌다. 그리고 1997년에는 74배로 더 벌어졌다.[1*]

---

* 이 책 원서의 초판은 2000년에 출판됐다. 그 뒤 세계적 불평등은 더 커졌다. 2021년 세계에서 가장 부유한 10퍼센트는 전체 소득의 52퍼센트를 차지한 반면 가장 가난한 50퍼센트는 8.5퍼센트를 차지했다. 각 구간에 속한 개인들의 연평균 소득은 12만 2100달러와 3920달러로 약 29배 차이가 났다. 부의 불평등 수준은 더욱 크다. 가장 부유한 10퍼센트는 전체 부의 76퍼센트를 차지한 반면 가장 가난한 50퍼센트는 단지 2퍼센트를 차지했다. World Inequality Lab, *World Inequality Report 2022*.

그 보고서에서 가장 인상적인 부분을 보면, 세계 최고 부자들의 재산 증가를 보여 주는 도표가 나온다. 1994년과 1998년 사이에 세계 최고 부자 200명의 순자산은 4400억 달러에서 1조 420억 달러(세계 인구 41퍼센트의 소득과 맞먹는다)로 갑절 이상 증가했다. 같은 기간에 하루 1달러 미만의 돈으로 살아야 하는 사람의 수는 여전히 13억 명으로 변함없었다. 빌 게이츠, (대형 유통업체 월마트를 소유한) 월턴 가문, 브루나이 국왕의 자산을 합치면 세계에서 가장 가난한 나라 36개국의 국민소득을 합친 것과 맞먹는다.[2]

불평등은 말 그대로 지구적 문제, 즉 부유한 북반구와 가난한 남반구를 나누는 문제만은 아니다. 각국 내의 불평등도 증대하고 있다. 유엔개발계획의 보고서를 보면, 시장 자본주의로 전환한 동구권과 옛 소련에서는 "불평등이 전례 없이 빠르게 증대했다. 지금 러시아의 불평등은 사상 최대 수준이어서, 가장 부유한 20퍼센트의 소득이 가장 가난한 20퍼센트보다 11배나 많다." 1987~1988년과 1993~1995년 사이에 러시아에서는 [소득 분포의] 불평등도를 측정하는 지니계수가 0.24에서 0.48로 믿을 수 없을 만큼 급격히 증가했다. 라틴아메리카에서는 1980년대 외채 위기 이후 경제성장이 다시 시작되면서 이따금 도취감이 금융시장을 휩쓸었지만 여전히 지니계수가 0.58을 유지하고 있다.[3]

이 모든 통계보다 훨씬 더 생생하게 세계의 불평등한 현실을 보여 준 것은 야긴 코이타와 퐁데 퉁카라의 가슴 아픈 이야기다. 이 두 10대 소년은 1999년 8월 초에 [아프리카] 기니의 수도 코나크리에서 출발해 [벨기에] 브뤼셀 공항에 도착한 비행기의 이착륙 장치 격실에서 얼어 죽은 채로 발견됐다. 그들의 몸에서 발견된 편지는 두 소년이 왜 죽기를 각오하고 비행기에 몰래 탔는지를 보여 준다.

> 유럽의 대사님들, 국민들과 지도자 여러분.
> 여러분께 우리 여행의 목적과 우리 아프리카 어린이와 청소년이 겪는 고통을 말씀드리고자 이 편지를 쓰게 돼 영광스럽고 기쁘고 마음이 매우 든든합니다. …
> 아프리카를 도와 달라고 여러분의 연대와 친절에 호소합니다. 우리를 도와주십시오. 우리는 아프리카에서 엄청나게 고통받고 있습니다. 우리는 많은 문제에 시달리고 있고, 아동의 권리도 매우 부족합니다. …
> 따라서 만약 우리가 생명의 위험을 무릅쓰고 스스로 희생한 것을 여러분이 보시게 된다면, 그것은 우리가 아프리카에서 너무 크게 고통받고 있기 때문이고 우리에게는 아프리카의 가난과 전쟁에 맞서 싸워 줄 여러분이 필요하기 때문입니다. 그래도 우리는 공부하고 싶습니다. 우리가 아프리카에서 여러분처럼 되기 위해 공부할 수 있도록 우리를 도와 달라고 여러분께 부탁드립니다. 마지막으

로, 우리가 매우 존경하는, 여러분처럼 훌륭한 분들께 이런 편지를 쓰는 우리의 무례를 용서해 주십시오.[4]

유럽의 그 "훌륭한 분들"은 두 소년을 애도하며 잠시 멈춰 서서 눈물을 흘린 뒤에 곧바로 일상 업무로 복귀해서 난민과 '경제적 이주민'이 자국으로 들어오지 못하게 막아 버렸다.

선진국의 빈곤과 불평등

빈부 격차는 선진국 내에서도 커져 왔다. 경제협력개발기구OECD의 19개국 중에서 1980년대와 1990년대 초에 소득 불평등이 감소한 나라는 단 하나뿐이었다.[5] 미국에서 그런 빈부 격차 확대 추세를 가장 먼저 지적하고 나선 사람들은 흔히 신보수주의 평론가들이었다. 1980년대 말에 공화당의 정치 분석가 케빈 필립스는 로널드 레이건의 대통령 연임 기간[1981~1989년] 내내 미국 정부가 가난한 사람들의 재산과 소득을 부자들에게 재분배하려고 체계적으로 노력한 것을 기록했다. 필립스는 1980년대를 새로운 '금박 시대'라고* 부르며 다음과 같이 주장했다. "밴더

* 금박 시대(Gilded Era) 미국 남북전쟁(1861~1865년) 후의 대호황 시기를 일컫는 말이다.

빌트 가문, J P 모건 가문, 록펠러 가문의 시대였던 19세기 말 이래로 [1980년대처럼] 부자들이 급증한 시기는 없었다."[6]

10년 후 [루마니아 태생으로 이탈리아와 영국에서 공부했고] 미국 워싱턴에서 전략 컨설턴트로 일하는 에드워드 루트왁은 [1980년대의] 이 과정이 어떻게 전개됐는지를 추적했는데, 그는 규제받지 않는 '터보 자본주의'가* 새롭게 발전했다고 생각했다.

> 미국의 소득분배는 제3세계 나라와 비슷해지고 있다. 즉, 상위 1퍼센트는 진짜로 엄청나게 부유하고, 상당한 소수(대략 12퍼센트)는 1주일에 40시간, 1년에 50주씩 일하는 정규직 노동자인데도 공식 빈곤선 이하의 생활을 한다. 뉴욕주는 경제가 매우 역동적이고 특별히 터보 자본주의적인 곳인데(무엇보다 월스트리트가 뉴욕주[의 뉴욕시]에 있다) 예상대로 소득분배가 미국 전체보다 훨씬 불평등하다.
>
> 1996년에 뉴욕주 전체 가구 중에서 가장 부유한 20퍼센트의 평균 소득이 13만 2390달러로 가장 가난한 20퍼센트의 6787달러보다 거의 20배나 많았다. 그보다 격차가 더 큰 곳은 수도인 워싱턴뿐

* 터보 자본주의(turbo-capitalism) 사기업이 정부의 규제나 노조의 통제를 받지 않는 자유방임 자본주의가 1980년대 말 동구권과 소련 붕괴 이후 터보 엔진을 장착한 자동차처럼 더 무서운 기세로 돌진하는 것을 묘사한 말이다.

이었고(28.2배), 미국 전체의 평균 소득 격차는 11만 7499달러 대 9254달러로 12.7배였다. 또, 뉴욕주에서는 1978년과 1996년 사이에 전체 가구 중에서 소득 상위 20퍼센트의 평균 소득이 46퍼센트 증가한 반면에 하위 20퍼센트는 36퍼센트 감소했다.[7]

주요 경제 대국 중에서 1980년대와 1990년대에 규제가 철폐된 자유 시장 자본주의를 향해 나아간 궤적이 미국과 가장 비슷한 나라인 영국도 비슷한 패턴을 보였다.* 1997년 5월 영국 총선에서 승리해 집권한 신노동당** 정부는 (2~4장에서 보게 되겠지만) 더 평등한 사회를 추구하는 일에서는 기껏해야 모호한 태도를 취할 뿐이다. 그래도 야심 있는 재무부 장관 고든 브라운의 후원 아래 빈곤과 불평등의 원인과 해법에 대한 연구는 활발히 이뤄졌는데, 이런 연구 결과를 보면 지니계수로 측정된 소득 분배의 불평등은 1977년과 1996~1997년 사이에 3분의 1이나 증대했다. 이것은 특히 소득 격차의 확대(남성은 노동인구 상위

---

* **한국의 소득 격차** 한국에서도 1990년대 중반 이후 소득 격차가 더 빠르게 벌어졌다. 1995~2020년 전체 소득에서 상위 10퍼센트가 차지하는 몫은 35퍼센트에서 45퍼센트로 늘어난 반면 하위 50퍼센트가 차지하는 몫은 21퍼센트에서 16퍼센트로 줄어들었다. World Inequality Lab, *World Inequality Report 2022*.

** **신노동당** 토니 블레어(1994~2007년 당대표), 고든 브라운(2007~2010년 당대표) 지도부 아래서 신자유주의를 적극 수용한 시기의 노동당을 가리키는 말.

10퍼센트의 소득이 하위 10퍼센트보다 2배 빠르게 증가했고 여성은 4배나 빠르게 증가했다)와 실직자 가구 비율의 증가(1979년 9퍼센트에서 1995~1996년 20퍼센트)를 반영했다.[8]

이런 결론을 내리는 자세한 연구들은 레이건과 대처가 각각 미국과 영국에서 집권한 시기의 정책들을 옹호하는 신자유주의자들의 생각에 도전하는 경향이 있다. 그 신자유주의자들은 소득 불평등 증대가 고용 시장의 이동성 증가로 보완된다고 생각했다. 즉, 소득 불평등이 증대하더라도 재능 있고 진취적인 개인들이 경제적 사다리를 타고 오를 수 있게 되므로 문제없다는 것이었다. 그러나

> 연도별 [소득의] 이동성 패턴은 … 내가 '고무줄' 모형의 소득 동역학이라고 부른 것으로 요약될 수 있다. 개인의 소득은 비교적 고정된 '장기 평균'을 중심으로 변동한다고 볼 수 있는 것이다. 이 값 [장기 평균]은 사람들의 소득 수준이 어느 한계를 벗어나지 못하도록 묶어 놓는 고무줄 구실을 한다. 한두 해 정도는 사람들이 그 한계를 벗어날 수도 있는데, 그래도 고무줄에 묶여 있기 때문에 멀리 벗어나지는 못한다. 그리고 몇 년이 지나면 다시 그 한계 근처로 되돌아오는 경향이 있다.[9]

또, 그런 연구들을 보면 영미식 자유 [시장] 자본주의를 옹호

하는 자들의 견해, 즉 미국과 영국에서는 저임금 일자리의 비율이 상대적으로 높지만 오히려 그 때문에 저임금 노동자들에게 고용 안정과 경제적 향상의 전망이 보장된다는 주장이 틀렸다는 것도 알 수 있다.

> 저임금은 무임금으로 이어지고 무임금은 다시 저임금으로 이어진다는 것을 보여 주는 강력한 증거가 있다. 저임금 노동자들은 장차 실업자가 될 가능성이 더 크고, 실업자들은 다시 취업하더라도 저임금 노동자가 될 가능성이 더 크다. 또, 그들이 실업자가 되기 전에 저임금 노동자였다면 그럴 가능성은 훨씬 더 크다. 저임금 일자리가 고임금 일자리로 가는 디딤돌 구실을 한다는 가설을 뒷받침할 자료는 없다. 여기서 제시된 증거를 보면, 저임금 일자리는 고소득 직종으로 가기 위한 디딤돌이기는커녕 오히려 막다른 골목이 될 가능성이 더 크다는 것을 알 수 있다.[10]

저임금 노동자들이 갇혀 버린 '막다른 골목'이나 소득 구조에서 어느 한계를 벗어나지 못하게 묶어 놓는 '고무줄' 따위의 비유를 보면 우리는 결코 '노동 유연성'에서 안도감을 느낄 수 없게 된다(심지어 중도 좌파 정치인들조차 영미식 자유방임 경제의 최고 장점으로 '노동 유연성'을 꼽지만 말이다). 영국 재무부의 의뢰로 작성된 [위의 두 보고서에 이어] 셋째 보고서는 임금 이동성에 관한 증거를 [비유적이지 않고] 약간 더 형식적으로 다음과 같이 요약한다.

> 때때로 영국을 [임금의 상향] 이동 사회로 묘사하지만 그런 그림은 결코 사실이 아니다. 실제 증거를 보면 [영국은] 장기적으로 임금 변동이 거의 없는, 부동성이 매우 큰 사회다. 그 밖에도 1970년대 말 이후 소득의 이동성이 떨어졌음을 보여 주는 증거가 있다. 또, 이 시기에 [지니계수와 5분위 배율 등] 횡단면 관점에서 측정된 임금 불평등[즉, 소득분배 구조에서 개인의 위치 변화가 아니라 전반적 소득분배의 변화 — 캘리니코스]이 급격히 증대했음을 감안하면, 여기서 알 수 있는 사실은 빈부 격차가 더 커졌을 뿐 아니라 이 격차를 좁힐 수 있는 저임금 노동자들의 능력도 크게 약화했다는 것이다. 이동성의 변화는 횡단면 관점에서 측정된 임금 불평등 증대를 상쇄하기는커녕 오히려 더 악화시킨 것처럼 보인다[원문 그대로다 — 캘리니코스].[11]

이런 연구들에서 드러나는 것은 뿌리 깊은 불평등 구조다.

> 비록 아이들이 흔히 부모와는 다른 경제적 지위에 이르게 되지만, 대다수 사람들에게 이런 이동의 폭은 좁다. 사회적·경제적으로 혜택받은 집안 출신 아이들이 특히 더 그렇다. 혜택받은 부모의 자

녀는 결국 혜택받은 지위에 이르게 될 가능성이 매우 크다. … 아버지가 소득분배 구조의 상위 25퍼센트에 속하는 남자아이 가운데 약 80퍼센트는 소득 상위 50퍼센트에 속하게 된다. 그러나 아버지가 소득 하위 25퍼센트에 속하는 남자아이가 소득 상위 50퍼센트에 속하게 될 가능성은 훨씬 더 작다. 부모가 소득 하위 25퍼센트에 속하는 남자아이들 가운데 겨우 3분의 1만이 가까스로 소득 상위 50퍼센트로 이동한다. 이런 이동성 패턴은 여자아이도 크게 다르지 않다.[12]

방금 인용한 것과 같은 연구들은 가난한 소수 인구를 괴롭히는 문제들인 빈곤과 불평등에 집중하는 경향이 있다(이것은 아주 정당하다). 그러나 더 광범한 논의들은 앞서 살펴본 불평등 증대 때문에 부유한 다수와 가난한 소수(온갖 일탈 행위에 몰두하는 '언더클래스'라는* 틀에 박힌 이미지로 곧잘 묘사된다)가 서로 싸우게 된다고 가정하는 일이 흔하다. 심지어 평등주의 철학자들조차 흔히 이런 생각을 공유하는 듯하다. 예컨대, 토머스

* 언더클래스(underclass) 고질적으로 고용이 되지 않아 복지에 의존해 사는 빈민층을 가리키는 말이다. 이 말은 좌파에서 우파까지 제각각 사용하지만 모두 노동계급 밑에 새로 등장한 또 다른 계급이 있다는 인식을 공유한다. 흔히 '최하층 계급'이라고 번역되기도 하지만 노동계급 아래에 있는 또 다른 계급이라는 의미를 살리고자 '언더클래스'로 그대로 옮겼다.

네이글은 다음과 같이 썼다. "사정이 이렇다 보니, 가난한 사람이 더는 다수가 아닌 곳에서 민주주의는 포괄적 평등의 적이다."[13] 근본적으로 똑같은 견해가 미국에서는 빌 클린턴,* 유럽연합에서는 토니 블레어와** 게르하르트 슈뢰더*** 같은 사회민주주의 지도자들이 추구하는 '제3의 길'이라는 정치 전략의 핵심에 있다. 가난한 사람들이 유권자의 소수에 불과하기 때문에 중도 좌파는 부유한 다수에게 적대감을 불러일으킬 수 있는 재분배 정책들을 피해야 한다는 것이다.

이런 생각이 매우 널리 퍼져 있지만, 놀라운 점은 그렇게 생각하는 사람들이 그 생각과 모순되는 매우 많은 증거에 거의 관심을 보이지 않는 듯하다는 사실이다. 이것은 어느 정도는 개념 문제와 관련 있다. 평등이나 불평등은 분명히 상대적 개념이다. 얼마나 평등한지 또는 불평등한지를 밝히려면, 사회적·경제적 혜택을 누릴 수 있는 기회나 권리를 사람마다 비교해 봐야 한다(그런 개인 간 비교를 위한 올바른 기준이 3장의 주제 중 하나다).[14] 그러나 심지어 일부 평등주의자들조차 빈곤을 상대적 개념으로 이해하려 하지 않는다. 그래서 G A 코헨은 다음과 같이

---

* 빌 클린턴 미국 민주당 정치인으로 1993~2001년 대통령을 지냈다.

** 토니 블레어 영국 노동당 정치인으로 1997~2007년 총리를 지냈다.

*** 게르하르트 슈뢰더 독일 사회민주당 정치인으로 1998~2005년 총리를 지냈다.

썼다. "타당해 보이는 절대적 기준에 따르면 과거에 대다수 사람들은 가난했고, 따라서 부유한 소수가 재분배의 표적이 될 수 있었다. 오늘날 똑같은 절대적 기준에 비춰 보면, 즉 영국 가구의 62퍼센트가 비디오테이프 플레이어를 보유하고 있다는 사실을 적절하게 지적하는 그 기준에 따르면 가난한 사람은 소수에 불과하다."[15]

그러나 이것은 너무 성급한 주장인 듯하다. 우리가 생존하는데 꼭 필요한 기본적 욕구들, 생물학적으로 결정된 욕구들이 있다는 것은 확실하다. 그런 욕구들을 충족하지 못하는 것이 절대적 빈곤의 기준(점)이다. 그러나 이런 기본적 욕구의 충족 여부를 판단하는 기준은 그 사회에서 지배적인 [생활]수준이 어느 정도인지에 따라 달라질 가능성이 크다. 예컨대, 중세의 농민이라면 괜찮다고 생각했을 만한 집으로 21세기 초에도 주거 욕구를 충족할 수 있다고 여기는 사람은 거의 없을 것이다. 오늘날 전세계의 수많은 사람이 어쩔 수 없이 살고 있는 판잣집과 오두막집이 옛날에는 그런대로 괜찮아 보였을지 몰라도, 지금은 그런 집에 산다는 사실이 현대의 빈곤 수준을 보여 주는 증거로 취급된다.

더욱이, 인간의 생존에 항상 필요한 초역사적 요인을 반영하지 않는 욕구들, 그러나 특정 사회에서 괜찮은 삶을 살려면 반드시 충족돼야 하는 그런 욕구들도 있다. 오늘날 전화나 텔레비

전이나 안전하고 효율적인 운송 수단을 이용하지 못한다면 현대의 도시 문명에서 근본적으로 불리한 처지에 놓일 수밖에 없다. 기술 변화로 말미암아, 훨씬 더 복잡한 내구소비재들이 괜찮은 삶을 사는 데 필요한 결정적 자원이 될 수 있다. 인터넷과 월드와이드웹에 관한 온갖 광고가 난무하지만, 유엔개발계획은 1998년에 인터넷을 사용한 사람이 세계 인구의 극소수(대체로 부유하고 교육받은 남성들이다)인 2.4퍼센트에 불과하다고 지적했다.[16] 모뎀이 장착된[즉, 인터넷 사용이 가능한] 개인용 컴퓨터를 이용할 수 없다는 것이 새로운 형태의 불평등을 나타내는 기준이 되기까지는 얼마나 오래 걸릴까?*

이런 점들을 감안하면, 평등 자체와 마찬가지로 빈곤도 상대적 개념으로 봐야 한다는 것을 알 수 있다. 실제로 이미 많은 자료에서 상대적 빈곤 개념이 사용되고 있다. 예컨대, 영국의 공식 통계에서 빈민은 (주거비 지출 후) 가구 소득이 전국 평균의 50퍼센트 미만인 사람으로 정의된다. 이런 정의에 따르면 영국의 빈민은 1996~1997년에 인구의 거의 4분의 1인 1400만 명이나

---

* 전 세계 인터넷 사용자는 2000년대 이후 급속하게 늘어 2021년에는 49억 명, 전체 인구의 63퍼센트에 근접할 것으로 보인다. 그러나 약 29억 명은 여전히 인터넷을 사용하지 못하고 그중 96퍼센트는 개발도상국에 살고 있다. International Telecommunication Union, *Facts and figures 2021*.

된다(반면에 1979년에는 400만 명[약 7퍼센트]에 불과했다).[17]*

빈민의 수가 이렇게 늘어난 것과 대조적으로 평균 소득은 상승했다. 1999년에 영국 전일제 노동자의 평균 소득은 2만 265 파운드[2021년의 가치로 약 4900만 원]에 이르렀는데, 이 수치는 확실히 "자신의 삶에 만족하는" 사람이 다수라는 이미지를 뒷받침하는 듯하다.[18] 그러나 평균은 흔히 오해의 소지가 있다. 즉, 부유층의 소득이 빈곤층보다 훨씬 빨리 증가한 나라에서는 다수의 상대적 처지가 반드시 향상되지 않더라도 평균 소득은 증가할 수 있는 것이다. 1994~1995년에 영국 인구의 63퍼센트는 가계 순처분가능소득이 평균보다 낮았다. 이것도 인구의 59퍼센트가 평균 이하 소득을 기록한 1979년보다 상승한 수치다.[19]

이런 수치들을 보면, 적어도 영국에서는 다수의 상대적 지위가 열악해지기만 했다는 것을 알 수 있다. 절대적 생활수준의 확고한 향상 덕분에 이 다수가 한 세대 전보다 훨씬 많은 물질적 안락을 누릴 수 있었다. 그리고 실제로 매우 다양한 내구소비재를 소유한 가구가 꾸준히 증가했음을 알려 주는 여러 조사 결과를

---

* 한국의 상대적 빈곤율 통계청은 가구 소득이 중위 소득의 50퍼센트 이하인 가구를 빈곤 가구로 규정하고 통계를 발표한다. 한국의 상대적 빈곤율은 2011년 18.6퍼센트에서 2020년 15.3퍼센트로 "크게 개선되지 않고 있다." 통계청, '국가지표체계', http://index.go.kr

보며 우리가 떠올리는 모습도 바로 그런 것이다. 그런 내구소비재 가운데 많은 것(예컨대, 비디오테이프 플레이어와 개인용 컴퓨터 등)이 불과 30~40년 전에는 존재하지 않던 것들이다. 존 F 케네디가 언젠가 말했듯이 밀물이 들어오면 모든 배가 떠오르기 마련이다.*

그러나 대량 판매 시장을 위한 신제품이 이렇게 많아졌지만, 세계 최대 자본주의 경제인 미국의 모습은 사뭇 다르다. 즉, 미국의 생활수준은 지난 세대에 끊임없이 하락 압력을 받았다. 놀랍게도 이 사실은 정치적 논쟁에서든 이론적 논쟁에서든 대체로 무시당했다. 그러나 정치적 신념이 서로 다른 여러 평론가와 연구자들이 이 사실을 철저하게 기록하고 분석했다. 그래서 신보수주의자 루트왁은 다음과 같이 썼다.

> 1982년도 불변가격 달러로 측정된[즉, 1982년을 기준점으로 삼고 물가 변동을 반영해 측정된], 미국의 모든 산업과 서비스업(농업과 정부 부문 제외)에 종사하는 모든 '비관리직' 피고용인의 평균 소득은 1978년에 시간당 8.4달러로 정점을 찍은 뒤 1980년 7.78달러,

---

* 1963년에 미국 대통령 케네디가 아칸소주에서 새로운 댐의 완공을 축하하는 연설을 할 때, 댐 공사가 선심성 지역개발 사업의 나쁜 사례라는 비판을 반박하며 한 말. 경제성장이 모든 사람에게 혜택을 줄 것이라는 의미로 쓰인다.

1985년 7.77달러, 1990년 7.52달러로 계속 하락했고, 마침내 1993년 이후의 호황기에 다시 상승했지만 그때조차 1996년 7.50달러, 1997년 7.66달러로 매우 조금씩 아주 느리게 상승했을 뿐이다.[20]

마르크스주의 역사학자인 로버트 브레너도 전후 자본주의를 연구한 대단히 중요한 저작에서 비슷한 그림을 보여 준다.

1979년과 1990년 사이에 [미국 — 캘리니코스] 민간 기업 경제의 시간당 실질 보수 증가율은 연평균 0.1퍼센트였다. 그 시기에 [생산직과 비관리직 노동자의] 시간당 실질임금과 급여(각종 수당 제외)의 추세는 훨씬 더 나빠져서, 연평균 1퍼센트의 비율로 감소했다. 20세기의 그 어느 시기에도 실질임금 증가율이 그렇게 오랫동안 그렇게 낮은 수준을 유지한 적은 없었다.[21]

[〈뉴욕 타임스〉에 칼럼을 기고하던] 경제 저널리스트 제프리 매드릭도 좌파 자유주의 관점에서 다음과 같이 썼다.

이런 요인들 때문에 1993년도 가구의 평균 실질소득은 1973년보다 겨우 몇 퍼센트포인트 높았을 뿐이다. 그것도 대개는 맞벌이 부부가 훨씬 많이 늘어났기 때문이었다. 임금이 급격히 하락한 더 짧은 시기들도 있었다. 그러나 우리가 아는 한 1820년 이래로 남북전

쟁 전후의 시기를 제외하면 평균 실질임금이 20년간 그만큼 하락 한 때는 결코 없었다.[22]

이어서 매드릭은 브레너가 말한 '임금 억제'의 결과들을 자세히 기록한다. 즉, 1973년 이후 전일제 남성 노동자의 연간 노동시간이 1.5주 늘어났고, 가장 가난한 가구들에서 맞벌이 부부의 비율이 가장 크게 증가했으며(이것은 '여성 파워'를 추구해서가 아니라 경제적 어려움 때문에 어쩔 수 없이 노동시장에 진입한 여성이 많았음을 시사한다), 젊은 층의 주택 소유 비율이 줄었고, 미국의 자동차 산업계가 부유한 중간계급을 위한 [SUV와 미니밴을 포함한] 경트럭 같은 고급차를 생산하는 쪽으로 방향을 전환함에 따라 노동자 1인당 구입 차량 수도 감소했고, 사적 연금과 의료보험에 가입한 노동자의 비율이 줄어들었다. "대체로 미국은 두 계층 사회로 바뀌고 있는데, 상층은 줄어들고 있다"는 것이 매드릭의 결론이다.[23]

그러니까 놀랍게도, 자유 [시장] 자본주의가 사회주의·공산주의와 체제 경쟁에서 최종 승리했다고 선언된 시대에 세계 최강의 경제를 자랑하는 미국에서 노동자의 다수는 마르크스가 말한 '절대적 빈곤화' 비슷한 것을 어쩌면 처음으로 경험하고 있던 것이다. 다른 선진국들의 상황은 미국보다 덜 냉혹하다. 그렇지만 진행되고 있는 과정은 똑같다. 왜냐하면 국제 경쟁에 직면해서 비용을 줄이라는 가차 없는 압력이 대다수 노동자의 일자리·임금·노동조건을 끊임없이 위협하고 있기 때문이다.*

주요 사회민주주의 경제학자 중 한 명인 윌 허턴은 이런 과정이 영국에서 보수당 집권기에 어떤 결과를 낳았는지를 다음과 같이 요약했다. "노동할 수 있는 사람들의 절반 이상이 빈곤 소득으로 살거나 상시적 스트레스와 불안정에 시달리며 살고 있다." 허턴은 노동인구를 세 집단으로 나눈다. "30퍼센트의 노동인구는 사회적·경제적 혜택을 받지 못한 사람들", 즉 실업자나 정부의 [복지] 제도 따위에 의존해 살아가는 사람들이다. "또 다른 30퍼센트는 소외된 사람들과 불안정한 사람들로 이뤄진다. 이 범주를 규정하는 것은 소득이 아니라 노동시장과 맺는 관계다." 이 범주에 속하는 사람들은 "불안정하고 제대로 보호받지 못하고 각종 수당도 거의 없는 직종에서 일한다. 바로 이 범주가 영국 전역의 사무실과 공장에 불어닥친 변화의 피해자가 되고 있다. 그중에는 갈수록 수가 늘어나는 시간제 노동자와 임시직 노동자도 포함된다." 마지막으로 "1979년 이후 [노동]시장 지배력이 증대해 온 40퍼센트 남짓 되는 특권층"이 있다.[24]

* 한국 노동자들의 실질임금은 1980년대에는 100만 원대, 1990년대 후반에는 200만 원대, 2007년에는 290만 원대로 진입해 꾸준히 상승했지만 그 뒤로는 정체하고 있다. 김하영, 《오늘날 한국의 노동계급: 고전적 마르크스주의의 관점》, 2017, 책갈피.

허턴이 묘사하는 그림은 오히려 너무 낙관적이다. 왜냐하면 전일제로 2년 넘게 고용돼 있는 노동자라면 '특권층' 범주에 포함시키기 때문이다. 그러나 공기업이든 사기업이든 관료적 조직을 수익성 강화 노선에 따라 구조조정하려고 끊임없이 시도하기 때문에 이런 노동자들 가운데 다수가 심각한 압박을 받는다. 실제로 프랑스 사회학자 피에르 부르디외는 다양한 요인들로 말미암아(그중에서도 만성적 대량 실업, 계약직 노동자 증가와 유연 생산의 확대, 기업이 특정 지역이나 국가와 연계에서 자유로워지는 "기업의 탈국경화" 때문에) "오늘날 불안정[한 고용]이 도처에 존재한다"는 것은 분명하다고 주장한다. "객관적 불안정은 주관적 불안감이 널리 퍼지는 토대가 돼서, 오늘날 선진 경제의 중심부에 있는 다수의 노동자들과 심지어 아직 직접 영향을 받지 않은 사람들조차 대체로 그런 불안감에 사로잡힌다." 사실, 이것[불안정한 고용]은 "새로운 유형의 지배 방식"의 일부다. 그 지배 방식은 "노동자들에게 굴종과 착취를 받아들이도록 강요하려고 불안정을 일반적·영속적 조건으로 만드는 제도에 바탕을 두고 있다."[25]

불평등은 대수롭지 않은 문제인가?

부르디외의 이 말을 보며 우리는 오늘날의 불평등에 관한 사실 문제에서 도덕적·정치적 대응 문제로 나아간다. 오늘날의 불평등한 현실을 네이글의 다음 말처럼 해석하는 사람들도 있다. "우리는 정신적으로 구역질 나는 경제적·사회적 불평등의 세계에 살고 있다. 그 세계가 관용, 개인의 자유, 인간의 발전이라는 공통 기준을 인정하는 쪽으로 진보해 온 과정은 울적할 만큼 느렸고 꾸준하지 못했다."[26]

물론 그런 해석을 거부하는 사람들도 많다. 규제받지 않는 자본주의를 옹호하는 신자유주의자들은 적어도 선진국에서 발견되는 불평등은 대체로 개인들이 자신의 재능과 자원을 시장경제에서 어떻게 사용할지를 자유롭게 선택한 결과라고 생각한다. 로버트 노직이 《아나키, 국가, 유토피아》에서 아주 강력하게 주장했듯이 그런 선택의 결과로 나타난 부와 소득의 개인 간 차이는 정치적 행동으로 바로잡아야 하는 부정의가 아니라는 것이다. 신자유주의자들은 이런 기준으로 설명할 수 없는 다른 불평등은 국가가 시장의 작용에 개입하려다가 낳은 부작용이라고 해석하는 경향이 있다. 더 전통적인 보수적 견해의 지지자들뿐 아니라 신우파* 지지자들도 포함한 일부 사람들은 특히 미국 사회에 큰 상처를 남긴, 흑인과 백인의 끊임없는 불평등은 유전적 차이로 설명할 수 있다고 생각한다. 즉, 아프리카계 미국인들의

* 신우파(New Right) 1980년대에 영국 대처 정부와 미국 레이건 정부의 신자유주의 정책을 주도한 보수적 정치 세력.

낮은 지능지수IQ가 그런 불평등의 근본 원인이라는 것이다.

정치적 우파가 사회적 불평등을 대수롭지 않게 치부해서 자신들의 책임을 회피하려 들거나 심지어 불평등을 옹호하기도 하는 것은 결코 놀라운 일이 아니다. 그러나 오늘날 평등이라는 이상을 못마땅하게 여기고 짜증내는 태도는 중도 좌파를 자처하는 사람들 사이에서도 찾아볼 수 있다. 예컨대, 몹시 따분한 영국 월간지 〈프로스펙트〉(전망)의 편집자[이자 신노동당 지지자] 데이비드 굿하트는 최근에 다음과 같이 단언했다.

> [빈부 — 캘리니코스] '격차'에 집착하는 낡은 태도가 문제다. 공정에 관한 제3의 길 이론은 [빈부] 격차가 중요하지 않다(거나 적어도 밑바닥 사람들의 삶의 기회보다는 덜 중요하다)고 말해야 한다. 만약 밑바닥 사람들의 삶의 기회가 꾸준히 증대한다면 부자들이 갈수록 더 부유해지는 것은 중요하지 않다. … [빈부] '격차'에 집착하는 사고방식은 또 누군가가 부유해지면 누군가는 가난해진다는, 지금은 사라져 버린 생각에 바탕을 둔다. 19세기의 광산촌에서는 광산 소유자의 부가 어느 정도 광원들의 빈곤을 낳는다는 것이 분명했다. 오늘날에는 어쩌다 가끔 볼 수 있는 [초저임금과 열악한 노동조건으로 노동자들을 부리는] 스웻샵을 제외하면 그것은 결코 사실이 아니다. 가난한 사람들의 빈곤이 부자들의 부를 만들어 내는 것도 아니고 그 반대도 아니다. 빌 게이츠는 시애틀의 가난한 사람

들을 착취해서 1500억 달러의 재산을 모은 것이 아니다.[27]

"밑바닥 사람들의 삶의 기회", 사실상 다수의 삶의 기회가 "꾸준히 증대한다"는 굿하트의 자기만족적 믿음은 내가 앞 절에서 제시한 증거만 보더라도 충분히 의심할 만하다. 빌 게이츠에 관한 굿하트의 말은 제3의 길 지지자들이 세계 최고 부자들을 숭배한다는 사실을 단적으로 보여 준다. 여기서 영국 좌파의 문화가 확실히 달라졌음을 알 수 있다. 1973년, 기뻐서 들뜬 노동당 당대회에서* 데니스 힐리가 이듬해 노동당 정부의 재무부 장관이 돼 실행할 조세 정책의 변화를 발표할 때 다음과 같이 약속한 것을 떠올려 보라. "[우리는 부유세를 도입할 것입니다. 그러면 …] 소득의 75퍼센트를 에누리 없이 세금으로 낼 수 있을 만큼 엄청나게 부유한 8만 명은 괴로워하며 울부짖을 것입니다."[28] 이와 대조적으로 토니 블레어와 게르하르트 슈뢰더는 최근에[1999년 6월] 발표한 공동 정책 강령에서 다음과 같이 선언했다. "우리는 예술가와 축구 선수를 칭송하듯이 성공한 기업인도 칭송하는 사회를 원한다."[29] 이런 소망이 과연 두 지도자도 공언한 평등주의와 부합하는지 아닌지는 이 책의 뒷부분에서 살펴볼 주제다.

---

* 1973년 10월에 열린 노동당 당대회는 4개월 후의 총선 승리를 예상하고 분위기가 고조됐다.

어쨌든, 평등이라는 이상은 서구 자유민주주의 나라들의 정치 문화에 아주 깊이 뿌리박혀 있기 때문에 "지금은 사라져 버린" 생각쯤으로 간단히 묵살할 수 없다. 이탈리아 정치철학자 노르베르토 보비오는 최근에 널리 논의되는 주목할 만한 저작에서, 공산권의 붕괴로 말미암아 좌파와 우파의 구분이 더는 쓸모없게 돼 버렸다는 생각에 도전했다. 역사적·개념적 고찰을 바탕으로 그는 다음과 같이 주장했다. "좌파와 우파를 구분할 때 가장 자주 적용되는 기준은 사회 속에서 살고 있는 사람들이 평등이라는 이상을 대하는 태도다." 세계의 불평등 실상을 지적하면서 보비오는 다음과 같이 말했다.

> 이런 현실에 직면해서 우파와 좌파 사이에는 매우 분명한 차이가 있는데, 평등이라는 이상이 항상 우파와 좌파를 나누는 결정적 기준 구실을 했다. 좌파가 자신의 임무를 완수하지 못했을 뿐 아니라 거의 시작도 못했다는 사실을 깨닫기 위해서는, 19세기에 사회주의를 탄생시킨 개별 국가 내부의 사회문제에서 국제적 사회문제로 주의를 돌리기만 하면 된다.[30]

내가 보기에 보비오는 근본적으로 옳다.[31] 만약 좌파가 평등에 헌신하지 않는다면 어떤 의미에서도 좌파는 존재한다고 말할 수 없다. 그러나 이런 헌신의 존재와 성격 모두 당연한 것으로 여길 수 없다. 굿하트가 "[빈부] 격차에 집착하는 사고방식"을 어설프게 비판한 것은 적어도 오늘날 평등에 관한 혼란스러운 사고방식에 주의를 기울이게 만드는 장점은 있다. 이런 혼란의 전형적 사례는 아마 토니 블레어의 다음과 같은 말일 것이다. "계급 전쟁은 끝났습니다. 그러나 진정한 평등을 위한 투쟁은 이제 막 시작됐습니다."[32]

나는 이 얇은 책에서 보비오의 주장을 세 가지로 강화하고자 한다. 첫째로, 2장에서는 현대적 평등 사상의 기원을 17~18세기의 위대한 부르주아 혁명들 속에서 찾아보고 그것이 사회주의 사상에서 어떻게 발전했는지를 추적하면서 그 역사적 의미를 살펴볼 것이다. 둘째로, 지난 세대에 사회적·경제적 불평등이 극적으로 증대하는 동안 영어권 세계에서 한 무리의 철학자들이 (비록 다른 면에서는 견해 차이가 있지만) 논리적으로 엄밀하고 옹호할 수 있는 평등주의적 사회정의 개념을 명확히 하는 데 헌신했다는 것은 놀라운 사실이다. 그들이 출발점으로 삼은 책은 물론 1971년에 출판된 존 롤스의 대작 《정의론》이다. 그러나 로널드 드워킨, 아마르티아 센, T M 스캔런, G A 코헨, 브라이언 배리, 토머스 네이글, 리처드 아너슨, 존 로머도 대단히 풍부하고 정교한 논쟁에 기여했다.

십중팔구 이런 철학적 경향을 가장 잘 묘사하는 말은 '평등주의적 자유주의'일 것이다.[33] 여기서 '자유주의'는 북아메리카에서 말하는 자유주의를 의미한다.* 사회민주주의자들과 마찬가지로 평등주의적 자유주의자들도 사회정의를 위해 국가가 시장에 개입하고 시장을 규제하는 것을 지지한다(그러나 시장을 폐지하는 것은 지지하지 않는다). 평등의 개념을 명확히 하고 옹호하려고 애쓴 이 철학자들의 치밀함과 깊이는 그들이 공공 정책에 미친 영향과는 거의 반비례한다.[34] 이 책의 목적 하나는 그들의 연구를 이용해서 현재의 정치적 논쟁에 영향을 미치는 것이다. 평등주의적 자유주의의 주요 주제 몇몇을 집중적으로 살펴보는 3장에서 그런 시도를 할 것이다. 셋째로, 이 책의 결론 격인 4장에서는 다시 오늘날 세계의 상태로 돌아가서, 앞에서 다룬 여러 불평등과 자본주의 경제구조 사이의 인과관계를 살펴볼 것이다. 그 장에서 내가 보여 주려 하겠지만, 이런 인과관계를 이해하는 것은 평등주의적 정의에 관한 철학적 이론을 현실로 바꿀 수 있는 정치 전략을 수립하는 데 필수 조건이다.

최근에 자크 비데는 다음과 같은 '정신 분열'을 한탄했다.

---

* 유럽이나 라틴아메리카와 달리 북아메리카에서 자유주의라는 말은 대부분 사회적 자유주의를 의미한다. 캐나다에서 가장 오랫동안 집권한 정당인 자유당이나 미국의 민주당을 흔히 자유주의 정당으로 여긴다. 독일에서는 좌파 자유주의, 미국에서는 현대 자유주의, 영국에서는 새 자유주의(new liberalism)라고도 부르는 사회적 자유주의는 시장경제를 규제하고 시민적·정치적 권리의 확장을 인정하는 자유주의 정치철학이다.

> 오늘날의 비판적 사상은 세계를 있는 그대로 생각하고자 할 때는 마르크스가 개척한 의심하는 사회학에 의지하고, 사회적 계획을 세우고자 할 때는 [사회]계약론, 즉 법의 지배와 인간과 시민의 권리 선언에 관한 학설에 매료되며, 이 양자 사이에서 끊임없이 동요하는 듯하다.[35]

마르크스와 롤스 사이, 비판적 사회 이론과 규범적 정치철학 사이를 왔다 갔다 하는 이 정신 분열을 이 책에서 내가 극복했다고는 결코 주장하지 않을 것이다. 그렇지만 내가 보기에 평등과 불평등의 문제를 고찰할 때는 둘 다에 관여하는 것이, 즉 철학적 주장과 사회적·경제적 분석을 모두 제시하는 것이 필수적인 듯하다. 아마 이런 요구는《정의론》자체의 결정적 특징일 것이다. 그래서 브라이언 배리는 다음과 같이 썼다.

> 롤스의 성과가 전혀 없다고 하더라도 그가 말한 "사회의 기본 구조"가 정의의 주제라는 생각을 진지하게 받아들였다는 이유만으로도 그는 중요한 일을 해냈다고 할 수 있다. … 사회의 기본 구조에 관해 말할 때 우리는 제도가 어떤 사람들에게는 유리하게 어떤 사람들에게는 불리하게 체계적으로 작용하는 방식에 주목한다. 롤스가 이런 사회구조 개념을 자신의 이론에 통합한 것은 자유주의 정치철학의 시대가 도래했음을 의미한다. 그는 넓게 보아 개인주의 전

통에 속하는 주요 인물로서는 처음으로 마르크스와 베버의 유산을 진지하게 고려했다. 즉, 사회에는 시간이 흘러도 지속되는 불평등의 유형이 있을 뿐 아니라, 사람들을 권력·지위·돈의 서열에 따라 배치하는 체계적 방식도 있다는 사실을 분명히 인정한 것이다.[36]

그러나 롤스의 진취적 이론 작업의 이런 함의는 다른 정치철학자들이나 사회 이론가들의 지적 실천에 많이 반영되지 않았다(그래서 비데가 불평한 것처럼 그들이 동요하고 있는 것이다). 그렇지만 이 책에서 나는 철학적 개념들과 사회적·경제적 구조 모두와 씨름하고자 한다. 그 과정에서 주로 영국에 집중할 것이고, 따라서 불가피하게 신노동당 '프로젝트'로 촉발된 논쟁도 다룰 것이다. 이것은 1997년 영국 총선 기간에 [미국의 작가] 고어 비달이 재치 있게 비꼰 오류, 즉 아메리카 제국의 한 지방에 불과한 곳의 문제에 지나치게 주목하는 오류처럼 보일 수 있다. 그렇지만 신노동당 치하의 영국은 특정한 본보기 구실을 하게 됐다. '중도 좌파'(이런 표현이 인기 있다는 것 자체가 미국 '신민주당'의* 영향을 보여 주는데, 미국 민주당원들에게 '사회주의'는 입에 담기도 민망한 말이기 때문이다)의 전략이 된 제3의 길의 기

* 신민주당(New Democrats) 미국 민주당 내에서 제3의 길 정책을 지지하는 세력을 뜻한다. 빌 클린턴과 버락 오바마의 대통령 재임기에 당내에서 득세했다.

본 사상을 1992년 미국 대통령 선거를 앞두고 빌 클린턴과 그의 참모들이 생각해 냈다는 것은 사실이다. 오늘날의 미국은 영국 신노동당이 자주 인용하는 모델이다.

그러나 백악관에서 클린턴과 블레어, 독일·이탈리아·네덜란드 총리 등이 참석한 가운데 열린 제3의 길 세미나가 끝난 뒤에, 신노동당을 가장 열렬히 떠받드는 영국 언론인 중 한 명은 다음과 같이 선언했다. "제3의 길 프로젝트는 [비록 영국에서는 학자들과 평론가들에게 아무 내용이 없다고 완전히 매도당하지만] 엄청나게 성공적이다. 그것은 영국과 미국의 이데올로기적 모험사업으로 시작됐는데, 이제 유럽을 비롯한 많은 곳의 지도자들이 제3의 길에서 영감을 얻으려고 전향하고 있다. 왜냐하면 변화하고 위축되고 있는 세계를 이해하는 데 도움이 되는 뭔가가 제3의 길에 있을지 모른다고 생각하기 때문이다."[37] 그렇다면 의회에서 압도 다수 의석을 확보한* 정부가 그 어마어마한 힘으로 제3의 길을 추구하고 있는 영국에서 그 노선의 평등주의적 주장들을 살펴보는 것은 꽤나 장점이 있을 것이다. 마르크스는 영국이 처음으로 겪은 산업자본주의의 고통을 다른 나라들도 겪게 될 것이라고 경고하면서 다음과 같이 말했다. "이것은 바로 너를 두고

---

* 1997년 5월 영국 총선에서 노동당은 총 659석 가운데 419석을 얻는 압승을 거뒀다.

하는 이야기다!"[38]

마지막으로, 내가 이 책을 어떤 입장에서 썼는지 한마디 해야 할 것 같다. 나 자신의 사상적·정치적 출발점은 고전 마르크스주의 전통이다. 2장과 3장에서 다룰 이유들 때문에, 마르크스와 그의 후예들은 평등이라는 윤리적 이상에 대해 양면적 태도를 취했다. 그 결과로 마르크스주의 전통에서 생겨난 틈을 메우는 데 도움이 될 사상적 자원을 제공한다는 것이 바로 평등주의적 자유주의의 매력 가운데 하나다.[39] 그렇지만 이 책은 평등주의적 정의에 관한 마르크스주의 이론을 발전시키려고 쓴 것이 결코 아니다. 오히려 내 관심사는 오늘날 평등에 관한 최고의 철학적 연구를 살펴보고, 그 정치적 함의를 제대로 받아들이려면 현재의 사회·경제 질서를 극적으로 변화시켜야 한다는 점을 보여 주는 것이다. 이 책에 독특하게 마르크스주의적인 특징이 있다면, 그것은 바로 자본주의 체제에 직접 도전하지 않는 평등주의적 자유주의의 규범적 주장과 자본주의 체제의 존속 사이에는 모순이 있음을 들춰내려 한다는 것이다.[40]

2장

평등과 혁명

EQUALITY

모더니티의 원동력

평등이 구체적인 사회적·정치적 요구로 나타난 것은 근현대 세계의 막을 연 위대한 혁명들의 결과였다. 영국혁명의 급진파인 수평파의 지도자 토머스 레인버러 대령은 1647년 10월 퍼트니 [의 세인트메리 교회]에서 논쟁을 벌일 때 다음과 같이 말했다. "영국에서 가장 가난한 사람도 가장 부유한 사람처럼 살 수 있어야 합니다. 따라서 … 정부의 통치를 받으며 사는 모든 사람은 먼저 자신의 동의에 따라 그 정부에 복종해야 합니다."[1] [미국의 제3대 대통령] 토머스 제퍼슨은 1776년 미국 독립선언문에 "우리는 다음과 같은 것들을 자명한 진리로 여긴다. 즉, 모든 사람은* 평등하게 창조됐다는 것, 창조주는 양도할 수 없는 권리들을 모든 사람에게 부여했다는 것, 그중에는 생명권·자유권·행복추구권이 있다는 것"이라고 쓴 지 거의 50년이 지나서 생애 말년에 마

---

* 여기서 사람(men)은 남성을 뜻하기도 한다.

지막으로 보낸 편지에서도 똑같은 견해를 다시 확인했다. "과학의 빛이 널리 퍼져서 이미 모든 사람이 다음과 같은 명백한 진리를 알게 됐습니다. 즉, 인류의 다수는 등에 안장을 진 채 태어나고 신의 은총으로 혜택받은 소수는 정당하게 그 다수를 타고 다니도록 박차 달린 부츠를 신은 채 태어난 것은 아니라는 사실을 말입니다."[2] 그리고 누구나 알듯이 1789~1794년 프랑스대혁명은 자유·평등·우애라는 표어를 높이 내걸었다.

이와 같이 평등이라는 정치적 이상은 유럽 구체제의 위계질서에 대항하는 투쟁에서 나타났다. 심지어 1776년의 미국 혁명가들조차 하노버 왕조의 국가[영국]에 대항할 때 17세기에 스튜어트 왕조의 절대주의 체제에 대항한 투쟁[영국혁명]에서 중요한 구실을 한 공화주의적 자유 이데올로기와 자연권 이데올로기를 내세웠다.* 신의 뜻에 따라 지위와 신분의 질서 정연한 구조가 확립된 사회와, 모든 사람이 자신의 정부에 동의하고 참여할 권리가 있는 사회가 대립했다. 이와 같이 당시에 평등은 본질적으로는 레인버러 대령이 주장했듯이 동의에 의한 정부를 정당화하는 정치적 조건으로 여겨졌을 뿐, 사회적·경제적 구조의 변화를

---

* 17세기 영국혁명 당시 영국을 지배하던 스튜어트 왕조는 1714년 앤 여왕이 후사 없이 죽으면서 단절됐고 독일 하노버 가문의 게오르크가 조지 1세로 영국 왕위를 계승하면서 하노버 왕조가 시작됐는데, 영국이 독일과 전쟁 중이던 1917년에 왕가 이름을 윈저로 바꿨다.

추구하는 것이 아니었다. 실제로, 무산계급 대중에게 선거권을 줬다가는 사회혁명이 일어날 것이라는 유산계급의 두려움 때문에 유럽에서는 프랑스혁명 후 100여 년 동안 성인 남성의 투표권조차 찔끔찔끔 허용됐을 뿐이다.

그렇지만 이렇게 질질 끄는 과정의 비교적 초기에 알렉시 드 토크빌은 '조건의 평등'이 특징인 새로운 형태의 사회가 출현했음을 알아차리고 《미국의 민주주의》(1권은 1835년, 2권은 1840년에 출간됐다)라는 책을 썼다. 토크빌의 민주주의 사회 분석은 평등을 명확한 규범적 개념이나 특정한 제도나 사회구조로 이해하기보다는 정신 상태나 감정 구조로 이해했다. '조건의 평등'은 귀족 사회의 구성 요소인 신분제가 존재하지 않는다는 것을 의미했고, 따라서 부와 소득에 상당한 차이가 존재하는 상황과 잘 맞았다. 토크빌의 주된 관심사는 이 새로운 사회질서의 정신적 결과, 즉 그것이 시민들의 자기 인식에 미친 영향 또는 공적 생활과 자신의 관계에 대한 인식에 미치는 영향을 추적하는 것이었다. 그 과정에서 토크빌은 현대 서구 사회의 특징인 사사화私事化한 개인주의에 관한 매우 선견지명 있는 설명을 제시했다.[3]

그러나 오늘날 논쟁을 지배하는 것은 '조건의 평등'이 가져다 주리라는 이런 결과가 아니라, 평등이라는 이상을 실현하지 못했다는 사실이다. [평등] 염원과 현실의 차이는 처음에 그 이상이 공식적으로 선언될 때부터 분명히 드러났다. 레인버러와 제퍼슨이 남성men의 평등에 관해 말하고 있었다는 것은 매우 명백하다. 사실 수평파는 재산 소유자에게만 선거권을 주려고 했다. 제퍼슨이 버지니아주의 노예 소유자였다는 것은 악명 높은 사실이다. 미국혁명 기간에 [영국의 저술가] 새뮤얼 존슨 박사는 "검둥이를 [노예로] 부려 먹는 자들이 어떻게 그렇게 큰소리로 자유를 외칠 수 있는가?" 하고 물었다.[4] 평등이라는 이상은 여성, 빈민, [흑인] 노예, 그 밖의 많은 집단을 그 적용 범위에서 제외하는 묵시적·명시적 조항들로 포장된 듯했다.

에티엔 발리바르는 주목할 만한 글에서, 이런 한계는 평등이라는 이상의 포기가 아니라 그것의 급진화를 함의한다고 말했다. 그는 프랑스혁명의 주요 강령적 문서, 즉 1789년 8월에 채택된 "인간과 시민의 권리 선언"의 근본적 의미는 바로 인간과 시민을 동일시한다는 것이라고 주장했다. 개별 인간은 단지 그가 인간이기 때문에 정치적 주체라는 것이다. 그렇지만 이 동일성은 또 다른 동일성, 즉 평등과 자유의 동일성도 의미한다. 이것을 두고 발리바르는 "평등자유Égaliberté 명제"라고 부른다. 그가 이렇게 "일부러 괴상한 … 혼성어"를 만들어서 의미하고자 하는 바는 "평등 개념과 자유 개념의 동일성에 대한 직관적 발견이나 계시"가 아니다. 오히려 "두 개념의 외연이 필연적으로 동일하다는 것은 (사실상 실험적이라 할 수 있는) 역사적 발견이다. 더 쉽게 말하자면, 양자가 존재하거나 부재하는 상황이 필연적으로 동일하다는 것이다." 다시 말해 "사회가 평등한데 자유가 억압되거나 제한되는 사례는 없고, 역으로 자유가 억압되거나 제한되지 않는데 사회가 불평등한 사례도 없다."[5]

에티엔 발리바르는 평등자유 명제에서 두 가지 중요한 함의를 끌어낸다.

> 인간과 시민이 동일하다는 말의 의의는 정치적 권리를 정의한다는 데 있는 것이 아니라 정치에 대한 보편적 권리를 긍정한다는 데 있다. "인간과 시민의 권리 선언"으로 말미암아 적어도 형식적으로는(그러나 바로 그 형식이 물질적 무기가 될 수 있다) 다양한 권리에 대한 요구의 '정치화'가 한없이 계속될 수 있었고, 그 과정에서 나름대로 시민권에 대한 요구, 즉 자유와 평등의 제도적·공식적 명문화 요구가 되풀이됐다. 그래서 임금노동자들의 권리나 여성과 하인 같은 식솔들의 권리에 대한 요구(이미 혁명 초기에 그런 시도가 나타났다), 나중에는 식민지 주민들의 권리에 대한 요구가 명문화했다. 이런 권리 자체는 결국 다음과 같은 형식으로 표현됐다. 차별당하는 사람들의 해방은 그들 자신의 행동으로만 가능하다. 여기서 그 윤리적 의의가 분명히 드러난다.[6]

둘째로, "평등자유 명제"의 고유한 특징은 "절대적 비非결정성"이라고 발리바르는 주장한다. 한편으로 평등과 자유의 추상적 동일성, 다른 한편으로 구체적인 역사적 상황에서 이 명제가 표현되는 특정한 형태, 이 둘은 항상 일치하지 않는다. "평등자유 명제에 부합하는 제도들의 수립을 역사적으로 결정하는 조건들과, 그 명제가 표현되는 과장된 보편성 사이에는 영속적 긴장이 있을 것이다."[7] 바로 이 긴장 때문에 평등자유 명제는 고유의 전복적 성격을 띠게 된다.

평등자유 명제를 이렇게 설명하면 자유주의 전통의 주요 가정, 즉 평등과 자유는 서로 충돌할 수밖에 없다는 가정과 상반된다. 토크빌과 존 스튜어트 밀부터 존 롤스와 이사야 벌린까지 자유주의자들은 모두 그렇게 생각하는 경향이 있었다. 이 문제는 3장에서 다시 살펴볼 텐데, 여기서 강조하고 싶은 것은 17~18세기에 일어난 위대한 혁명의 정치적 요구들이 자체 확장되는 내재적 경향이 있다는, 발리바르의 아주 흥미로운 분석이다. 즉, 처음에는 매우 협소한 사람들에게만 해당되는 것으로, 다시 말해 주로 부유한 백인 남성에게 이득이 되는 것으로 의도된 이상들이 한없이 확장될 수 있음이 드러났다. 그 결과는 일종의 연속혁명 과정, 즉 새로운 정치적 주체들(노동자, 노예, 여성, 식민지 주민, 유색인, 억압받는 소수민족, 레즈비언과 게이, 장애인 등)이 잇따라 나타나서 이전의 투쟁들로 쟁취된 자유와 평등의 권리를 저마다 주장하고 나서는 과정이었다.

자크 비데는 이 원동력이 모더니티 자체에 내재한다는 것을 보여 주려는 야심 찬 이론을 구성했다. 그는 다음과 같이 주장한다. 모든 현대사회는 이른바 '메타구조'를* 전제하고 이 메타구조는 무엇보다도 '계약관계'로 이뤄져 있는데, 이 계약에는 개인들이 시장에서 하는 거래와 자율적 주체들이 자치에 합의하는 사회계약이 모두 포함된다. 그렇지만 이 메타구조에 내포된 평등자유의 염원은 구체제의 몰락에도 불구하고 살아남은 지배와 착취의 구조 속에서 "전도돼 있다." 그러나 "모더니티의 지배·착취·폭력은 메타구조상의 계약관계, 즉 자유롭고 평등한 관계에 바탕을 두고 있다." 그래서 예컨대, 계급 불평등의 구조는 "그

---

* 비데는 "계급 '구조'의 배후에서 발견되는 더 추상적인 것, 즉 더 일반적인 것"을 메타구조(metastructure)라고 부르면서 다음과 같이 설명한다. "자본주의적 사회관계는 그 개념적 전제 조건인 상품 관계 바깥에서는 이해될 수 없다. 이런 의미에서 시장은 자본의 논리적 '전제'이다. 하지만 반대의 의미로 역사적 동역학에 따라 생산 논리로서 시장을 발전시키는 것은 바로 자본주의이다. … 헤겔주의적 논리 안의 마르크스주의적 용어법에서 시장은 자본에 대해 '제시된 전제', 즉 그 전개 과정 속에 위치하고 있는 전제이다. 이 용어법에 따르면 메타구조는 구조에 앞서 제시된 전제이다"(《대안 마르크스주의》, 그린비, 2014, 61쪽). 마르크스의 담론에는 자본주의 생산양식이라는 구체적 구조를 초월한 현대성의 '메타구조' 개념이 숨어 있다는 것이다. "메타구조 개념은 완전히 자본주의적인 사회관계가 상품 관계라는 더 일반적인 '봉투'에 기입돼 있다는 생각 속에 사실상 함축돼 있다. 그래서 먼저 상품 체제를 추상적으로 설명하지 않고는 자본주의 체제를 설명할 수 없다"(Callinicos, *The Resources of Critique*, Polity, 2006, p 40에서 재인용). 그러나 캘리니코스는 비데가 메타구조를 비롯한 핵심 개념들을 명쾌하게 설명하지는 않기 때문에, 그 개념들이 어떻게 사용되는지를 보면서 의미를 파악하려고 하는 게 더 나을 것이라고 말한다.

것[메타구조 — 캘리니코스]에서 출발해서 그것의 '전도'로만 이해할 수 있다. 그 구조는 스스로 제기한 원칙의 전도 속에서 자신을 구성하고(따라서 그렇게만 자신을 인식할 수 있다), 실현되지 못한 약속이나 이행이 거부당한 계약이라는 형식 아래 자신을 형성한다."[8]

비데의 메타구조 개념은 내가 보기에 딱히 도움이 되는 것 같지는 않다. 그것이 현대 사회를 가장 잘 이해하려면 끊임없이 사회 진보를 따라다니는 평등자유의 약속에서 출발해야 한다는 주장에 의지한다면 말이다. 비데 자신도 "메타구조는 [사회]구조라는 조건 속에서, [사회구조의] 충돌 속에서 발전할 뿐"이라고 말했다.[9] 다시 말해, 자유와 평등에 대한 요구는 그 요구를 체계적으로 부정하는 사회, 정말이지 사회적·정치적 투쟁들로 분열된 사회에서 제기된다. 이런 사회구조의 어떤 점이 평등자유 염원을 부추기는 것일까? 내가 보기에 그것은, 자본주의 사회에서는 사람들이 법적으로 자유롭고 평등하게 취급되지만 사회의 심층에는 체계적인 사회적·경제적 불평등이 여전히 숨어 있다는 사실이다. 그래서 마르크스는 다음과 같이 주장했다. "인간이 서로 평등하다는 개념"은 "사람들이 상품 소유자로서 맺는 관계가 지배적 사회관계인 … 사회에서만 … 대중적 견해로 확립될 수 있다."[10] 곧 살펴보겠지만, [상품 소유자로서 맺는] 이 관계에서 자본주의적 착취가 생겨난다고 마르크스는 생각했다. 이 구조적 갈등은 비데가 시사하는 것과 달리 모더니티를 이해하는 필수적 출발점이 되는 담론의 자양분이라기보다는 오히려 자유와 평등에 관한 정치적 담론의 자양분이다.[11]

어쨌든 우리가 역사적 현실을 아무리 정확히 이론적으로 해석하더라도 역사적 현실 자체는 매우 분명해 보인다. 계몽주의 시대와 프랑스혁명 이래로, 과거에서 물려받은 제도나 관행 가운데 전통이나 신의 섭리에 호소해서 정당성을 주장할 수 있는 것은 아무것도 없었다. 모든 사람이 남들과 똑같은 권리를 가진 자율적 주체로 대우받아야 하므로 모든 사회관계는 끝없는 논쟁 속에서 얼마든지 문제 삼을 수 있는 것이 됐다. 특정한 부정의(예컨대, 구체제의 신분 질서나 신세계의 동산 노예제)를 바로잡으면, 다른 부정의(가령, 노동자 착취나 흑인에 대한 인종차별)도 관심의 대상이 되고, 마찬가지로 바로잡아야 한다. 평등자유에 대한 요구가 보편적이기 때문에 그것은 어느 시대에나 지배적인 특수한 역사적 조건과 끊임없이 충돌하게 된다.

이런 분석은 '조건의 평등'이라는 토크빌의 설명을 다른 각도에서 보게 해 준다. 그러면 더 역동적인 그림, 즉 평등자유의 확장을 원하는 새로운 요구들 때문에 기존의 사회·정치 제도들이 끊임없이 전복되기 쉬운 상황에 놓이는 모습을 볼 수 있다. 이런 그림이 맞다면, 1장에서 인용한 것처럼 이제 평등을 추구하는 노력을 포기하라고 제안한 사람들은 실망할 가능성이 크다.

부와 권력에서 상당한 격차가 존재하는 한, 그런 격차는 정의롭지 않은 것이므로 없애자고 요구하는 운동이 계속 존재할 것이기 때문이다.

사회주의와 평등: 마르크스, 토니, 크로스랜드

이런 맥락에서 사회주의의 의의는 그것이 프랑스혁명의 평등 약속과 1789년 이후의 격변으로 등장한 사회의 현실이 다르다는 인식에서 생겨났다는 것이다. [영국의 역사학자] 시어도어 젤딘은 이런 차이가 나폴레옹 민법에 구체적으로 반영된 것을 다음과 같이 묘사한다.

> 프랑스의 최고법원인 파기원의 초대 원장이자 주요 민법 해설서의 저자인 레몽테오도르 트로플롱은 … 자신이 민법에 만족하는 이유는 "인간이 타고난 능력을 정당하게 사용해서 스스로 만들어 낸 불평등 상황에서" 법의 보호를 받을 권리를 평등하게 누릴 때 민주주의가 존재한다고 생각하기 때문이라고 공공연히 말했다. 민법은 확실히 이런 불평등을 인정했다. 민법이 시민권을 보는 관점은 협소했다. 민법은 재산 소유와 시민권을 혼동해서, 무일푼의 노동자를 거의 범법자로 만들어 버렸다. 민법의 관심사는 사람들을 평등하게 만드는 것이 아니라 재산을 보호하는 것이었다.[12]

[프랑스의 소설가·비평가인] 아나톨 프랑스는 이런 기만적 평등을 잘 포착해서 "부르주아 법률은 부자든 거지든 다리 밑에서 자는 것을 똑같이 금지한다"는 재치 있는 말을 남겼다. 그러나 그런 기만적 평등을 가장 설득력 있게 분석한 사람은 마르크스였다. 그는 《자본론》의 유명한 구절에서 자본가와 노동자가 노동시장에서 맺는 계약을 두고 다음과 같이 말했다. 이 거래[노동력의 매매]는 "유통영역 또는 상품 교환 영역"에서 이뤄지는데, 그곳은 사실상

> 천부인권의 참다운 낙원이다. 이곳을 지배하는 것은 오로지 자유·평등·소유·벤담[공리주의]이다. 자유! 왜냐하면 하나의 상품, 예컨대 노동력을 사고파는 사람들은 모두 자신의 자유의지에 따라서 행동하기 때문이다. 그들은 법 앞에 평등하고 자유로운 개인으로서 계약을 체결한다. … 평등! 왜냐하면 그들은 서로 상품 소유자로서만 관계 맺고 등가물끼리 교환하기 때문이다. 소유! 왜냐하면 각자 자신이 소유한 것만을 마음대로 처분하기 때문이다. 벤담! 왜냐하면 각자 자신의 이익에만 관심을 기울이기 때문이다.[13]

그렇지만 일단 우리가 [유통영역을 벗어나] 자본가와 노동자를 따라서 "은밀한 생산 장소"로 들어가 보면 그림이 달라진다. 여기서 자본가와 노동자는 형식적으로만 평등하고 실제로는 불평등

하다. 왜냐하면 노동자는 "이중의 의미에서 자유롭기 때문이다. 즉, 한편으로 노동자는 자유로운 개인으로서 자신의 노동력을 상품으로 처분할 수 있다는 의미에서 자유롭고, 다른 한편으로는 노동력 말고는 상품으로 판매할 것이 전혀 없고 자신의 노동[력]을 실현[Verwirklichung — 캘리니코스]하는 데 필요한 모든 물건에서 자유롭다는 의미에서 자유롭다." 노동자는 정치적·법률적 자유를 누린다. 즉, 노예나 농노에게 강요된 것과 같은 인신의 제약 때문에 고통받지는 않는다. 그렇지만 동시에 노동자에게 경제적으로 의미 있는 유일한 소유물은 자신의 노동력뿐이다. 생산수단에 접근할 권리가 없는 노동자는 "사회적 조건 때문에 어쩔 수 없이 자신의 활동적 생활시간 전체를(또는 자신의 노동능력 자체를) 팔아넘기게 된다."[14] 자본가는 생산수단을 통제할 수 있는 자신의 힘을 이용해 매우 유리한 조건으로 [노동자와] 타협을 보게 된다. 일단 고용된 노동자는 자본가의 통제를 받으며 자본가를 위해 상품을 생산하고 그 대가로 임금을 받는다. 그러나 그 임금은 노동자가 창조한 가치의 [전부가 아니라] 일부일 뿐이다. 노동자가 자유롭고 자본가와 평등한 것처럼 보이는 외관으로 말미암아 그 이면의 예속과 불평등이 은폐되는데, 그 예속과 불평등의 결과가 바로 노동자가 당하는 착취다.

마르크스가 자본주의적 착취를 설명할 때, 특히 노동계급의 [열악한] 조건을 묘사할 때 끓어오르는 분노를 참지 못하는 것을 보면, 자연스레 마르크스는 모종의 보편적 정의 원칙을 위반했다는 이유로 자본주의를 도덕적으로 비난한다고 생각할 수 있다. 언뜻 보면 평등주의적 '필요 원칙', 즉 마르크스가 《고타 강령 비판》에서 제시한 "능력에 따라 일하고, 필요에 따라 받는다"는 원칙을 마르크스의 정의론의 기초로 삼을 수 있을 듯하다.[15] 그러나 마르크스는 규범적 개념에 호소하는 주장을 한결같이 반대했다. 이런 태도의 근저에는 다음과 같은 신념이 있는 듯하다. 역사유물론은 상대주의적 윤리관, 즉 도덕적 담론은 지배적 생산양식의 필요조건을 반영할 뿐이라는 견해를 수반한다는 것이다. 그리고 그 함의는 모든 사회형태에 적용할 수 있는 보편적 윤리 원칙 따위는 없다는 것이다. 그러나 마르크스는 자본주의적 착취를 "타인의 노동시간을 훔치는 도둑질"로 묘사하기도 했는데, (그가 자본주의적 착취는 자본주의의 재산법을 위반하지 않는다고도 분명히 말했기 때문에) 이 묘사의 함의는 모종의 초역사적 정의 원칙에 호소한다는 것이다.[16]

노먼 제라스는 이 매우 논쟁적인 주제를 다룬 중요한 저작에서, 정의와 착취에 관한 마르크스의 모순된 진술을 다음과 같이 이해하자고 제안한다. "마르크스는 자본주의가 정의롭지 않다고 생각했지만, 자신이 그렇게 생각한다고는 생각하지 않았다."[17] 다시 말해, 마르크스는 잘못된 메타윤리 이론 때문에 보편적 도덕 원칙을 역사적으로 특정한 계급 이익의 표현으로만 여겼고,

따라서 자신이 자본주의의 착취를 비난하는 근거를 제대로 인식할 수 없었다는 것이다.* 그렇지만 이런 혼란에도 불구하고 마르크스는 《고타 강령 비판》에서 평등주의적 정의 원칙과 개인 간 차이의 관계에 관한 중요한 문제를 강조했다. 그러나 (3장에서 이 문제를 살펴볼 때 내가 다시 주장하겠지만) 여기서는 마르크스가 평등주의를 완전히 거부했다기보다는 더 복잡한 평등주의를 제안했다고 보는 것이 가장 적절하다는 점만 짚고 넘어가자.

또 모종의 분배 정의 원칙에 호소하는 바탕 위에서 사회주의적 요구들을 제기하는 것에 마르크스가 반대할 더 직접적인 정치적 이유도 있었다. 즉, 사회주의적 요구들을 그렇게 제기하면 자본주의의 혁명적 변혁이 아니라 부분적 개혁에 그치게 된다는 것이었다. 그래서 마르크스는 재분배를 주장하는 사람들의 제안이 소득 재분배에 초점을 맞추는 경향이 있지만, 이것은 "소비 수단의 분배는 언제나 생산 조건 자체의 분배 결과일 뿐"이라는 사실을 깨닫지 못한 것을 반영한다고 주장했다.[18] 노동자들이 착취당하는 이유는 생산수단에서 배제됐기 때문이다. 오직 혁명을 통해서만 노동자들은 이 생산적 자원에 대한 통제권

* 메타윤리 윤리적인 속성·진술·태도·판단의 본질을 이해하고자 하는 윤리학의 한 분야.

을 얻게 될 것이므로 혁명만이 진정한 해결책이라고 마르크스는 주장했다. 소득 재분배, 예컨대 임금 인상과 누진세 강화를 통한 재분배는 근본적 착취 조건의 부분적 개선일 뿐이고 그것은 쉽게 손상될 수밖에 없다.

그러나 표면상으로는 분배에 대한 관심이 생산수단이 아니라 소비 수단에 국한될 수밖에 없는 논리적으로 설득력 있는 이유는 없는 듯하다. 실제로 《자본론》 [3권]의 다음 구절을 보면 마르크스 자신이 가장 기본적 생산 자원인 토지의 집단적 소유를 도덕적 원칙으로 취급하는 것 같다.

> 더 높은 사회경제구성체의 관점에서 보면, 특정 개인들이 토지를 사적으로 소유하는 것은 한 사람이 다른 사람들을 사적으로 소유하는 것과 마찬가지로 터무니없게 느껴질 것이다. 심지어 한 사회나 국민, 또는 동시대에 존재하는 사회들 전체도 토지의 소유자는 아니다. 그들은 단지 토지의 점유자·수혜자일 뿐이고, 선량한 가장으로서 토지를 개량해서 다음 세대에게 물려줘야 한다.[19]

그러나 3~4장에서 보게 되겠지만, 평등주의 이론가들이 흔히 생산적 자산의 재분배보다는 소득 재분배에 초점을 맞춘다는 것은 사실이다. 이 점은 예컨대, 사회민주주의 전통에서 일반적으로 사실이다. 마르크스주의자들보다는 사회민주주의자들이 훨씬 더 평등 문제에 관심이 많았다. 예컨대, 페이비언 사회주의자* 조지 버나드 쇼는 소득의 평등을 옹호했다. "유일하게 만족스러운 계획은 모든 사람에게 동등한 몫을 주는 것이다. 그(녀)가 어떤 부류의 사람이든 나이를 얼마나 먹었든 어떤 종류의 일을 하든 아버지가 누구이고 어떤 사람이든 상관없이 말이다."[20]

평등은 영국 노동당 전통에서 가장 유력한 인사 두 명, 즉 리처드 헨리 토니와 앤서니 크로스랜드의 핵심 사상이기도 하다.** 토니는 1930년대 대불황기에 글을 쓸 때, 인간이 능력이나 성취 면에서 평등하다는 어떤 주장도 신뢰하지 않았다. 사실 그의 근거는 "초등학생들의 학습 능력 분포에 관한 시릴 버트*** 박사의 탁월한 연구"였는데, 그 연구는 지능지수 검사에서 얻은 증거를 조작한 사기극이었음이 드러난 지 오래다(확고한 과학적 판단처럼 보여도 역사적 상대성을 조심해야 한다는 교훈적 사례다).[21]

심지어 토니가 자세히 기록한 경제적 불평등조차 주로 그 도

---

* 1884년 영국에서 설립된 페이비언 협회는 혁명에 반대하고 국가 개입을 통한 위로부터 개혁으로 사회주의를 점진적으로 실현해야 한다고 주장했다.

** 토니는 기독교 사회주의를 주창한 경제학자이자 역사가이고, 크로스랜드는 1960년대와 1970년대에 교육부·외무부 장관 등을 지낸 노동당 우파 지도자였다.

*** **시릴 버트** 일란성 쌍둥이 연구를 날조해서 지능이 유전된다는 것을 '증명'하고 한때 영국의 교육제도를 좌우한 심리학자.

덕적·정신적 결과 때문에 관심의 대상이었다. "생존의 도구들(재산, 물질적 부, 산업 조직, 사회제도의 전체 구조와 절차)은 목적을 달성하기 위한 수단으로 여겨져야 한다. … 그 목적은 개인의 성장과 완성이다." [토니는 다음과 같이 주장했다.] 20세기 중반 영국에서 계급 분열이 초래한 주된 해악은 부와 소득에 따라 개인을 평가하는 경향을 낳은 것이다. 경제력 집중 때문에 개인들이 매우 다른 환경에 처하게 되는 사회에서 기회의 평등만으로는 이런 상황을 바로잡는 데 불충분하다. "환경의 평등이 거의 없다면 성공의 기회는 환상에 불과할 수밖에 없다. 환경의 평등이 주어진다면 성공의 기회가 제구실을 하게 될 것이다." 도덕적 공동체의 복원은 경제력의 불평등을 축소하는 데, 또 "어떤 사회집단이 누리는 문명의 필수품을 어떤 사회집단은 박탈당할 때 생겨나는 환경이나 조건의 불평등"을 축소하는 데 달려 있다.[22]

이런 상황의 해결책은 재분배가 아니라 사회적·정치적 우선순위를 바꾸는 것이라고 토니는 생각했다. "중요한 점은 모든 사람의 금전적 소득이 똑같아야 한다는 것이 아니다. 사회의 잉여자원을 아껴 써서, 사람들의 소득 차이가 하찮은 문제가 되도록 만드는 것이 중요하다." 이렇게 우선순위를 바꾸려면 누진세로 재원을 마련해서 사회복지를 확대하고, 노동조합 활동과 입법으로 자본가의 힘을 제한하고, 공적 소유나 협동조합적 소유의 기업을 늘려야 한다. 토니가 옹호한 정책들에서는 공적 소유가 특권적 지위를 차지한다고 말하는 게 공정할 것이다. 이것은 그의 원칙적 신념과 전략적 판단을 모두 반영한다. 필수 산업은 민주주의와 효율 때문에 공적 소유여야 한다는 것은 원칙적 신념이었고, 자본가들의 반발을 극복하려면 국유화가 필요하다는 것은 전략적 판단이었다.

> 불평등에 대한 공격은 어떤 방법을 사용하더라도 항상 특권계급의 단호한 저항에 부딪히기 마련이다. 그리고 지난 몇 년 동안 이 저항은 더 강경해졌다. 경제체제의 핵심 부문들이 여전히 사적 소유로 남아 있는 한, 앞의 두 정책[즉, 사회복지 확대와 노동조합 활동 — 캘리니코스] 가운데 어느 하나라도 필요한 규모나 속도로 진척될 수 있다고 생각하는 것은 순전한 착각이다.[23]

토니와 달리 크로스랜드는 사회민주주의 전략에서 국유화의 비중을 축소하려 한 것으로 유명하다. 1950년대와 1960년대 장기 호황에 속도가 붙기 시작했을 때 글을 쓴 크로스랜드는 자본주의의 구조적 변화(특히, 단기적 이윤 극대화보다 훨씬 더 복잡한 목표를 가진 대기업들의 수중에 경제력이 집중된 것)와 정부의 새로운 능력(케인스주의 수요 관리 기법 덕분에 완전고용을 달성할 수 있게 된 것)이 결합된 결과로 이제 생산수단의 사적 소유는 하찮은 문제가 돼 버렸다고 생각했다. 그렇지만 좌파와 우파는 여전히 근본적 차이가 있는데, 그 차이는 평등에 대한 사회주의적 헌신에서 비롯한다고 크로스랜드는 주장했다(어떤 점에서는 [앞서 말한] 보비오의 최근 주장을 예고하는 듯하다).

> 사회주의자는 보수·지위·특권을 충분히 평등하게 분배해서 사회적 분노를 최소화하고 개인들 사이의 정의를 보장하고 기회를 균등하게 하려고 노력한다. 또, 현존하는 뿌리 깊은 계급 질서와 그에 따른 시기심과 열등감을 약화시키고, 계급 간의 자유로운 교류를 가로막는 온갖 장애물도 약화시키려고 노력한다. 사회적 평등에 대한 이 신념, 거의 모든 사회주의 학설에 가장 강력한 윤리적 영감을 주던 이 신념은 오늘날에도 사회주의 사상의 가장 독특한 특징으로 여전히 남아 있다.[24]

크로스랜드는 사회적 평등의 확대를 지지하는 세 가지 논거를 제시했는데, 그중 둘은 도구적인 것이었다. 즉, "평등이 확대되면 … 사회적 만족은 증대하고 사회적 분노는 감소할 것"이고 "극단적인 사회적 불평등은 … 낭비적이고 비효율적이라는 것"이었다. 셋째 논거는 더 원칙에 가까운 것이었다. 왜냐하면 그것은 "특권과 보수의 '공정한' 분배란 무엇인가라는 관점에 기초해 있기" 때문이다. 특권과 보수의 공정한 분배라는 제목 아래 크로스랜드는 이질적인 고려 사항 목록을 제시했는데, 그중에서 특히 세 가지가 두드러진다. 첫째, "모든 어린이"에게는 "천부적 '권리'가 있는데, 그것은 단지 '생명권, 자유권, 행복추구권'만이 아니다. 자신의 타고난 재능으로 사회적 계층구조에서 지위를 차지할 권리도 있는 것이다. 다시 말해, 부·승진·명성을 얻을 기회가 평등해야 한다." 이 권리를 침해하는 것은 사교육과 상속재산이었다. 둘째, "불평등이 심할수록 권력의 집중도 심해진다." 셋째, 노동소득의 불평등은 "남들보다 재능이 뛰어난 사람은 그 능력의 사용료를 추가로 받을 만하기 때문에, 또 그런 불평등을 허용하지 않으면 힘들거나 위험한 일 같은 특정한 종류의 노동이나 부담스러운 책임을 아무도 맡으려 하지 않을 것이기 때문에" 용납할 수 있지만 "그렇다고 해서 지금의 노동-보수 패턴이 정당한지는 의심스럽다."[25]

크로스랜드와 토니의 차이는 분명하다. 불평등을 줄이는 데서 공적 소유가 하는 구실을 얼마나 강조하는지가 다를 뿐 아니라, 크로스랜드의 쾌락주의적 개인주의(웨브 부부의 철저한 금욕주의를 비판한 유명한 일과 "사생활, 자유, 반대 의견, 문화, 아름다움, 여가, 심지어 경박한 언행에 더 큰 비중을 둬야" 한다고 요구한 것에서 드러난다)와 도덕적 공동체에 집착하는 토니의 기독교 사회주의는 서로 어울리지 않았다.[26] 그러나 평등에 관한 두 사람의 견해에는 두드러지게 비슷한 점도 있다. 두 사람 모두 예컨대, 영국의 사립학교를 격렬하게 싫어했다. 토니는 "아이들의 교육 기회가 부모의 재산에 따라 달라야 한다는 생각은 야만적이다" 하고 썼다.[27] 이것은 교육받을 기회를 민주화하는 것이 불평등을 줄이는 결정적 수단이라는 공통의 신념을 반영했다. 크로스랜드는 1965~1967년에 교육부 장관으로 있을 때 공립학교에 종합 교육을 도입하는* 결정적 조치를 취했다.[28]

그러나 이렇게 더 구체적인 관심사 이면에 있는 공통의 신념은, 거칠게 말하면 자신들이 역사의 대세를 따르고 있다는 것이었다. 토니와 크로스랜드 모두 루돌프 힐퍼딩이 말한 '조직(된) 자본주의'(국가와 융합한 대기업들이 지배하는 국민경제)의 성장으로 말미암아 경제에 대한 민주적 통제의 전망이 근본적으로 바뀌었다고 생각했다. 이제 사회민주주의 정당은 그런 민주적 통제를 현실로 만들고 그것을 이용해 사회적 불평등을 줄이겠다는 정치적 의지와 전망을 발전시키기만 하면 됐다. 두 사람 중에서 크로스랜드가, 개혁주의적 사회주의자들의 관심사는 생산적 자원의 재분배가 아니라 소득의 재분배라고 본 마르크스의 견해에 더 잘 들어맞았다. 그러나 크로스랜드 자신이 설정한 정책 의제에 비춰 판단하더라도 1960년대와 1970년대에 그가

* 당시 영국의 공립학교는 대학 입시 준비 과정이 있는 학교와 그렇지 않은 '2류 학교'로 나뉘어 있었는데, 이런 불평등을 개선하기 위해 아이들을 출신 배경이나 능력에 상관없이 함께 교육하는 종합 중등학교가 도입됐다.

몸담고 있던 노동당 정부는 평등을 확대하려는 조치를 거의 취하지 않았다. 사실 1974~1979년에 해럴드 윌슨과 제임스 캘러핸이 [노동당] 정부의 총리로 있을 때, 1장에서 살펴본 빈부 격차 확대 추세가 시작됐다.

이 추세는 더 광범한 경제적·사회적 변화의 일부인데, 그런 변화의 주요 특징은 다음과 같다. 제2차세계대전 후의 '황금기'와 비교해서 선진국들의 경제성장률이 장기적으로 하락했고, '조직 자본주의'가 쇠퇴해서 심지어 가장 강력한 국민국가들조차 국내 경제를 통제하기가 점점 더 어렵다는 사실을 깨닫게 됐다. 그와 동시에 자본의 국제화가 진행됐는데, 그 점을 가장 뚜렷하게 보여 주는 것이 세계적으로 통합된 금융시장에 투자된 자본의 양과 이동성이 모두 엄청나게 증대했다는 사실이다. 사람들은 바로 이런 변화들 때문에, 마르크스·토니·크로스랜드가 서로 다른 방식으로 대변한 전통적 사회주의 의제는 쓸모없는 것이 돼 버렸고 사회민주주의는 토니 블레어와 빌 클린턴이 주창한 제3의 길 노선에 따라 개혁됐다고 주장한다. 이어지는 3장에서는 규범적 개념으로서 평등의 의미를 명확히 하고, 4장에서는 오늘날의 세계에서 평등을 실현하기 위한 조건들을 살펴볼 것이다.

3장
평등과 철학자들

EQUALITY

신노동당과 사회주의적 가치들

신노동당은 사회민주주의 전통의 후예를 자처한다. 신노동당이 추구하는 제3의 길은 전통적 '국가 사회주의'와 레이건·대처의 신자유주의 사이의 길이지만 전통적 사회주의 가치들에 바탕을 둔 길이라는 것이다. 그래서 신노동당의 지도자들 중에서 이데올로기적 자의식이 가장 뛰어난 고든 브라운은* 크로스랜드의 유산을 물려받았다는 듯이 신중하게 처신하면서, 1950년대 이후의 경제적 변화들(세계화, 만성적 대량 실업 등)을 강조하는 동시에 "이런 변화들로 말미암아 평등이 하찮은 쟁점이 되기는커녕 오히려 평등을 옹호하는 주장이 훨씬 더 강력해진다"고 주장했다.[1] 실제로 신노동당이 입만 열면 떠들어 대는 "현대적 환경 속의 전통적 가치들"이라는 표현의 원작자라 할 수 있

---

* 고든 브라운 영국 노동당 정치인으로 1997~2007년 블레어 정부에서 재무부 장관을 지냈고 2007~2010년에는 총리를 지냈다.

는 크로스랜드는 [1956년에] 다음과 같이 주장했다. "갈피를 못 잡을 만큼 다양한 온갖 [사회주의 — 캘리니코스] 학설에 공통된 유일한 불변 요소는 특정한 도덕적 가치와 염원으로 이뤄져 있다. 그리고 사람들이 사회주의자를 자처한 이유는 바로 이런 염원을 공유했기 때문이다." 그래서 크로스랜드는 이런 가치와 염원을 실현하기 위한 특정 수단들, 특히 국유화를 사회주의와 동일시하는 것을 비판했다.[2] 바로 이런 가치와 수단의 구분을 이용해 신노동당은 1995년에 공적 소유 공약을 당헌 4조에서 삭제하는 조치를 정당화했다.

그렇다면 이 영원한 사회주의적 가치들은 무엇일까? 그 한 사례가 토니 블레어와 독일 총리 게르하르트 슈뢰더가 공동으로 발표한 정책 강령에 나온다. "공정, 사회정의, 자유, 기회의 평등, 타인에 대한 연대와 책임감. 이런 가치들은 세월이 흘러도 변하지 않는다. 사회민주주의는 이런 가치들을 결코 희생시키지 않을 것이다. 이런 가치들을 오늘날의 세계에서도 적절한 것으로 만들려면, 21세기의 도전에 대응할 수 있는 현실적이고 미래 지향적인 정책들이 필요하다."[3] 이 같은 자료를 근거로 [영국의 분석 마르크스주의 사회과학자] 앨런 칼링은 "제3의 길의 본질적 가치들은 자율성·공동체·민주주의·평등인 듯하다"고 주장한다. 이어서 그는 자신이 "분석 마르크스주의 관점"에서 독자적으로 정의하려던 "사회주의의 핵심 가치들"이 바로 그것들이라고 말한다.[4]

그렇다면 전통적으로 사회주의자들은 생산적 자원이 집단적·민주적으로 통제되는 곳에서만 그런 가치들이 실현될 수 있다고 주장했다고 말할 수 있을 것이다.[5]

자율성·공동체·민주주의·평등이라는 가치들은 실제로 우리의 논의를 위한 좋은 출발점인 듯하다. 첫째, 이런 것들을 핵심 가치로 다룬다면 평등주의자들이 평등에만 몰두하고 다른 가치를 모두 배제한다는 것이 사실이 아님을 보여 주는 데 도움이 된다. 이 다양한 이상들 사이의 관계는 복잡하고 중요한 문제들을 제기한다. 예컨대, 한 이상의 실현은 다른 이상을 약화시킬 수 있다는 것인데, 자유와 평등의 관계를 보는 고전적 자유주의의 시각이 그랬다. 또, 공동체[라는 가치]에 적절한 비중을 두게 되면 평등을 제약하는 합법적 조치들에 한계를 둘 수 있을 것이다(이 두 문제는 다음 절에서 살펴볼 것이다). 둘째, 신노동당의 윤리관이 더 전통적인 사회주의자들의 윤리관과 같은 것처럼 보인다는 사실 때문에, 제3의 길을 지지하는 사람들과 비판하는 좌파들이 모두 타당하다고 인정하는 조건에서 제3의 길을 평가할 수 있게 된다.[6]

그러나 일반적 원칙을 확인하는 것을 넘어서면, 우리는 점점 더 수렁에 빠지게 된다. 제3의 길 주창자들이 평등을 구체적으로 설명하는 말을 들어 보면 모호하고 때로는 혼란스럽다. 신노동당의 평등은 크게 두 가지다. 하나는 주로 고든 브라운의 주장으로 여겨지는 것인데, 결과의 평등과 기회의 평등을 대조한다. 브라운은 로이 해터슬리* 같은 사람들이 크로스랜드를 지지하면서도 신노동당을 비판하는 것을 결과의 평등과 연관지으면서, 결과의 평등은 "빈곤의 원인을 다루지 않고 그대로 놔둘 뿐 아니라, 미리 정해진 중앙집권적 계획에 따라 결과를 강요하고, 노력이나 응분의 몫도 거의 고려하지 않고, 기회를 (강요하지 않고) 제공하는 국가를 위험에 빠뜨리기도 한다"고 주장한다. 브라운이 선호하는 것은 "반복되고 평생 지속되는 포괄적 기회의 평등을 극대화하는 것"이다. 그래서 "정치적·사회적·경제적 기회가 모든 사람에게 제공되고, 정부는 이를 위해 끊임없이 노력할 의무가 있다"고 주장한다. 그런 평등은 단지 사회정의를 실현하기 위한 것만은 아니다. "이제 1990년대의 새로운 경제에서 기회의 평등은 경제적 번영의 열쇠이기도 하다. 왜 그럴까? 우리는 빠르게 변화하는 정보 기반 경제에서 살고 있고, 정보 기반 경제를 지배하는 것은 지식의 중요성, 사람들의 기술과 행동 능력이기 때문이다." 따라서 불리한 처지의 개인들을 교육하고 훈련하는 데 자원을 쏟는 정부는 그 선행에 보상이 따른다는 사실을 깨닫게 될 것이다. 왜냐하면 [정부의] 그런 노력의 결과로 [국가의] 경제적 경쟁력도 향상될 것이기 때문이다.[7]

---

* 로이 해터슬리 1983~1992년에 노동당 부대표를 지낸 당내 우파 지도자.

아양 떠는 언론은 브라운이 "방대한 정치철학을 … 정교하게 다듬었다"고, 즉 "마르크스주의부터 토니의 평등주의를 거쳐 크로스랜드의 수정주의까지, 20세기 영국 사회주의의 주요 기준에 도전하(고자 하)는 이론적 체계"를 구축했다고 평가한다.[8] 언뜻 봐도 이것은 지나치게 후한 묘사 같다. 기회의 평등은 사실 적어도 세 가지 서로 다른 평등을 아우르는 모호한 개념이다.

첫째, 기회의 평등은 단지 형식적인 차별 금지만을 의미할 수 있다. 예컨대, 사람을 채용할 때는 그 직책에 적합한 자질을 갖췄는지만을 고려해야지 다른 이유로 차별해서는 안 된다는 것이다. [그러나] 미국의 시난 세대 경험, 즉 1960년대 흑인 평등권 운동의 결과로 법률적 인종격리정책은 폐지됐지만 대다수 아프리카계 미국인의 상황은 전반적으로 크게 향상되지 않았다는 사실은 이런 종류의 기회의 평등이 구조적 불평등의 존속과 양립할 수 있다는 것을 보여 준다.[9]

둘째, 기회의 평등은 능력주의를 의미할 수 있다. 소득분배가 개인의 재능과 노력에 따라 결정되는 능력주의 사회에서 보상은 불평등하게 분배되지만 그런 보상을 얻기 위한 경쟁은 [누구에게나] 개방돼 있다. 여기서 뻔한 어려움 하나는 평등한 출발점과 불평등한 종착점의 상호작용에서 비롯한다. 굳이 인간 본성을 너무 비관적으로 생각하지 않더라도, 그런 제도 아래서 부자들은 자기 자녀가 자기 부하들의 자녀보다 유리한 위치에서 경쟁을 시작하게 만들려고 애쓸 것이라고 충분히 예상할 수 있다.

셋째, 칼링이 '심층적' 기회의 평등이라고 부른 것이 있다. 칼링은 지위를 위한 경쟁이 정말로 개방적이려면 자원의 대규모 평등화가 필요하다고 주장한다. 그러나 재분배가 아주 철저하게 이뤄지면, '심층적' 기회의 평등은 다른 두 기회의 평등과 비슷한 점이 거의 없게 된다.[10]

브라운은 자신이 "협소한 기회의 평등"이라고 부른 것을 거부한다. 심지어 때로는 롤스가 주장한 '차등의 원칙'을 인정하면서 "부와 소득의 불평등은 … 최소 수혜자들에게 이익이 될 때만 정당화될 수 있다"고도 말한다.[11] 브라운의 정책이 이 매우 까다로운 평등주의 원칙에 얼마나 부합하는지는 4장에서 살펴볼 것이다.

신노동당의 또 다른 평등·불평등 개념은 각각 포용·배제와 관련 있다. 이것은 정책 수준에서는 영국 총리실 산하에 '사회적 배제 극복 기획단'을 설치한 것에 반영돼 있지만, 앤서니 기든스의 책 《제3의 길》의 주요 주제 가운데 하나이기도 하다. 기든스가 보기에

> 현대사회에서는 두 가지 형태의 배제가 두드러진다. 하나는 밑바닥층을 배제하는 것으로, 그들은 사회가 제공해야 하는 기회의 주류에서 차단돼 있다. 다른 하나는 상류층의 자발적 배제, 즉 '엘리트

의 반란'인데, 이것은 더 부유한 집단들이 공적 제도에서 스스로 물러나는 것이다. 그들은 사회의 나머지 사람들과 분리된 생활을 선택한다.[12]

기든스가 말한 현상이 존재한다는 것은 확실하다. 그러나 그런 현상을 다루는 기든스의 태도가 기이하다는 말은 조금도 과장이 아니다. 우선 한 가지 이유는 칼링이 이의를 제기하듯이

사회구조의 꼭대기에 있는 사람들과 밑바닥에 있는 사람들의 사회적 지위를 단일한 사회적 범주(배제된 사람들)로 동질화하는 것은 … 매우 놀라운 조치다. 특히 두 배제가 일어나는 메커니즘이 사뭇 다르기 때문에 더 그렇다. 즉, 쉽사리 주류에 합류할 수 있지만 그러지 않기로 선택한 사람들과, 아무리 주류에 합류하고 싶어도 그럴 돈이나 수단이 없는 사람들이 똑같이 취급되는 것이다.[13]

더욱이, 그런 동질화를 옹호할 수 있다고 하더라도 부자들과 빈자들이 [공적 제도에서] 물러나는 것이 왜 불평등의 사례가 돼야 하는지는 분명하지 않은 듯하다. 그것은 오히려 공동체의 실패를 나타내는 것처럼 보인다. 아니면 기껏해야 사회 통합에 부정적 결과를 가져오는 불평등을 줄여야 하는 이유처럼 보인다. 따라서 이런 논의에서는 불평등을 분배 정의 문제로 깊이 생각할

수 없게 된다. 실제로 칼링은 기든스가 "사회정의의 성격에 관한 … 광범한 논쟁"을 무시하고 있으며, 따라서 "평등에 관한 기든스의 논의는 극도로 혼란스럽고 불분명하다"고 지적한다.[14] 더 최근 글에서 기든스는 "아주 오랫동안 좌파들의 관심을 사로잡았던 평등 지상주의"에 대한 논점 회피식 비판과, 1장에서 인용한 빈곤과 평등 연구에 대한 편향적 해석을 결합한다. 기든스가 이렇게 모호한 주장들을 이용해서 지지하는 "역동적 평등 개념"은 정책 면에서 브라운의 전략과 거의 다르지 않아 보인다.[15]

기든스가 원칙에 입각해서 평등과 정의를 논하는 데 관심이 없는 것은 오늘날 사회민주주의의 이례적 사례가 결코 아니다. [이미 1994년에] G A 코헨은 1992년 총선 후 노동당의 새 대표 존 스미스가 임명한 사회정의위원회가 "친시장·반평등주의 이데올로기에 굴복했다"고 격렬하게 비판했다.[16] 제3의 길을 주장하는 문헌에는 평등에 관한 체계적 분석이 전혀 없다는 사실은, 평등주의적 자유주의자들의 저작에서 발견되는 매우 풍부한 철학적 논의들을 살펴보는 것이 어느 정도 정치적 이득이 될 수 있음을 보여 준다. 브라운 자신도 롤스뿐 아니라 아마르티아 센과 마이클 왈저의 권위에 의지했다(비록 자신의 정책과 그들의 연구 사이에 정확히 어떤 연관이 있는지를 구체적으로 명시하지는 않지만 말이다).[17] 그렇다면 평등에 관한 그 철학자들의 가르침에서 우리는 무엇을 배워야 할까?

롤스와 차등의 원칙

존 롤스의 기념비적 저작《정의론》은 미로처럼 길고 복잡하게 구성된 방대한 책이다. 거의 30년 전[인 1971년]에 처음 출판된 이래로(또 롤스가 그 책의 주제들을 정교하게 다듬거나 때로는 수정하려고 쓴 다른 많은 글과* 함께)《정의론》은 엄청난 철학적 연구의 대상이 됐다. 여기서 나는 이 연구에 기여할 생각이 전혀 없다. 나는《정의론》의 여러 측면 중에서 평등 문제와 직접 관련이 있는 측면에 초점을 맞출 것이다.

흔히 어떤 이론을 가장 잘 이해하는 방법은 그 이론이 무엇을 비판하는지를 살펴보는 것이다. 롤스의 경우에 그 비판 대상은 공리주의다. 지난 200여 년 동안 공리주의는 영어권 세계에서 공공 정책을 이론적으로 평가할 때 십중팔구 가장 유력한 지적 전통이었을 것이다. 공리주의는 선善을 복리의** 극대화로 이해한다. 초기 공리주의는 복리(나 효용[공리])를 만족스러운 정

* 그중 많은 글이 수정된 형태로 *Political Liberalism*, 1993에 수록됐다[국역:《정치적 자유주의》, 동명사, 2016] — 캘리니코스.

** welfare와 welfarism은 흔히 복지와 복지주의로 번역하지만, 복지주의라는 말이 (경제)성장주의와 대조해서 사회복지 제공을 중시하는 복지국가주의나 정책의 의미로 쓰이는 경우가 많아서 이 책에서는 사회복지를 뜻하는 경우가 아니면 '행복과 이익을 아우르는 말'인 복리(주의)로 옮겼다.

신 상태와 동일시했지만, 더 공식적인 현대 문헌에서는 어떤 상태를 다른 상태보다 더 좋아하는 개인의 선호가 충족된 것으로 보는 경향이 있다. 여기서 개인은 합리적 선택을 하는 사람으로 여겨진다. 즉, 자신의 여러 선호에 순서를 매기고 이런 선호에 따라 규정된 자신의 복리를 극대화하고자 한다는 것이다. 이런 인간관은 경제학의 신고전학파 정설에 영향을 미쳤다. 윤리 이론으로서 공리주의는 사람의 행위를 그 결과로 판단한다. 따라서 사회 전체가 최대의 만족을 얻게 되는 결과를 추구하는 것이 바람직하다. 제러미 벤담의 말을 빌리면 "어떤 행동이 공동체의 행복을 증가시키는 경향이 감소시키는 경향보다 클 때 … 그 행동은 공리의 원칙에 부합한다고 말할 수 있다."[18]

미국혁명과 프랑스혁명의 시대에 벤담이 정식화한 고전적 공리주의에 평등주의 정신이 깃들어 있다는 것은 중요한 의미가 있다. 그 점은 "모든 사람이 똑같은 영향력을 지니고, 어느 누구도 남보다 더 큰 영향력을 지닐 수 없다"는 벤담의 원칙에서 드러난다.[19] 그렇지만 복리 극대화라는 목적을 달성하는 데 반드시 소득이나 부의 평등한 분배가 필요한 것은 아니다. 만약 부자들의 만족이 가난한 사람들의 불만족보다 훨씬 커서 매우 불평등한 분배를 바탕으로 충족된 선호의 총량이 평등한 분배의 결과로 충족된 선호의 총량보다 크다면, 공리주의자들은 그런 상태를 거부할 이유가 전혀 없을 것이다. 더욱이, 사회 성원 개인들을 희생시킨 결과로 사회 전체의 복리가 증대할 수도 있기 때문에 공리주의는 자유를 매우 제한하는 결과를 낳을 수 있다. 롤스가 말했듯이 "[공리주의적 관점에서 볼 때] 원칙적으로 어떤 사람들의 더 큰 이익이 다른 사람들의 더 작은 손실을 메우지 못할 이유가 없다. 더 중요한 점은, 다수가 누리게 될 선善이 더 크다면 소수의 자유를 침해하는 것이 정당하지 못할 이유가 없다는 것이다."[20]

롤스가 보기에 이것은 공리주의가 개인의 [합리적] 선택 모형을 사회 전체로 확대한다는 사실을 반영한다. "한 개인이 자신의 욕구 체계의 충족을 극대화하는 것이 합리적이듯이 사회가 모든 사회 성원의 순純 만족량을 극대화하는 것도 정당하다." 사회의 선택을 이렇게 이해하는 것은 "모든 인간을 하나로 합친" 결과다. 따라서 "공리주의는 개인들의 차이를 신중하게 다루지 않게 된다."[21] 같은 논지를 달리 표현하면, 공리주의는 칸트의 정언명령 셋째 정식, 즉 "인간을 대할 때는 너 자신이든 다른 사람이든 단지 수단으로 대하지 말고 항상 목적으로 대하라"는[22] 명령에 위배된다고 할 수 있다. 만약 내 목표가 달성되지 않는 것이 사회 전체의 만족 증대에 이바지할 것이라는 이유로 공리주의가 내 목표 달성을 금지한다면, 나는 목적이 아니라 단지 수단으로 취급당하고 있는 셈이다.

자유주의 철학자들은 흔히 칸트의 원칙에 의거해서 개인적 권리의 근거를 마련하고자 한다. 예컨대, 로버트 노직은 개인적 권리를 사회[의 집단]적 행동에서 개인을 도덕적으로 보호하는 '측면적 제약 사항'으로 이해해야 한다고 주장한다.* "[사회의 집단적 행동에 대한 측면적 제약 사항은 칸트의 근본적 원칙, 즉 개인은 단지 수단이 아니라 목적이라는 원칙을 반영한다.] 개인은 스스로 동의하지 않는 한 다른 목적을 달성하는 데 이용되거나 희생될 수 없다. [개인은 불가침의 존재다.] … 측면적 제약 사항은 타인에 대한 불가침성을 표현한다."[23] 또 노직은 모종의 평등주의적 "최종 결과 원칙"에 따른 재분배가 개인의 권리를 침해해서 사람들의 독립성을 훼손한다고 보면서 그런 재분배를 배격한다.** 롤스의 철학적 전략에서 놀라운 점은 롤스도 공리주의를 비판하는 칸트에서

---

* 개인의 다양한 권리, 특히 재산권은 그 개인이 정당한 자격으로 취득한 소유물을 국가가 강제로 재분배하지 못하게 만드는 '측면적[또는 부수적] 제약 사항' 구실을 한다는 것이 노직의 주장이다.

** 노직은 분배가 정의로운지 아닌지는 소유물을 취득하고 이전하는 역사적 과정이 정당한지에 달려 있는데(역사적 원칙), 공리주의나 롤스의 이론은 분배의 최종 결과나 상태만 보고 정의를 논한다(최종 결과[상태] 원칙)는 문제가 있다고 비판했다. 즉, 분배 과정에서 개인의 소유권이나 재산권이 침해되더라도 그 분배의 최종 결과가 사회 전체의 복리 증진에 도움이 되기만 하면(공리주의), 또는 최소 수혜자들에게 이익이 되기만 하면(롤스) 정의로운 분배로 여긴다는 점에서 잘못됐다는 것이다. 노직은 소유물의 취득과 이전 과정이 합법적이고 정당하다면 분배 결과가 사회 전체의 복리 증진에 도움이 되지 않거나 최소 수혜자들에게 손해가 되더라도 정의로운 분배이므로 재분배는 필요하지 않다고 주장했다.

출발하지만 그 토대 위에서 평등주의적 정의론을 구성한다는 것이다. 브라이언 배리가 말했듯이 롤스의 체계에서 "권리는 전제가 아니라 결론이다."[24] 다시 말해 롤스가 보기에 개인의 권리는 [사회의] 집단적 행동에 대한 근본적 제약이 아니라, 정의로운 사회질서의 요건에 따른 결과다.

계속해서 롤스는 로크·루소·칸트의 사회계약 전통을 복원하려 한다. 그래서 다음과 같이 주장한다. 정의의 원칙들은 가상의 '원초적 입장'에서* 선택되는데, 이 원초적 입장에 있는 당사자들은 (공리주의 전통에서 이해하는 합리성이라는 약간 협소한 의미에서) 합리적 행위자들이다. 즉, 그들은 자신의 여러 선호에 순서를 매기고 이 선호에 따라 규정된 자신의 복리를 극대화하고자 한다. 그러나 그들은 '무지의 베일[장막]' 뒤에서 선택을 해야 한다. 특히

> 아무도 자신의 사회적 지위나 계층을 모르고, 천부적 자산과 능력, 지능과 체력, 기타 등등을 어떻게 타고나는지 자신의 운수도 모른다. 또, 아무도 선善에 대한 자신의 생각[가치관], 자신의 합리적 인생 계획의 자세한 사항을 알지 못하고, 심지어 모험을 매우

---

* 원초적 입장 롤스가 사고(思考) 실험을 통해 제시한 가상의 상황이다. 사회계약론의 '자연 상태'와 유사한 구실을 한다.

싫어한다거나 비관적·낙관적 성향 같은 자신의 심리적 특징조차 알지 못한다. 게다가 나는 그 당사자들이 자신이 속한 사회의 특수한 사정도 모른다고 가정한다.[25]

또, 원초적 입장에 있는 당사자들은 흄이 말한 '정의의 여건'에* 직면한다. 그래서 롤스는 "적절한 부족 상태 아래서 상호 무관심한 사람들이 사회적 이익에 대해 상충하는 요구를 제시할 때" 정의의 여건이 성립한다고 말한다.[26] 그런 충돌을 조절하기 위해 서로 인정할 수 있는 근거를 제시하는 것이 분배적 정의 원칙의 요점이다. 그래서 정의의 주제는 "사회의 기본 구조"라고 롤스는 말한다. 그것은

> [주요] 사회 기구들을 하나의 체계로 결합하고, 근본적 권리와 의무를 할당하고, 사회적 협력으로 생겨난 이익을 분배하는 방식이다. 따라서 정치제도, 법적으로 공인된 소유 형식, 경제[제도]의 조직, 가족의 성격, 이 모든 것이 기본 구조에 속한다.[27]

---

* 정의의 여건 "인간의 협력이 가능하고도 필요한 정상적 조건들"로, 자원의 상대적 희소성 같은 객관적 조건과 개인들의 다양한 삶의 목적이나 관심 같은 주관적 조건을 말한다.

롤스는 원초적 입장에 있는 합리적 행위자들은 정의의 두 원칙을 선택하게 될 것이고, 이 원칙들은 다음과 같은 "기본적인 사회적 재화들"을* 분배하는 데 적용될 것이라고 주장한다.

a. 기본적 권리와 자유 …

b. 거주·이전의 자유와, 다양한 기회를 배경으로 하는 직업 선택의 자유.

c. 기본 구조의 정치적·경제적 제도에서 책임 있는 직책과 직위의 권한과 특권.

d. 소득과 부. 그리고 마지막으로

e. 자존감의 사회적 기반.[28]

롤스가 말한 "공정으로서 정의"의 두 원칙은 다음과 같다.

제1원칙

각자는 모든 사람의 유사한 자유 체계와 양립할 수 있는 기본적 자유를 최대한 넓은 범위에서 평등하게 보장받아야 한다.

---

* 기본적인 사회적 재화들(primary social goods) 사회적 기본재 또는 사회적 기본 가치라고도 한다.

제2원칙

사회적·경제적 불평등은 다음 두 가지 조건을 만족시키도록 편성돼야 한다.

(a) 최소 수혜자들[즉, 가장 적게 혜택받은 사람 또는 가장 불리한 사람]에게 최대 이득이 되고 …

(b) [권한이 있는] 직위와 [명령을 내릴 수 있는] 직책은 공정한 기회균등의 조건 아래 모든 사람에게 개방돼야 한다.[29]

이런 원칙들을 끌어낸 롤스의 책이 많은 비판적 주목을 받은 것은 당연하다. 롤스가 합리적 선택 이론이라는 공리주의적 방법을 사용해 자유주의적 평등주의의 결론에 이른 것은 놀라운 지적 위업이지만, 회의적 반응도 많았다. 심지어 롤스의 기본적 주장에 동조하는 브라이언 배리 같은 철학자들조차 T M 스캔런의 계약주의 이론이 정의의 원칙들에 이르는 더 나은 절차를 제공한다고 주장했다. 스캔런의 이론에 따르면, 사정을 잘 알고 자발적으로 일반적 합의를 추구하는 사람이 합당하게 거부할 수 없는 원칙들에 어긋나는 행동은 [옳지 않으므로] 금지된다.[30]

여기서 우리의 목적을 위해 훨씬 더 중요한 점은 롤스가 말한 정의의 제2원칙, 즉 그 유명한 차등의 원칙에 급진적 평등주의의 성격이 있다는 것이다. 이것이 롤스의 정의론 전체의 핵심이라는 것은 거의 틀림없다. 실제로 그는 다음과 같이 말한다. "이

두 원칙은 … 다음과 같이 표현될 수 있는 더 일반적인 정의관의 한 특수한 경우다. 즉, 모든 사회적 [기본] 가치(자유, 기회, 소득, 재산, 자존감의 기반)는 이 가치들의 전부나 일부의 불평등한 분배가 최소 수혜자들에게 이익이 되지 않는 한 평등하게 분배돼야 한다."[31] 다시 말해, 롤스의 원칙은 평등을 지지한다. 불평등은 최소 수혜자들에게 이로울 때만 정당하다는 것이다.

롤스의 급진성에는 다른 측면도 있다. 기회의 평등을 능력주의적으로 해석하는 사람들은 개인의 타고난 재능과 그 재능의 사용에 따라 보상이 이뤄져야 한다고 주장한다. 그러나 롤스는 다음과 같이 주장한다. "천부적 재능을 최초로 부여받는 것과 어린 시절에 우연히 그 재능을 기르고 배양하게 되는 것은 도덕적 관점에서 볼 때 임의적이다."* 무지의 베일은 원초적 입장의 당사자들이 천부적 재능의 분배를 알지 못하게 가린다. 따라서

> 차등의 원칙은 사실상 천부적 재능의 분배를 공동 자산으로 생각하고 그 결과에 상관없이 이런 분배가 주는 이익을 함께 나눠 가지는 데 합의한다는 것을 의미한다. 태어날 때부터 남들보다 유리한 처지에 있는 사람들은 그들이 누구든 간에 아주 불리한 처지

---

* 도덕적 관점에서 임의적이라는 것은 개인에게 책임이 있다고 보기 어렵다는 뜻이다.

에 있는 사람들의 여건을 향상시켜 준다는 조건에서만 자신의 행운에서 이득을 볼 수 있다. 태어날 때부터 혜택받은 사람들은 단지 재능을 더 많이 타고났다는 이유만으로는 이득을 볼 수 없고, 훈련과 교육 비용을 감당해야 하며 불운한 사람들을 도울 수 있도록 자신의 자질을 사용해야 한다. 자신의 더 큰 천부적 능력이나 공적을 사회에서 더 유리한 출발점으로 이용할 자격이 있는 사람은 아무도 없다. 물론 그렇다고 해서 그런 차이를 무시하거나 없애야 한다는 말은 아니다. 그런 차이를 다루는 또 다른 방법이 있다. 기본 구조는 이런 우연성이 최소 수혜자들에게 이득이 되도록 편성될 수 있는 것이다. 따라서 이익을 보상하거나 보상받지 않고는 자신이 임의로 얻게 된 천부적 재능이나 최초의 사회적 지위 때문에 이득을 보거나 손해를 입는 일이 없도록 사회체제를 만들고자 한다면, 우리는 차등의 원칙에 이르게 된다.[32]

이와 같이 논의를 확대해서 롤스는 생산수단처럼 양도할 수 있는 자원뿐 아니라 개인이 양도할 수 없는 천부적 재능을 사용해 얻은 이익도 정의의 원칙에 따라 분배돼야 한다고 주장한다. 이런 롤스의 주장이 노직 같은 신우파 이론가들의 격렬한 비판을 받은 것은 당연하다. 노직은 인간을 목적으로 대하라는 칸트의 원칙을 따르려면 개인의 타고난 재능은 각자의 소유이고 그 재능을 사용해 얻은 것도 모두 그 사람의 소유여야 한다고 주장했다.[33] 따라서 차등의 원칙은 (적어도 흔히 생각하는) 기회의 평등보다 더 심층적 형태의 평등을 함축한다.

많은 획기적 저작과 마찬가지로 롤스의 《정의론》도 그 출현 배경이 되는 전통(이 경우에는 고전적 자유주의)에 깊이 뿌리박고 있다. 이 점은 특히 두 측면에서 찾아볼 수 있다. 첫째, 롤스가 "자유의 우선성"이라고 부른 것이 있다. 즉, "평등한 자유의 원칙[정의의 제1원칙]이 정의의 제2원칙[차등의 원칙]보다 우선한다는 것이다. 정의의 두 원칙은 순차적이므로 자유에 대한 요구가 제일 먼저 충족돼야 한다. … 자유는 오직 자유 그 자체만을 위해 제한될 수 있다."[34] 이 입장을 옹호하는 롤스의 주장들은 특별히 복잡하지만, 롤스가 개인의 자유와 사회적 평등이 충돌한다는 전통적 자유주의 신념을 되풀이하면서 전자[개인의 자유]를 선택한다는 사실은 분명하다. 그렇다면 롤스는 발리바르의 평등자유 명제에 내포된 역사적 주장, 즉 자유에 대한 공격은 불평등의 증대를 수반하고 그 역도 마찬가지라는 주장(2장 참조)과 충돌하게 된다. 특권층은 개인의 자유를 제한해서 자신들의 지위를 지키고, 그런 제한은 또 새로운 특권의 토대가 될 것이다.

롤스는 자신의 [이론] 체계 다른 곳에서 자유와 평등의 관계는 그가 매긴 순서, 즉 정의의 제1원칙이 제2원칙보다 먼저라고 말한 것보다는 더 복잡하다는 점을 사실상 인정한다. 그는 정의로운 헌정 질서가 "모든 정치적 자유의 공정한 가치"를 보장해야 한다고 본다. 다시 말해 "비슷한 자질과 동기를 지닌 사람들은 그들의 경제적·사회적 계급에 상관없이 정치적 권한을 지닌 직위를 얻는 데서 거의 똑같은 기회를 누려야만 한다"는 것이다. 그러나 실제로 존재하는 자유민주주의 사회에서는 "정치적 평등과 양립할 수 없을 만큼 크게 벌어진 빈부 격차가 일반적으로 법률제도에 의해 허용돼 왔다."[35] 물론 이것은 마르크스주의자들이 항상 지적해 온 바다. 로자 룩셈부르크가 말했듯이 마르크스주의자들은 "형식적 평등과 자유라는 달콤한 껍질 아래 사회적 불평등과 부자유라는 딱딱한 알맹이가 숨어 있다"는 사실을 지적한다.[36] 실제로 롤스는 최근에 쓴 글에서 "헤겔, 마르크스주의자들, 사회주의 저술가들이 이렇게 이의를 제기한 것은 완전히 옳았다"고 인정한다. 계속해서 그는 [정치적] 자유의 공정한 가치를 보장하기 위한 제도적 조건들을 다음과 같이 명시한다.

a. 선거 자금의 공적 지원, 공공 정책 문제들에 관한 공적 정보 제공을 보장할 방법들 …

b. 특히 교육과 훈련 과정에서 공정한 기회 균등 보장 …

c. 다음과 같은 자유주의의 셋째 조건을 충족하는 소득과 부의 적정한 분배: 모든 시민은 자신의 기본적 자유를 현명하게 효과적으로 활용하는 데 필요한 다목적 수단[예컨대, 돈]을 보장받아야 한다. …

d. 중앙정부나 지방정부를 통해 또는 그 밖의 사회·경제 정책을 통해 최후의 고용주 구실을 하는 사회. …

e. 모든 시민에게 기본적 의료 서비스 보장.[37]

따라서 정의의 제1원칙을 실행하려면 상당한 정도의 사회적·경제적 평등을 달성해야 한다는 것이 드러난다. 이것은 자유와 평등은 서로 충돌할 수밖에 없다는 고전적 자유주의 전통의 주장보다는 자유와 평등은 함께 간다는 발리바르의 주장을 분명히 뒷받침한다. 사실상 똑같은 이유로 자크 비데도 순차적인 두 원칙보다는 롤스의 "일반적 정의관"을 선호한다. "제대로 이해하면, 정의의 포괄적 원칙은 … 자유에 관해 어떤 차등도 둘 수 없다고 명시한다. 왜냐하면 자유의 불평등은 결코 최소 수혜자의 이익(이것이 무엇을 의미하든 간에)에 부합할 수 없기 때문이다."[38]

롤스의 정의론이 분명히 고전적 자유주의 전통에 깊이 뿌리박고 있는 둘째 측면은 시장경제라는 전제를 배경으로 하고 있다는 사실이다. 예컨대, 정의의 제2원칙에 대한 다양한 해석을 고려하면서 그는 다음과 같이 가정한다. "경제체제는 생산수단이 사유인지 아닌지와 상관없이 자유 시장 체제다."[39] 비데가 지적하듯이 "두 원칙의 분리는 [사회의] 기본 구조를 두 영역으로 나누게 된다. 하나는 제1원칙이 적용되는 정치이고 다른 하나는 제2원칙이 적용되는 경제이다. [그런 분리가 일반적으로 자유주의를 규정한다고 할 수 있다.]" 경제와 관련해서 롤스는 원칙적으로는 생산수단의 사적 소유와 사회적 소유 사이의 선택을 열어 두지만, 실제로는 "경제적 합리성과 역동성을 보장해 주는 시장경제를 완전히 신뢰한다."[40] 따라서 롤스가 생각하는 것은 "재산 소유 민주주의"로, 여기서는 미숙련 노동자들보다 기업인들의 전망이 훨씬 더 낫다. 이런 불평등은 다음과 같은 조건에서 차등의 원칙에 따라 정당화될 수 있다.

> 기업인에게 허용된 더 큰 기대치는 그들이 노동하는 계급[원문 그대로다 — 캘리니코스]의 장기적 전망을 향상시키는 일을 하도록 장려한다. 기업인들의 더 나은 전망은 인센티브로 작용해서, 경제 과정은 더 효율적으로 되고 기술혁신도 더 빨라지는 등 여러 이득이 생겨난다. 결국 그에 따른 물질적 이득은 체제 전체로 확산되고 최소 수혜자들에게도 이르게 된다.[41]

롤스는 이것이 가설적 사례라고 강조하지만, 여기서 롤스가 인센티브를 어떻게 생각하는지가 드러난다. 앞서 봤듯이 롤스는 재능이 뛰어난 사람들에게 주는 추가 보상을 차등의 원칙이 정당화한다고 생각한다. 단, 그 때문에 그들이 더 많이 생산하고, 그래서 최소 수혜자들에게 이득이 된다면 말이다. G A 코헨은 롤스의 이런 주장을 자세히 비판했다. 코헨은 부자들과 최소 수혜자들이 똑같은 도덕적 공동체(더 정확히 말하면 코헨이 '정당화 공동체'라고 부른 것)에* 속한다는 것은 앞뒤가 맞지 않는 말이라고 주장한다. 부자들이 인센티브를 달라고 요구하는 것은 사실상 협박, 즉 자신들에게 특별한 보상을 해 주지 않으면 [사회에] 기여하지 않겠다고 위협하는 짓이다. 이것은 갈등 상황에서 흔히 제기되는 요구이지만, 코헨은 그것이 정당화 공동체의 한 성원이 다른 성원에게 논리적으로 제기할 수 있는 요구는 아니라고 주장한다. 정당화 공동체의 성원들은 서로 자신의 행동을 정당화하기로 약속하지만, 위협은 정당하다고 인정할 만한 이유를 제시하는 것이 결코 아니기 때문이다.[42] 이렇게 비판하면서 코헨은 "차등의 원칙이 상당한 불평등을 모두 부적당한 방식으로 정당화하는 것이 아닌지 의심"한다.

> 최소 수혜자들이 특별히 인센티브 불평등에서 이득을 보는 것은 오로지 불평등한 인센티브가 중단되면 부자들이 사실상 파업에 들어갈 것이기 때문이다. 이런 불평등은 평등을 반대하는 부자들

---

* 롤스는 자신이 바람직하다고 생각한 이상 사회(이른바 질서 정연한 사회)의 성원들은 저마다 자기 삶의 방식을 다른 성원들에게 성실하게 해명하고 정당화해야 하는 '상호 존중의 의무'가 있다고 본다. 특히 다른 사람들의 삶의 조건에 큰 영향을 미칠 수 있는 행위에 대해서는 남들이 이해할 만한 타당한 이유를 제시해야 한다는 것이다. 그래서 코헨은 롤스가 상정한 이상 사회를 '정당화 공동체'라고 부른다.

의 태도와 행위에 의해 정해진 한계 내에서 최소 수혜자들에게 이득이 되고, 그 한계는 부자들이 스스로 제거할 수 있다. 또 어떤 불평등은 평등을 반대하는 태도가 아니라 기존의 불평등한 구조에 의해 정해진 한계 내에서 최소 수혜자들에게 이득이 되기도 한다. … 내 생각에는 사회적 불평등이 최소 수혜자들에게 이득이 되거나 적어도 해가 되지 않는 것처럼 보이는 경우는 오직, 차등의 원칙을 지지하는 사람이라면 절대 순순히 받아들이지 않을 불평등한 구조나 불평등을 승인하는 태도를 우리가 기정사실로 여길 때뿐이다.[43]

《정의론》은 평등주의적 자유주의의 토대를 놓은 책이다. 그 책이 제시한 (급진적 평등주의의 내용이 들어 있는) 정의의 원칙들은 롤스가 보기에는 시장경제에 가장 잘 적용될 수 있는 것들이다. 시장경제에 잘 적용되는 평등주의적 정의의 원칙을 당연하게 여긴 롤스 같은 사람들이 이제는 많지 않지만, 로널드 드워킨은 그런 원칙을 분명히 옹호하면서 다음과 같이 주장한다. "자원의 평등에 관한 매력적인 이론은 모두 엄청나게 다양한 재화와 서비스의 가격을 결정하는 장치로서 경제적 시장 개념을 중심으로 전개돼야 한다."[44] 평등과 시장의 관계는 4장에서 다룰 것이다. 여기서는 지금까지 살펴본 코헨과 비데의 롤스 비판은 우호적 비판이고, 롤스의 이론을 거부하려는 것이 아니라 그 이론의 내적 모순을 들춰내려는 것이라는 점을 강조하는 게 더 중요하다. 코헨과 비데의 비판은 롤스의 원칙들이 롤스 자신이 일반적으로 인정하는 것보다 훨씬 더 급진적으로 기존 사회·경제 제도에 도전하는 것임을 보여 준다.[45]

무엇의 평등인가?

평등에 관한 논쟁들은 두 가지 중심적 문제를 제기한다고 아마르티아 센은 말했다. "첫째, 왜 평등인가? 둘째, 무엇의 평등인가?" 오늘날 평등에 관한 논란에서 주로 쟁점이 되는 것은 둘째 문제라고 센은 주장한다. 사람들은 다양한 측면에서 평등하게 또는 불평등하게 취급될 수 있다. "평등은 한 사람의 특정 측면(예컨대, 소득, 부, 행복, [자유], 기회, 권리, 욕구 충족 등)을 다른 사람의 똑같은 측면과 비교해서 판단된다. [따라서 불평등을 판단하고 측정하는 것은 비교되는 변수(소득, 부, 행복 등)의 선택에 순전히 달려 있다.]" 인간의 타고난 다양성 때문에, 하나의 "중심 변수"에서* 사람들을

* 중심 변수(focal variable)는 "사람들을 비교하는 데 분석의 초점이 되는 변수"로서, 센은 중심 변수를 선택하는 것이 서로 다른 사람들을 비교할 수 있는 '공간'(space)이나 영역을 선택하는 문제와 같다고 본다. 그래서 특정 공간에서 평등을 확보하게 되면 다른 공간에서는 불평등이 나타날 수밖에 없다는 것이 센의 주장이다.

평등하게 취급하면 다른 차원들에서 상당한 불평등이 생길 수 있다. 따라서 그 어떤 변수의 평등도 지지하지 않는 이론가는 극히 드물다. "[사람들의 이질성 때문에 '공간'(소득, 부, 행복 등)마다 불평등의 특성이 달라지는 경향이 있다. 한 변수의 평등이 다른 변수의 평등과 일치하지 않을 수도 있다. 예컨대, 균등한 기회가 매우 불균등한 소득으로 이어질 수 있다. 균등한 소득이 부의 상당한 차이와 양립할 수도 있다. 균등한 부가 매우 불균등한 행복과 공존할 수 있다. …] 특정 이론에 중요한 특정 공간에서 모든 사람을 평등하게 고려하지 않는다면, 윤리적 타당성을 확보하기 어려울 것이다." 예컨대, 로버트 노직은 부와 소득의 심각한 불평등을 허용하면서도 (사실상 자기 소유[의 권리]와 동일시한) 개인의 자유는 평등해야 한다고 주장한다.* 따라서 "핵심 문제는 '무엇의 평등인가?'임이 드러난다."[46]

인간의 다양성이 때로는 당혹스러울 정도로 다양한 중심 변수로 나타난다는 것은 확실히 사실이다. 여러 평등주의적 자유주의자들은 그렇게 다양한 중심 변수를 사용해 사람들을 비교한 결과를 바탕으로 재분배가 이뤄져야 한다고 주장했다. 평등의 그런 척도가 될 만한 주요 후보로는 롤스가 말한 사회적 기

---

* 센은 효용이나 사회적 기본재의 평등을 요구하지 않는 노직도 자유주의적 권리의 평등(어느 누구도 자유의 권리를 다른 사람보다 더 가져서는 안 된다는 것)을 요구한다는 점을 볼 때 흔히 반(反)평등주의로 알려진 이론들조차 다른 기준에서 보면 평등주의가 된다고 주장한다.

본재 외에도 복리, 자원, 이익에 대한 접근권(또는 복리를 얻을 기회), 역량이 있다. 이것들을 차례로 살펴보면, 평등주의자들이 제안한 재분배의 본질이 무엇인지 또 애초에 평등의 실현을 추구하는 심오한 윤리적 이유가 무엇인지도 명확히 하는 데 도움이 될 것이다.[47]

먼저, 복리의 평등[론]은 수정된 형태의 공리주의라 할 수 있다. 복리의 평등과 공리주의는 모두 복리주의의 사례인데, 센이 말했듯이 복리주의는 "어떤 상태의 좋고 나쁨은 오로지 그 상태에서 얻는 효용의 좋고 나쁨으로만 판단할 수 있다는 견해"다.[48] 여기서도 효용이나 복리는 만족스러운 정신 상태나 개인의 선호 충족으로 이해된다. 복리의 평등에 대한 두 가지 반론이 있는데, 코헨은 그것을 "공격적 취향 비판과 값비싼 취향 비판"이라고 부른다.[49]

첫째 비판은 롤스가 다음과 같이 제기한 것이다. ["공리주의에서는, 어떤 욕구의 충족이 무엇이 옳은지를 결정할 때 고려해야 할 본질적 가치를 지닌다. … 사회의 복리는 직접적으로 그리고 오로지 개인의 만족이나 불만 수준에 달려 있다."] 복리주의에서는 "만약 사람들이 서로 차별대우를 하는 데서, 또 자신의 자존감을 높이는 수단으로 다른 사람들의 자유를 감소시키는 데서 어떤 쾌락을 얻는다면, 이런 욕구의 충족도 다른 욕구들과 함께 그 강렬함 등이 고려되고 평가돼야 할 것이다. [만약 사회가 그런 욕구의 충족을 거부하거나 억제하는 결정을 내린다면, 그것이 사회적 파괴 경향이 있는 욕구이고 다른 방식으로 더 큰 복리가 성취될 수 있기 때문이다.]"[50] 남을 고문하기를 즐기는 사람의 선호가 집을 원하는 노숙자의 선호와 원칙적으로 똑같이 충족돼야 마땅한 것으로 취급하는 정의관은 분명히 잘못됐다.

둘째 비판의 핵심은 모든 선호의 가치가 똑같지 않을뿐더러 어떤 선호는 다른 선호를 충족하는 데 드는 비용보다 더 많은 비용이 들 수 있다는 것이다. 이 비판을 가장 체계적으로 제기한 사람은 드워킨이다. "값비싼 취향의 사람들이 그렇지 않은 사람들과 똑같은 [선호 충족] 수준의 복리를 누리려면 소득이 더 많아야 한다. 따라서 복리의 평등은 취향이 값비싼 사람들의 소득 수준이 더 높아야 한다고 주장하는 것처럼 보인다." 특히 일부러 값비싼 취향을 키우는 사람들은 어떨까? 그들의 욕구를 충족하는 것이 더 수수한 취향에 만족하는 사람들의 욕구를 충족하는 것만큼이나 긴급하다는 생각이 부당해 보인다면, 우리는 다른 중심 변수를 평등의 척도로 선택해야 할 것이다.[51]

개인들의 선호가 형성되는 과정을 살펴보면, 복리의 평등에 대한 셋째 반론이 드러난다(내 생각에는 이것이 가장 중요한 반론이다). 선호는 흔히 상황에 적응한다. 그래서 센은 다음과 같이 말했다. "지독히도 궁핍한 사람이 매우 쪼들리는 삶을 살아가면서도 아무 불평 없이 이런 곤경을 받아들인다면 욕구와 욕구 충족의 심리적 척도라는 면에서는 가난에 찌든 사람처럼 보이지 않을 수 있다. [오랜 결핍 상황의 희생자들이 항상 슬퍼하거나 비탄에 잠기는 것은 아니다.]"[52] 이것은 [이솝우화에 나오는] '신 포도' 문제, 또는 (더 젠체하는 표현을 쓰자면) '적응적 선호' 문제다. 즉, 사람은 자신이 얻을 수 없다고 생각하면 그냥 포기해 버린다. 불평등과 빈곤이 극심한 상황에서 최소 수혜자들의 선호를 못 보고 지나치는 것은 특히 위험할 수 있다. 왜냐하면 그들은 자신의 상황이 나아지리라는 희망을 완전히 포기해 버렸을 수 있기 때문이다.[53]

그래서 드워킨은 복리의 평등 대신에 자원의 평등을 제안한다. 그는 모든 물질적 생산 자원이 개인들에게 판매되는 경매 시장을 상상한다. 그 개인들은 저마다 똑같은 양의 화폐를 갖고 [시초] 경매에서 [자신이 원하는 자원의] 가격을 부른다. 하부 경매들에서는 장애를 입거나 다양한 기술이 없는 경우를 대비해 보험에 가입할 수 있다.* 드워킨이 이런 제안을 하는 바탕에는 평등

---

* 경매와 보험은 모두 드워킨이 사고(思考) 실험을 통해 제시한 가상의 시장이다. 사회 성원들이 평등한 구매력을 가진 개인들로서 경매에 참가해 일정한 가격으로 원하는 자원을 산 것에 모두 만족하고 또 각각의 가격에 모든 자원이 팔리면 경매는 끝난다. 그러나 이렇게 경매를 통해 자원이 평등하게 분배됐더라도 그런 자원을 활용해 개인들이 자신의 꿈이나 포부를 실현해 가는 과정에서 불의의 재난이나 타고난 재능 차이 등에 따라 언제든지 불평등이 발생할 수 있는데 이에 대비하는 보험을 통해 그런 불평등을 바로잡고 해소할 수 있을 것이라는 게 드워킨의 생각이다. 물론 경매나 보험 시장 같은 가상의 개념적 장치들은 현실에서는 정부의 소득 재분배 정책이나 제도, 관례적 상속세를 바탕으로 한 사회복지 제도 등으로 구체화할 수 있을 것이라고 한다.

의 근거에 관한 특정 견해가 놓여 있는데, 이 견해에 따르면 "근본적 평등주의의 목적은 대부분 '불가피한 운'이 분배에 미치는 영향을 없애려는 것"이라고 코헨은 말했다.[54] 여기서 드워킨은 두 종류의 운을 구분한다. "선택적 운"은 "의도적이고 계산된 모험이 어떤 결과를 낳는가 하는 문제[다시 말해, 어떤 사람이 스스로 예측하고 그 결과 피할 수도 있는 위험을 받아들여서 이익을 보거나 손실을 보는 문제]"이고 "불가피한[또는 눈먼] 운"은 "그런 의미에서 의도적 모험이 아닌 위험들이 어떤 결과를 낳는가 하는 문제*"이다.[55] 불가피한 운의 피해자가 그 결과인 불이익에 대해 책임질 수는 없다고 드워킨은 주장한다. 가난하게 태어나는 것은 불가피한 운의 적절한 사례다. 롤스가 평등주의 사상에 기여한 가장 중요한 점 하나는 개인들의 타고난 재능 차이는 사실상 불가피한 운의 또 다른 사례이고, 사회적·경제적으로 혜택받은 사람들이 그런 불가피한 운에서 이득을 볼 자격이 있는 유일한 경우는 그렇게 하도록 허용하는 것이 최소 수혜자들의 처지 개선에 도움이 될 때뿐이라고 주장했다는 것이다.

드워킨이 주장하는 자원의 평등론은 "사람의 인성과 여건을 구분해서, 취향과 소망은 인성에 해당하고 신체적·정신적 능력

---

* 주가 상승기에 주식을 사서 돈을 벌었다면 선택적 운이 좋은 것이고, 경로를 예측할 수 없는 운석에 맞았다면 그 불운은 불가피한 것이다.

은 여건에 해당한다고 본다."[56] 사람은 자신의 취향과 소망에 대해서는 책임이 있지만 신체적·정신적 능력에 대해서는 책임이 없다. 후자는 타고난 사회적·경제적 지위와 마찬가지로 불가피한 운의 문제다. 처음에 [경매 시장에서] 평등하게 분배된 자원은 천부적 재능의 불평등을 보상해 주는 가상의 보험 시장으로 뒷받침된다면 개인들의 여건을 똑같게 만들 것이다. 이런 동등한 여건에 개인들이 어떻게 대응할지는 각자 취향과 소망에 따라 다를 것이고, 그 결과는 불평등할 것이다. 예컨대, 단호하고 자제력이 있는 사람은 더 느긋하고 취향이 값비싼 사람보다 더 많은 자원을 갖게 될 것이다. 그러나 이런 불평등은 남들보다 더 많은 부나 재능을 타고난 불가피한 운의 결과가 아니라 개인적 선택의 결과이[고 따라서 정당하]다는 것이다.

드워킨의 주장에 관해 코헨은 다음과 같이 논평했다. "드워킨이 사실상 평등주의에 크게 기여한 바는 평등을 반대하는 우파의 [사상적] 무기고 안에 있던 가장 강력한 개념, 즉 선택과 책임을 끄집어내서 평등주의 안으로 통합했다는 점이다."[57] 그러나 선택·선호와 여건 사이의 관계는 복잡하다. 첫째, 앞서 살펴본 적응적 선호의 문제가 있다. 드워킨은 개인이 스스로 선택한 선호에는 책임이 있다고 주장한다. 그러나 존 로머는 "자신이 통제할 수 없는 요인의 영향으로 선호의 일부나 전부가 형성됐고 그 선호에 따라 선택했는데도 그 선택의 책임을 그에게 묻는" 것은 잘못이라고 반박한다. "선호는 흔히 사람이 필요라고 잘못 생각한 것에 적응하기 마련이고, 그런 선호에 따른 행동의 결과를 그냥 인정하는 사회는 그 개인에게 아무 도움이 되지 않는다."[58]

둘째, 개인이 통제할 수 없는 이유들 때문에 사람들은 똑같은 크기의 자원에서 다른 이득을 볼 수 있다. 센은 "신체 장애인인 갑이 오락의 귀재인 을과 같은 소득 수준에서 얻는 효용이 절반에 불과한" 경우를 상상해 보라고 한다. 이 '효용 손해'의 책임을 갑에게 묻는 것은 터무니없을 것이므로, 롤스가 말한 차등의 원칙이든 드워킨이 주장하는 자원의 평등이든 이 '효용 손해'를 고려하지 않는다. 이 사례는 다음과 같은 일반적 사실을 보여 준다. "[기본적인 사회적] 재화를 역량으로 바꾸는 것은 사람마다 큰 차이가 있어서, 재화의 평등을 이뤘다고 해도 여전히 역량의 평등에는 한참 못 미칠 수 있다."[59] 또 이런 고려 사항들은 버나드 쇼 같은 사람들이 옹호한 소득의 평등론에 불리하게 작용하기도 한다. 쇼는 "노동을 장려하는 정말로 효과적인 인센티브는 우리의 욕구다. 욕구는 평등하다" 하고 말했다.[60] 갑과 을의 사례는 우리의 욕구가 평등하지 않다는 것을 보여 준다. 갑에게 을과 똑같은 소득을 주는 것은 갑을 불공정하게 대우하는 처사일 것이다.

이 둘째 반론을 의식한 코헨은 센의 물음에 답변하며 이익에 대한 접근권의 평등을 제안한다. 여기서 '이익'이란 "개인이 보유한 자원 묶음이나 복리 수준으로 환원될 수 없는, 그 사람의 바람직한 상태들의 이질적 집합"을 말한다.[61] 코헨은 이런 제안을 하는 이유를 다음과 같이 설명한다.

> 드워킨은 부당하고 불평등한 분배일 수 있는 것도 선호가 아니라 선택의 결과라면 허용된다고 생각한다. 그는 능력의 부족에 대해서는 보상해 주자고 제안하지만 값비싼 취향에 대해서는 그러지 않는다. 반면에 나는 엄밀한 의미에서 개인이 통제할 수 없는 불이익에 대해서는 보상해 줘야 한다고 생각한다. 따라서 자원의 천부적 존재가 불운한 경우와 효용 함수가* 불운한 경우를 구분해서는 안 된다. 일부러 값비싼 취향을 키우는 사람은 [보상을] 요구할 권리가 없지만, 자신의 능력 개발을 전혀 신경 쓰지 않아서 능력이 보잘것없는 사람도 마찬가지다. 평등주의 관점에서 보면, 값비싼 취향을 갖(거나 키우기로 선택하)는 데 책임이 없는 사람과 귀중한 자원을 분실(하거나 소비하기로 선택)한 데 책임이 없는 사람은 도덕적으로 차이가 없다. 올바른 구분은 선호와 자원을 구분하는 것이 아니라 책임과 불운을 구분하는 것이다.[62]

* 효용 함수 개인이 특정 상품 묶음을 소비해서 얻는 만족도(효용)를 하나의 실수로 표현해 주는 함수로서, 선호의 변화가 개인의 만족도에 미치는 영향을 알 수 있게 해 준다.

코헨의 사고방식은 '심층적' 기회의 평등 개념을 발전시키려는 다양한 노력과 딱 맞는다. 예컨대, 로머에게 이 개념은 다음과 같은 것을 의미한다. "사회는 지위를 차지하려고 다투는 개인들을 위해 [기울어진] '운동장을 평평하게 만들어야'* 한다. 더 일반적으로 말하자면, 개인들의 형성기에 그들이 경쟁하는 운동장을 평평하게 만들어서, 지위를 차지하려는 잠재적 의지가 있는 사람은 모두 그 후보군에 들 수 있게 해 줘야 한다." 여기서 "기울어진 운동장"은 "그들[개인들 — 캘리니코스]이 책임질 수 없는" 다양한 환경에 상응한다. 또 그 환경은 "그들이 추구하는 것과 같은 유리한 지위에 오르거나 근접할 수 있는 능력에 영향을 미친다."[63]

그러나 센은 복리의 평등과 자원의 평등이 모두 중심 변수로서 적절하지 않다고 생각해서 다른 해법, 즉 **역량의 평등**을 주장한다.** 이 개념의 바탕에는 [실제] 성취, 성취 수단, 성취할 수 있는 자유의 구분이 있다. 복리주의는 성취에 주목한다. 그러나 개인들이 다양한 상태에서 얻게 되는 실제 만족인 성취는 앞서 살

---

* 운동장을 평평하게 만든다(level the playing field) '공평한 경쟁의 장을 만든다' 또는 '모든 사람에게 공평한 기회를 보장한다'는 뜻으로 쓰인다.

** 센이 아리스토텔레스의 기능(ergon)에 관한 논의에서 자신의 개념을 도출했다는 사실을 감안하면 capability를 역량이 아니라 가능성으로 번역하는 것이 더 적합하다는 견해도 있다.

펴본 여러 이유 때문에 평등의 척도로 불충분하다. 롤스가 기본적 재화를, 드워킨이 자원을 말한 것은 모두 [실제 성취에서] 성취 수단으로 시야가 옮겨 갔음을 의미한다. 이것은 올바른 방향으로 한 걸음 나아간 것이지만, 충분히 멀리 나아가지는 않았다. 우리가 이미 봤듯이 인간의 다양성 때문에, 예컨대 정신적·육체적 장애가 있거나 중병에 걸리기 쉬운 사람이 일정한 자원 묶음에서 얻는 이익은 그런 불리한 조건이 없는 사람과 똑같지 않을 것이다. 따라서 그들의 실제 성취뿐 아니라 성취할 수 있는 자유의 정도[역량]도 다를 것이다. 그러므로 "기본적 재화 개념은 좋은 것들이 인간에게 무엇을 주는가보다는 좋은 것들 자체에 주목한다"는 점에서 "물신숭배적 약점이 있다."[64]

이런 결함을 바로잡기 위해 센은 다음과 같이 제안한다. 개인의 행복은 [삶의] 질에 달려 있고 삶은 "상호 연관된 여러 '기능', 즉 '사는 것'(존재)과 '하는 것'(행위)으로 이뤄진다"고 생각해야 한다. 이 기능들은 "충분한 영양 섭취, 건강 유지, 병에 걸리지 않는 것, 때 이른 사망을 피하는 것 같은 아주 기본적인 것부터 행복한 생활, 자존감 유지, 공동체 생활에 참여하기 같은 더 복잡한 성취 수준까지 다양할 수 있다." "특정한 기능을 실행하는 힘, 즉 역량은 … 개인이 성취할 수 있는 기능들(존재와 행위)의 다양한 조합을 나타낸다." 따라서 역량은 "개인이 특정 유형의 생활을 영위할 수 있는 자유"를 반영한다. 센이 주장하는 것은 바로 이런 역량의 평등이다. "개인들의 요구는 저마다 소유한 자원이나 기본적 재화를 기준으로 평가될 수 없고, 자신이 바람직하다고 생각하는 삶을 실제로 선택할 수 있는 자유를 기준으로 평가된다."[65]

센의 역량 평등론은 규범적 정치 이론으로서는 매우 드물게 더 경험적인 사회과학 문헌에 많은 영향을 미쳤다. 그래서 예컨대, 유엔개발계획이 제3세계 나라들의 발전을 측정할 때 국민총생산GNP 성장률 같은 국민소득 통계상의 조야한 지표보다 더 뛰어난 지표들을 다양하게 구성하도록 고무하는 데 기여했다.[66] 철학적 관점에서 보면 센의 이론은 자유와 평등을 연관시키려고 한다는 점이 상당히 흥미롭다. 역량의 평등론은 개인들이 소중하게 여기는 기능들을 성취할 자유에 주목한다. "개인의 행복 기회를 반영하는 이 자유를 소중하게 여겨야 할, 적어도 **도구적** 이유가 있다. 예컨대, 사회에서 개인이 얼마나 '많이' 갖고 있는지를 평가할 때 그렇다. 그러나 여기에 덧붙여, 자유는 좋은 사회구조가 갖춰야 할 본질적으로 중요한 가치로 여겨질 수도 있다." 선택을 좋은 삶의 구성 요소로 본다면 "적어도 몇 가지 역량 유형은 사려 깊은 선택의 기회로 인간의 삶을 더 풍요롭게 만들어서 행복에 직접 기여한다."[67]

자유와 평등을 연관시키려는 센의 노력은 적어도 두 가지 이유로 중요하다. 첫째, 앞서 봤듯이 노직 같은 신자유주의자들은 평등이 실현되면 개인의 자유가 급격히 축소될 것이라는 이유로 평등주의를 비판한다. 그러나 센은 이런 식으로 자유와 평등을 대립시키는 것은 "'범주 오류'의 결과"라고 주장한다. "자유와 평등은 양자택일의 문제가 아니다. 자유는 평등의 적용 대상이고, 평등은 자유의 분배 형태다."[68] 둘째, 역량 평등론은 평등을 옹호하는 적극적 근거를 제공한다. 롤스·드워킨·코헨이 저마다 선호하는 차원의 평등을 주장하며 제시하는 근거는 사실상 소극적인 것이다. 즉, 사람들은 자신에게 책임이 없는 요인 때문에 불이익을 당해서는 안 된다는 것이다(그런 불이익이 생산 자원의 분배에서 비롯한 것이든 아니면 타고난 우연적 재능 때문이든 마찬가지다). 그러나 우리는 평등이 행복을 성취할 수 있는 개인의 자유를 균등하게 해서 토니가 말한 "개인의 성장과 완성"에 기여한다는 더 적극적 이유에서 평등을 소중하게 여길 수도 있다.[69]

여기서 토니가 매우 분명히 표현한 윤리 학설은 롤스가 "완전설"이라고 부른 것, 즉 인간의 행복을 성취하는 것이 곧 선善이라고 보는 견해다. 이런 완전설은 정의론의 일부가 될 수 없다고 롤스는 주장한다. 왜냐하면 원초적 입장의 당사자들은 자신의 가치관, 즉 선에 대한 자신의 생각을 알지 못하고, 이것은 자유주의 사회에서는 가치관이 본질적으로 다양하다는 사실을 반영하기 때문이라는 것이다.[70]

이 주제에 신중하게 접근하는 센은 역량 이론의 계보에 아리스토텔레스와 마르크스를 모두 포함한다. 아리스토텔레스는 행복(에우다이모니아)의 객관적 조건이 [최고]선이라는 이론을 제시했고, 마르크스는 개인들이 자유로운 행동을 통해 자아를 실현한다고 주장할 때 암묵적으로 그런 이론에 의지했다는 것이다. 그러나 센은 또 마사 누스바움이 "인간의 기능에 대한 객관적인 규범적 설명을 도입해서" [역량] 이론을 확장하라고 제안하자 이를 거부하면서 "사뭇 다른 독특한 가치 이론들이 역량 이론과 잘 맞을 수 있다"고 주장한다.[71]

[센의] 역량 평등론을 누스바움이 제안한 방향으로 발전시키는 것의 장점 하나는 전통적 사회주의와 제3의 길에 공통된 핵심 가치 두 가지, 즉 자율성과 평등을 통합하는 방법을 제시할 수 있다는 것이다. 예컨대, 우리는 평등을 행복에 대한 평등한 접근권으로 이해하고, 행복 자체에는 개인들이 스스로 선택한 목표(그러나 선택하고 추구하는 것과는 별개의 [객관적] 가치를 지닌 것으로 이해되는 목표)를 성공적으로 추구하는 능력도 포함된다(그러나 그것으로 환원될 수는 없다)고 이해할 수 있다.[72] 적어도 센은 우리가 평등을 수동적 조건이 아니라 우리로 하여금 세계에 능동적으로 관여해서 원하는 삶을 살 수 있도록 해주는 조건으로서 소중하게 여겨야 한다고 말한다.

그러나 코헨은 바로 이 평등과 자율성의 결합 때문에 주저한다.* 그는 센이 복리주의 사상을 거부한 것은 옳다고 보는데, 여기서 복리주의란 "어떤 사람의 기본적 재화 묶음이 그에게 주는 의미 있는 효과는 모두 그 재화들이 해줄 수 있는 것[효용]에 대한 그의 정신적 반응과 관련있거나 그의 정신적 반응 덕분에 생긴 것"이라는 사상이다. 센이 말한 "재화의 비非효용 효과"를 코헨은 [재화와 효용의 중간(midway)에 있다는 의미에서] "미드페어midfare"라고 부른다. 미드페어는 "재화에 의해 생성된 개인의 상태, 즉 효용 수준에 특정한 값을 부여하는 개인적 상태"를 의미한다.**

---

* 코헨은 센이 자유와 평등을 연결시키는 것을 자유와 평등의 강제 결혼이라고 비판한다. 예컨대, 건강하다는 것은 존재의 상태나 조건일 뿐인데 그것을 자유나 역량으로 묘사하는 센의 설명은 잘못됐다는 것이다. 코헨은 신자유주의자들이 좋아하는 자유 개념을 평등주의적 목적에 전용하는 것이 아무리 논쟁에 도움이 된다고 하더라도 그것은 (비록 서로 밀접한 연관이 있기는 하지만) 저마다 특정한 내용과 근거가 있는 뚜렷이 다른 이상들의 중대한 차이를 없애버리는 효과를 낸다고 생각해서 반대한다.

** 코헨이 말하는 미드페어는 재화를 갖고 있지만 아직 효용을 얻기 전의 중간 상태를 가리킨다. 예컨대, 말라리아 모기를 퇴치할 수 있는 약은 사람이 그 약을 직접 사용하지 않더라도 그에게 바람직한 상태를 가져다줄 수 있다는 점에서 미드페어에 속한다는 것이다. 이것은 센이 기능이란 자원과 효용의 중간 단계에 있는 개념이라고 본 것과 비슷하다. 예컨대, 사람이 원하는 장소로 자유롭게 이동할 수 있는 것은 중요한 기능인데, 비장애인은 음식을 먹고 다리에 근력을 키우면 자유로운 이동이 가능하지만 장애인은 휠체어 같은 다른 재화가 더 필요하다. 즉, 장애인은 비장애인보다 더 많은 자원을 받아야 한다고 할 수 있다. 이런 점에서 기능(자유로운 이동)은 자원(음식이나 휠체어)과 효용의 중간에 있는 개념이라는 것이다.

그러나 미드페어는 개인이 재화에서 얻는 역량이나 이런 역량의 사용으로 환원될 수 없다. 왜냐하면 "재화는 수혜자가 역량을 전혀 사용하지 않더라도 바람직한 상태를 곧장 만들어 주기 때문이다."[73]

이런 비판이 [센에게] 얼마나 위협적인지는 분명하지 않다. 센은 기능이 '사는 것'과 '하는 것', 즉 상태[존재]와 활동[행위]을 모두 아우르는 것이라고 이해한다. 코헨의 제안은 이익에 대한 접근권이 평등해야 한다는 것인데, 그는 이익이 "센의 기능과 마찬가지로 … 바람직한 상태들의 이질적 집합"이라고 인정한다.[74] 센 자신은 "만약 이익을 (행위 주체 측면을 무시한 채) 특별히 행복이라는 면에서 본다면, 코헨이 말한 '이익에 대한 접근권의 평등'은 행복[을 누릴] 자유의 평등과 매우 비슷해질 것"이라고 말한다.[75] 코헨과 센의 관점 차이는 무엇의 평등인가보다는 왜 평등인가에 있는 듯하다. 즉, 코헨의 관심사는 불가피한 운의 결과를 없애려는 것인 반면에, 센은 역량을 평등하게 해서 사람들의 자아 실현을 가능하게 하는 완전설 쪽으로 끌린다. 어느 쪽의 평등이든 부와 소득의 상당한 재분배를 함의한다. 4장에서 내가 하려는 주장을 위해 나는 그 둘을 동등한 것으로 다루겠다.

리처드 아너슨은 코헨과 매우 비슷한 입장에서 글을 쓰면서, 개인의 역량을 평가할 수 있게 해 줄 지수를 센이 제시하지 못했다고 비판한다. 그런 지수가 없는 상황에서는 센 자신이 강조한 인간의 다양성을 감안할 때 서로 다른 사람들의 역량을 비교하는 것은 매우 어렵고, 따라서 사람들의 역량을 평등하게 만들기도 힘들다. 아너슨은 사실상 센을 딜레마에 빠뜨린다. 우리는 개인의 선호를 [그런 지수로] 고려할 수 있지만, 그러면 복리주의로 되돌아간다. 그런데 선호와 관계없는 기능과 역량에 대한 객관적 평가는 모두 "확인되지 않은, 완전설의 타당성"을 전제한다. 그렇지만 "그와 같은 완전설은 이제껏 옹호된 적 없고, 내 생각에는 지금도 옹호될 수 없다."[76]

아너슨 자신이 선호하는 평등의 통화[척도]는 복리 기회의 평등인데, 이 복리도 개인의 현실적 선호를 초월하는 개념이다. 아너슨이 "개인의 복리를 평가하는 척도"로 삼아야 한다고 주장하는 "가상의 선호"는 "차분한 분위기에서 명료하게 생각하고 합리적 오류를 전혀 저지르지 않은 채 관련 정보를 충분히 파악해서 자신의 선호를 철저히 숙고한다면 갖게 될" 그런 선호다.* 아너슨의 견해가 순수한 복리의 평등론으로 전락하지 않으려면 이렇게 선호를 이상화하는 것이 필수다(물론 여기에는 많은 어려움이 따른다). 그러나 그러려면 "선호에 바탕을 두지 않고 선

* 아너슨이 생각하는 복리는 선호의 충족이다. 그래서 개인의 선호가 더 많이 충족될수록 복리 수준도 높아진다고 한다. 그런데 아너슨이 말하는 선호는 이상화된 선호이고 그는 이것을 "합리적 선호"라고 부른다.

호 형성을 설명하는 규범적 이론"이 필요하다는 것을 아너슨은 인정한다. "따라서 광범한 복리주의적 평등주의에는 완전설의 요소가 필요할 수 있다."[77] 이와 같이 아너슨은 센이 직면하게 되는 바로 그 딜레마, 즉 복리주의와 완전설 사이에서 동요하는 딜레마에 자신도 빠지게 된다.

센을 비판하는 아너슨이 맞닥뜨린 어려움은 두 가지 이유로 중요하다. 첫째, 그것은 로머의 다음과 같은 결론을 뒷받침한다. "개인의 조건을 평가하는 모종의 객관적 척도는 분배 정의 문제에서 중요한 이익[복리]이라는 척도를 확실히 포함해야 하는 듯하다. 왜냐하면 주관적 척도는 '길들여진 가정주부' 문제를* 풀 수 없는 것처럼 보이기 때문이다." 즉, 제한된 환경에 적응한 선호의 문제에서 주관적 척도는 해법이 되지 못한다.[78] 롤스는 완전설에 한사코 반대하지만, 평등주의적 정의론은 인간의 행복에 관한 객관적 설명 없이는 불완전하다. 둘째, 이것이 의미하는 바는 평등주의적 자유주의도 흔히 마르크스의 자본주의 비판을 반대하는 것과 똑같은 종류의 반대에 부딪힌다는 것이다. 즉, 사람들의 진정한 필요와 이해관계를 현실적 선호와 대립시키게 된

* 일찍 결혼해서 평생을 가정주부로만 살아온 여성이 사회적 성취를 전혀 바라지 않고 아주 소소한 일에서도 큰 행복을 느낀다면 그 주부에게는 자원을 조금만 보장해 줘도 되는가 하는 문제를 말한다.

다. 마르크스주의 이데올로기 이론에 따르면 사람들의 현실적 선호는 자본주의 사회관계의 효과를 반영하는 경향이 있는데, 그 효과 때문에 개인의 욕구는 왜곡되거나 하향 조정된다.[79]

평등주의적 자유주의자들은 이 뜨거운 논쟁 영역으로 끌려 들어오는 것에 저항할 수 있겠지만, 그들이 어떻게 그것을 회피할 수 있을지는 잘 모르겠다. 왜냐하면 그들의 더 급진적 재분배 제안은 상식에 호소하는 반론에 부딪힐 것 같기 때문이다. 그래서 신노동당의 사회정의위원회는 유별나게 보수적인 태도로 평등을 논하면서, 응분[의 몫] 개념을 정의의 기초로 삼는 데 반대한 롤스의 주장을 일고의 가치도 없다는 듯이 묵살하기 위해 대중의 직관을 들먹인다. 예컨대, "[롤스는] 어떤 보상도 … 응분의 몫 문제가 … 아니다"라고 [말했지만, 이렇게] "믿는 사람은 거의 없다." 또는 "사람들은 … 소득 재분배 자체가 목적은 아니라고 옳게 생각한다." 이렇게 단언한 장본인들이 단지 자신들의 견해를 '사람들'의 생각으로 포장한 것이 아니라면, 그들은 사회에 널리 퍼져 있는 신념을 사회정의의 기준으로 삼고 있는 것이다. 실제로 그들은 다음과 같이 같이 선언한다. "[롤스는 자신의 이론이 일반적인 공정성 감각을 분명히 표현한 것이라고 생각하지만] 영국의 대중은 롤스의 이론에 또는 그렇게 야심 찬 다른 어떤 이론에 등장하는, 사회정의에 관해 서로 충돌하는 사상들이나 감정들을 이해하지 못할 것이 확실하다."[80]

정의에 관한 이론을 입증한다는 것은 분명히 어려운 문제이지만, 만약 정치철학이 특정 시기에 우연히 우세해진 "서로 충돌하는 사상들이나 감정들"을 제시하기만 한다면 그런 정치철학이 과연 무슨 의미가 있을지 모르겠다. 특히 이렇게 서로 충돌하는 사상들이나 감정들을 우리가 말하는 사회정의의 기준으로 삼는다면, 삶이 나아지리라는 희망을 포기한 사람들의 신념이 반영된 태도를 이론적으로 승인하게 될 수도 있다. 평등주의적 자유주의는 현실적 선호와 그것을 액면 그대로 정당화하는 신념을 그냥 받아들일 수 없다. 그래서 약간 놀랍게도 마르크스주의적 이데올로기 비판과 제휴하게 된다.

부정의, 착취, 응분의 몫

평등이라는 정치적 이상을 정당화할 수 있는 방법은 행복에 관한 객관적 설명뿐이라는 점은, '운 평등주의'를 자세하고 정교하게 비판한 엘리자베스 앤더슨도 시사하는 바다. 앤더슨이 말하는 '운 평등주의'란 불가피한 운의 결과를 바로잡는 데 집중하는 드워킨과 코헨 등의 이론이다. 앤더슨은 운 평등주의자들이 "자본주의와 사회주의의 최악의 측면들"을 합쳐 놨다고 주장한다. 한편으로 그들은 나쁜 선택적 운의 피해자들에게 가혹한 개인주의적 태도를 취한다. 그래서 그 피해자들이 스스로 선택한 결과(예컨대, 자신의 부주의로 장애인이 된 사람들이 겪는 고통)에 시달리게 놔둔다. 다른 한편으로 운 평등주의자들은 나쁜 불가피한 운의 피해자들을 공정하게 존중하지 않고 오히려 그들이 남들보다 열등하다는 이유로 보상해 주는 거만한 태도를 취한다. 이것은 "사람들에게 낙인을 찍는 빈민[구제]법 체제"의 복원인 데다가, "불리한 처지의 사람들을 보상받을 자격이 있는 자들과 없는 자들"로 엄격하게 나누는 것은 "국가가 개인의 선택에 주제넘게 참견해서 판단하고 훈계하도록" 요구하는 것이다.[81]

앤더슨은 운 평등주의를 가장 인색하게 평가해서 비판하려고 체계적으로 [사례를] 선별한다. 그래서 자녀를 돌보느라고 불리한 처지에 놓인 여성을 나쁜 선택적 운의 사례로 여기기 때문에 운 평등주의는 여성 차별적이라고 주장한다. "여성이 남성보다 평균적으로 재능이 떨어지지 않지만 여성 스스로 시장 임금을 거의 또는 전혀 받지 못하는 [육아] 재능을 계발하기로 선택한다는 것을 감안하면, 여성이 남성 임금노동자에게 의존하는 데 따른 부정의를 바로잡을 근거가 운 평등주의자들에게 있는지 분명하지 않다." 그러나 이것은 개인의 선택이 자신이 처한 상황에 의존한다는 사실을 고려하지 않는 드워킨식의 평등주의만을 반박하는 사례다. 여성에게 체계적으로 불리한 우리 사회의 매우 불평등한 구조를 감안할 때, 경제적으로 의존적인 육아 담당자가 되는 것은 흔히 여성에게 최상의 선택일 수 있다. 앤더슨은 이런 경우에 상황의 압력이 작용한다는 것을 사실상 인정한다. 그래서 [이런 상황에서는 여성이] "의존적인 육아 담당자가 되는 것은 완전히 합리적 선택(이고 심지어 의무적 선택)"이라고 말한다.[82] 이익에 대한 접근권을 평등하게 한다는 것은 분명히 여성이 남성 임금노동자에게 경제적으로 의존하지 않아도 되는 상황을 만든다는 것을 의미한다.[83]

그렇지만 앤더슨은 무엇보다도 우리가 애초에 평등을 추구하는 이유를 어느 정도 설득력 있게 설명할 수 없는 평등주의는 모두 치명적 반례에 취약하다는 것을 분명히 보여 준다(앤더슨 자신은 센의 역량 이론을 선호한다). 더욱이, 앤더슨은 적어도 어떤 종류의 운 평등주의는 자유주의적 개인주의에 너무 많이 양보한다는 것을 보여 준다. 두드러진 사례 하나는 불평등을 주로 개인적 재능의 불평등한 분배 탓으로 돌리는 경향이다. 사회주의 전통은 정당하지 않은 불평등의 원인으로 착취를 주목하며 다르게 설명한다. 2장에서 봤듯이 마르크스는 자본주의적 착취를 생산 자원이 불평등하게 분배된 결과로 본다. 노동자는 생산수단에 직접 접근할 권리가 없으므로 자신의 노동력을 자본가에게 판매할 수밖에 없고 자본가는 생산수단 통제권을 이용해 노동자를 착취한다. 이 착취는 노동자가 자본가를 위해 잉여노동을 하는 데서 비롯한다. 즉, 노동자는 자신과 가족을 부양하기 위해서만이 아니라 자본가가 투자하는 가장 큰 이유인 이윤을 창출하기 위해서도 노동한다. 잉여노동을 독차지하는 자본가 자신은 생산에 기여하는 바가 전혀 없다(또는 관대하게 봐도 자신이 받는 보수에 턱없이 못 미치는 기여만 한다). 착취하는 자와 착취당하는 자 사이의 이 적대 관계가 계급 구조의 토대를 이룬다.[84]

언뜻 보면, 양도할 수 있는 생산 자원의 불평등한 분배는 양도할 수 없는 타고난 재능의 불평등한 분배만큼이나 불가피한 운의 사례 같다. 그러나 평등에 관한 최근의 논쟁들은 착취 문제를 하찮게 취급하는 경향이 있다. 심지어 신고전학파 경제학자들의 지적 감수성에 어긋나지 않는 형태로 마르크스의 이론을 재서술하고자 애쓰는 로머조차 착취라는 부정의는 자산 분배의 부당한 불평등에서 비롯하는 것이지, 그런 분배의 결과인 잉여노동 추출에서 비롯한 것이 아니라고 결론짓는다.* 그 때문에 로머는 [논의의] 초점을 착취 자체에서 분배 정의 문제로 전환한다.[85] 일부 평등주의적 자유주의자들은 착취 개념에 훨씬 더 부정적인 태도다. 그래서 토머스 네이글은 다음과 같이 쓴다.

---

* 마르크스의 노동가치설을 폐기해야 한다고 주장하는 로머의 착취 개념에 관해서는 김하영, 《오늘날 한국의 노동계급》, 책갈피, 2017, 98~101쪽 참조.

평등주의 체제는 일부 사람들에게 여전히 인기 있는 생각, 즉 사회적 부정의의 뿌리는 착취라는 생각을 완전히 잊어버려야 할 것이다(여기서 말하는 착취는 사람들의 생산 기여도나 노동의 진정한 가치에 맞게 보수를 지급하지 않는다는 뜻이다). 평등을 옹호하려면, 보수는 생산 기여도에 따라 결정되면 안 된다고, 특히 일부 사람들은 사회적 생산에 기여한 것보다 훨씬 더 많이 받아야 한다고 주장해야 한다.[86]

여기서 네이글이 염두에 두고 있는 것 하나는(그는 노동가치설도 부정한다) 개인적 재능의 차이가 생산 기여도의 차이를 낳을 것이라는 사실, 또 어떤 개인들은 너무 어리거나 너무 늙거나 너무 아프거나 일자리가 없어서 생산에 전혀 기여하지 못할 수도 있다는 사실이다. 이번 3장에서 살펴본 것과 같은 평등주의적 사고방식에 따르면 이런 차이를 그 개인들의 불리한 처지로 여기고 [사회가] 그들에게 보상해 줘야 한다. 따라서 평등주의적 분배는 개인의 생산 기여도와 일치하지 않을 것이다. 이런 사고방식은 결코 새롭지 않다. 사실 마르크스는《고타 강령 비판》에서 '기여 원칙'은 이런 개인적 차이와 그에 따른 [불리한 처지에 대한] 보상 요구를 고려하지 않기 때문에(기여 원칙에 따르면 개인들은 자신의 노동에 비례해서 보수를 받아야 한다) 결함이 있다고 주장했다(비록 그는 사회주의 혁명 직후 시기에는 여전히

기여 원칙에 따라 분배가 결정될 것이라고 생각했지만 말이다).[87]

이런 고려 사항들은 평등주의자가 착취에 전혀 관심을 갖지 말아야 한다는 것을 의미할까? 결코 그렇지 않다. 왜냐하면 착취라는 부정의는 기여 원칙에 따라 결정되는 것이 아니기 때문이다. 사람이 착취당하는 경우는 남을 위해 일하도록 부당하게 강요당할 때, 오직 그럴 때뿐이다. 우리는 남을 위해 일하는 것을 자유롭게 선택할 수 있다. 예컨대, 일종의 선물로서 또는 진정으로 자발적인 교환이 이뤄지는 경우에는 얼마든지 그럴 수 있다. 또, 남을 위해 일하도록 정당하게 강요당할 수도 있다. 예컨대, 정부의 정당한 목적(사회정의를 실현하는 것도 그중 하나다)을 달성하기 위해 민주적으로 세금이 부과되는 경우가 그렇다. 노예제와 농노제는 부당한 강요의 분명한 사례들이다. 자본주의적 착취를 설명한 마르크스의 이론에서 독특한 점은 노동자와 자본가 사이의 자유로운 교환이라는 외관이 생산 자원의 불평등한 분배 때문에 무효가 되고 만다는 지적이다. 결국 노동자는 자신의 노동력을 자본가에게 판매하도록 강요당하고, 그래서 착취당할 수밖에 없다. 다시 말해, 노동자는 그런[착취당하는] 조건으로 자본가를 위해 일하는 것 말고는 달리 선택지가 없다. 이것은 노동자의 자유를 침해하는 것이지만, 노동자는 자본가를 위해 잉여노동을 하도록 직접 강요당하는 것이 아니라 마르크스가 말한 "경제적 관계의 말 없는 강제" 때문에 자유가 침해

당한다.[88]

이와 같이 착취는 생산 자원이 처음 분배될 때 어떤 부정의가 있었는지와 무관하게 그 자체로 정의롭지 않다. 왜냐하면 노동자는 자본가를 위해 일하도록 부당하게 강요당하기 때문이다. 더욱이 착취는 그 결과로 이익에 대한 접근권이 불평등하게 분배된다는 점에서 간접적으로도 부정의에 일조한다. 다시 말해, 1장에서 거론한 부자와 빈자의 양극화는 대체로 착취의 결과일 수 있다. 왜냐하면 현대의 경제구조는 다수의 생활수준을 억제하거나 떨어뜨릴 뿐 아니라 소수 특권층의 부를 증대하는 데도 기여하기 때문이다. 에릭 올린 라이트가 말했듯이 착취라는 것은 "착취하는 자들의 복리와 착취당하는 자들의 궁핍이 서로 인과관계가 있는 특별한 종류의 메커니즘이다. 착취에서는 착취자의 물질적 행복이 착취당하는 자의 노동 열매를 독차지할 수 있는 능력에 인과적으로 달려 있다."[89] 따라서 우리가 만약 불평등의 원인에 관심이 있다면 착취는 정말로 매우 중요하다는 사실이 드러난다.

마르크스주의 경제학 개념들에 경험적 내용을 제공하는 중요한 연구 결과를 보면, 미국에서 노동자들이 얼마나 착취당하는지를 나타내는 잉여가치율이 1948년 170퍼센트에서 1989년 244퍼센트로 증가했다(44퍼센트 상승).[90] 이 결과는 1970년대 말 이후 불평등·빈곤이 증대한 것과 자본이 독차지한 잉여노동량이 증대한 것 사이에 인과적 연관이 있음을 의미한다. 로버트 브레너는 1973년부터 1996년까지 미국 경제의 실적을 살펴본 후 "이 시기 내내 수익성이 유지되고 1990년대에 어느 정도 회복된 것은 지난 세기 동안, 어쩌면 남북전쟁 이후로 전례 없이 임금이 억제된 덕분이었다" 하고 말한다.[91] 따라서 부와 빈곤, 또 그에 따른 유리한 처지와 불리한 처지의 매우 불평등한 구조는 서로 인과관계가 있다.

바로 이런 관점에서 우리는 데이비드 굿하트의 항변, 즉 "빌 게이츠는 시애틀의 가난한 사람들을 착취해서 1500억 달러의 재산을 모은 것이 아니다"라는 말을 고려해야 한다(1장 참조). 만약 게이츠가 전국(실제로는 전 세계) 수준의 경제적 구조조정(그 과정에서 정보 기술의 도입은 일자리를 대규모로 파괴하고 임금과 노동조건을 끊임없이 압박하는 데 한몫했다) 덕분에 그 막대한 재산을 모았다면 그는 실제로 착취 과정에 연루돼 있는 셈이다. 기여 원칙이 이런 상황을 바로잡는 지침으로서 빈약할 수 있다는 것에는 이견이 없겠지만, 그렇다고 해서 바로잡을 필요가 있는 불평등을 만들어 내는 데서 착취가 중요한 구실을 하지 않는 것은 아니다. 더욱이, 착취하는 자와 착취당하는 자들은 착취 구조에서 차지하는 위치 때문에 각각 불평등을 유지하거나 축소하는 데 이해관계가 있다. 바로 그만큼 착취는 부정의를 바로잡을 수 있는 정치과정과 직접 관련이 있는 것이다.[92]

또 착취는 응분의 몫 문제와도 관련이 있다. 사람들이 자신의 생산 기여도에 따라 보상받아야 한다는 생각을 정당화하는 자연스러운 방법은 응분[의 몫]이라는 개념에 호소하는 것이다. 즉, 사람들은 자신이 노력한 만큼 마땅히 받을 자격이 있다고 우리는 말할 수 있다. 그런데 롤스 정치철학의 주요 주제 하나는 응분 개념을 정의론의 기초로 삼는 데 반대한다는 것이다. 앞서 봤듯이 롤스는 사람들이 타고난 재능에 따라 마땅히 보상받을 자격이 있다는 생각을 거부했다. 또 그는 사람들의 노력에 따라 보상하는 것이 실현 가능하지도 않다고 주장했다. "사람이 기꺼이 하고자 하는 노력은 타고난 능력과 재주, 또 선택 가능한 대안들의 영향을 받게 된다. … 따라서 응분의 몫으로 보상한다는 생각은 실현될 수 없다." 그것은 또 앞뒤가 맞지도 않는다. 왜냐하면 사람들이 마땅히 받을 만한 것이 무엇인지를 결정하는 일은 먼저 정의의 원칙이 확립된 뒤에나 가능하기 때문이다. "도덕적 가치라는 개념은 정당성과 정의 개념보다 부차적이고, 분배의 몫을 실질적으로 규정하는 데서 아무런 구실도 하지 않는다. [이런 경우는 재산에 관한 실질적 법률과 강도·절도에 관한 법규의 관계와 비슷하다. 이런 죄목과 그에 따른 불이익은 그보다 더 중요하고 독립적인 사회적 목적을 위해 확립된 재산제도를 전제한다.] 도덕적 가치[응분의 몫]에 적합한 보상을 한다는 목적을 으뜸 원칙으로 삼아서 사회를 조직한다는 것은 도둑을 처벌하기 위해 재산제도를 만드는 것과 마찬가지일 것이다."[93]

가장 일반적 의미에서 응분 개념은 단지 권리 자격, 즉 뭔가를 요구할 정당한 권리가 있다는 것만을 의미하는 듯하다. 더 특수한 응분 개념은 권리 자격과 책임을 결부시키고, 사람은 자신의 어떤 작위나 부작위 때문에 뭔가를 요구할 수 있는 정당한 권리를 가진다고 본다. 롤스가 개인은 타고난 재능에 따라 응분의 몫을 받아야 하는 것은 아니라고 주장할 때 모호하게 이 두 개념을 모두 거부한다는 것은 거의 틀림없지만, 분배 정의 문제와 더 관련 있는 것은 둘째 의미의 특수한 응분 개념인 듯하다. 드워킨과 코헨 같은 운 평등주의자들은 자신들의 이론에서 이런 의미의 응분에 이렇다 할 중요성을 부여하지 않으면서도(그들이 생산 자원과 타고난 재능의 분배 면에서 불가피한 운이 낳는 결과로부터 개인을 보호하고자 하는 한 그렇다는 말이다) 일단 (로머의 표현을 빌리면) 운동장이 평평해진 뒤에는 사람들이 자신의 역량을 어떻게 사용할지를 선택한 결과로 나타나는 불평등은 인정한다. 이렇게 보면, 이익에 대한 접근권이 적절한 방식으로 평등해지고 나면 사람은 자기 행동의 결과가 무엇이든 간에 그 결과를 받아들이는 것이 마땅하다고 할 수도 있을 것이다.

그러나 신노동당이 주장하는 평등은 응분에 훨씬 더 중요한 구실을 부여하는 듯하다. 3장의 앞부분에서 이미 봤듯이 고든 브라운은 "결과의 평등[론]"이 "노력이나 응분의 몫"을 무시한다는 이유로 비난한다. 사회정의위원회는 응분의 몫 문제와 관련해서 롤스를 비판하고 심지어 노직을 지지하면서 다음과 같이 주장했다. "사람은 응분의 재능은 없더라도 자기 재능에 대한 응분의 보상은 받을 수 있다. … 필요·능력·보상 면에서 … 어떤 불평등은 정당하다."[94] 데이비드 밀러는 "어떤 소득 불평등은 마땅하다"는 주장을 [시장] 사회주의 관점에서 더 체계적으로 옹호했다.

> 사람은 자신이 성취한 것에 온전한 책임이 있을 때만 — 그 성취가 (다양한 사람들에게 불균등한 영향을 미치는) 우연한 사건들의 영향을 받지 않았다는 의미에서 — 마땅히 그것을 누릴 만하다는 생각을 진지하게 받아들이면, 응분의 범위는 점점 줄어들어서 사라지고 말 것이다. 사실상 우리는 사람은 자신이 한 일에 대해 보상이나 혜택을 받을 만하다고 결코 말할 수 없게 된다. 왜냐하면 사람들의 성취는 자신의 책임이 아닌 요인들의 영향을 받는다고 생각하는 것이 항상 합당하기 때문이다.[95]

밀러의 주장은 우리가 앞서 접한 문제, 즉 흔히 상황이 선택을 좌우한다는 문제를 다시 제기한다. 사실 그것은 사람의 노력이 재능의 영향을 받는다는 롤스의 주장을 더 일반적으로 표현한 것이다. 이것은 응분이 분배 정의의 근거로는 쓸모없다는 주장을 강화한다고 볼 수 있다. 그러나 밀러는 그렇게 결론지으면 "엄격한 평등을 권장"하게 될 것이고, "사람들의 다양한 노력과 선택을 설명해 줄 어떤 외부적 차별화 요인은 항상 존재할 것"이라고 주장한다."[96] 여기서 "엄격한 평등"이 무엇을 의미하는지가 매우 중요하다. 만약 밀러의 의도가 이익에 대한 평등한 접근권이나 역량의 평등 기타 등등을 제도화해서 운동장을 평평하게 하는 것이라면, 이것은 물론 우리가 살펴보고 있는 평등주의 철학자들이 이루고자 하는 바로 그런 상태다. 그러나 "엄격한 평등"이라는 것이 개인이 처한 상황에서 비롯할 수 있는 모든 차이를 제거하기 위해 끊임없이 개입하는 과정을 의미한다면, 이것은 별로 매력적이지 않은 이상, 즉 우파가 좌파의 염원이라고 우스꽝스럽게 묘사하는 바로 그런 이상처럼 보인다.

그러나 응분을 정의의 근거로 삼는 것에 강력히 반대하는 평등주의자라면 둘째 의미의 "엄격한 평등"으로 기울 것 같지는 않다. 개인의 상황을 보면 계급 지위나 타고난 재능처럼 분명히 자신이 통제할 수 없는 측면들이 있다. 환경과 선택 중에서 어떤 것이 더 중요한 요인인지가 덜 분명한 다른 측면들도 있다. 예컨대, 개인 자신의 행동이 그렇다. 사람들이 자신의 행동에 대해 이유를 댄다는 사실, 행동과 이유는 모두 심사숙고와 토론의 대상이 된다는 사실은 사람들이 자신의 행동에 책임을 진다는 것과 핵심적 관련이 있다. 책임이 어디까지인지는 복잡한 문제다.

왜냐하면 사람들은 중요한 의미에서 자연과 사회 둘 다의 산물이기 때문이다. 그러나 불가피한 운의 경우는 그렇게 복잡해 보이지 않는다. 부모의 부와 소득, 부모에게 물려받은 유전적 재능을 내 책임이라고 할 수 있을까? 그보다 더 어려운 경우들도 있다. 예컨대, 앞서 살펴본 노동자나 [경제적으로] 의존적인 육아 담당자 같은 사람들도 나름대로 선택을 한다는 것은 결코 부인할 수 없는 사실이지만, 주위 환경의 제약이 너무 심해서 그 개인들은 자신의 선택에 따른 부정적 결과에 대해 보상받아야 한다고 말할 수 있는 강력한 논거가 있다. 어쩌면 이런 경우야말로 불가피한 운의 진짜 사례라고 말해야 할 것이다(그 반대로 보이지만 말이다). 또 바쁜 일상생활 속에서 개인이 자신의 크고 작은 선택에 대해 책임을 져야 하는 그런 사례들도 있다.

그 어려움의 철학적 뿌리는 꽤나 잘 알려져 있다. 우리는 사람들에 관해 말할 때 모순된 것처럼 보이는 두 가지 언어를 사용한다. 하나는 의도적 행위의 언어이고, 다른 하나는 인과적 설명의 언어이다. 전자는 물론 책임 소재를 밝히는 데 적합하고, 후자는 그런 문제를 해명하는 데 도움이 되는 듯하다. 이런 언어들 이면에는 자유와 결정론에 관한 가장 어려운 철학 문제들이 도사리고 있다. 그 문제들이 하도 어려워서 다양한 이론적 책략들이 고안됐다. 그러나 그렇다고 해서 이 두 가지 언어가 모두 필요해 보인다는 사실이 바뀌는 것은 아니다. 또, 일상생활뿐 아니라 정치적·도덕적 담론에서도 우리가 개인에게 행동의 책임을 묻는 경우와, 개인이 통제할 수 없는 원인의 압력이 너무 커서 개인에게 책임을 물을 수 없다고 생각하는 경우를 구분해야 한다는 사실이 바뀌는 것도 아니다. 내가 지금까지 살펴본 평등주의적 정의론들은 그런 경우를 구분하는 방법 한 가지를 제시한다. 즉, 생산적 자산과 타고난 재능의 불평등한 분배에서 비롯한 불이익에 대해서는 개인들에게 보상해 줘야 하지만 일단 행복에 대한 접근권을 평등하게 만든 뒤에는 이 자유를 어떻게 사용할지를 개인들에게 맡겨 두자고 제안한다는 것이다.[97]

반대로, 밀러가 응분을 분배 정의의 주요 형태 중 하나로 만들려고 하는 것은 그가 시장 사회주의(즉, 서로 경쟁하는 노동자 협동조합들이 시장에서 판매하기 위해 재화와 서비스를 생산하는 경제체제)를 옹호하는 데 특별히 관심이 있다는 사실을 반영하는 듯하다. 그래서 밀러는 다음과 같이 쓴다. "시장의 할당이 실제로 … 정의로울 수 있음을 보여 주고 싶다면, 유일하게 가능한 방법은 [시장에] 참여한 사람들이 모종의 응분 기준에 따라 저마다 받을 만한 것을 받는다는 사실을 입증하는 것뿐이다." 계속해서 그는 다음과 같이 주장한다.

> 만약 … 우리의 현재 응분 개념 비슷한 것과 그에 따른 실천을 유지하고자 한다면, 명시적 수요를 사용해서 생산물의 가치를 측정

하는 것은 매우 타당하다. 우리가 방관자의 관점에서는 우리 사회 체제 전체가 실제 가치가 거의 또는 전혀 없는 재화들을 생산하고 있다고 생각하더라도 그 체제 내에서 생산하는 개인이 그렇게 거만한 태도를 취할 것이라고 예상해서는 안 된다. 응분을 판단 [기준]으로 삼는 데 적절한 관점이기도 한 참여자의 관점에서는 소비자들의 수요가 아닌 다른 것에서 (모종의 기준에 따른) 그들의 '실제' 욕구나 필요를 찾으려고 애쓰는 것은 잘못이다.[98]

이 주장이 순환 논리라는 것은 분명하다. 시장 거래의 정의를 확립할 수 있는 방법은 응분에 호소하는 것뿐인데, 응분 자체는 시장 수요의 상태에 반영돼 있다는 것이다! 밀러가 이렇게 뒤틀린 표현을 사용하는 것은 어느 정도 자기방어적 태도를 반영하는 듯하다. 그도 그럴 것이 밀러는 꽤나 놀라운 두 가지 주장을 하는 것처럼 보이기 때문이다. 첫째, 소비자들이 재화와 서비스를 구매할 때 내리는 화폐적 평가는 그들의 욕구를 정확히 반영한다. 둘째, 이 화폐적 평가는 그 재화와 서비스의 생산자들에게 생산 참여의 대가로 받는 소득에 대한 권리도 부여한다. 첫째 주장은 여기서 우리와 직접 관련은 없지만, 사람들이 화폐소득을 지출해서 구매해야 하는 재화와 서비스가 그들 스스로 필요하다고 여기는 것과 일치하지 않을 수 있다는 사실을 알기 위해 굳이 매우 강력한 실제 욕구 이론이 필요한 것은 아니라는 말은

해 둘 만하다. 이 사실은 길거리에서 아무나 붙잡고 물어봐도 알 수 있다.[99]

둘째 주장으로 말하자면, 시장 거래에서 얻는 소득이 응분에 따른 보상이라는 말은 진짜 사실일까? 노력이 응분의 표지라고 치자. 세계적 수요·공급 변화에 따라 변동이 극심한 컴퓨터 칩 제조업의 노동자들을 생각해 보라. 그런 변동 때문에 노동자들은 전과 똑같은 양의 노력을 하더라도 소득이 크게 변하거나 심지어 해고나 공장폐쇄로 일자리를 잃을 수도 있다. 이런 변화가 응분에 따른 결과라는 말은 진짜로 타당할까? 또는 특별한 기술이 있는 노동자들은 노력의 변화가 전혀 없는데도 그들의 기술에 대한 수요가 많다는 이유로 소득이 크게 증가할 수 있다. 이것이 바로 많은 컴퓨터 전문가가 밀레니엄 버그* 때문에 맞이한 운 좋은 상황이다. 이 노동자들은 그런 고소득을 받을 만하다고 해야 할까 아니면 단지 운이 좋았을 뿐이라고 말해야 할까? 이런 사례들은 [시장의] 불균형 상황과 관련 있고, 밀러는 "응분의 몫을 측정할 때 균형가격을 가치 지표로 여기는 것이 타당한 결정적 이유들이 있다"고 주장한다.[100] 그러나 신고전학파의 가치론에 입각해서 균형을 정의하는 (엄청나게 비현실적인)

* 밀레니엄 버그 컴퓨터가 2000년 이후의 연도를 제대로 인식하지 못한 것에서 비롯한 오류.

완벽한 조건에서조차 가격은 재화나 서비스의 상대적 희소성을 반영한다. 이런 희소성의 결과로 소득 수준이 상대적으로 높거나 낮은 사람들은 도대체 어떤 의미에서 그런 혜택이나 고통을 받을 만하다고 말할 수 있을까?[101] 하이에크가 시장이 만들어 낸 불평등을 옹호할 때 그 근거를 응분에서 찾지 않으려고 주의하면서 다음과 같이 주장한 것도 당연하다. "우리가 한 개인의 능력이나 서비스에서 얻는 가치, 또 그에게 보상하는 가치는 우리가 도덕적 가치나 응분이라고 부를 수 있는 것과 거의 무관하다."[102]

밀러는 가망 없어 보이는 일반적 주장을 이윤의 경우에 적용해서 "진정한 기업가 정신은 … 가치를 창출하기 때문에 보상받을 만하다"고 주장한다.[103] 바로 여기서 착취 문제가 관련된다. 자본주의적 착취를 분석한 마르크스의 이론은 응분 개념에 호소하지 않는다. 그는 사람들이 일한 만큼 보상받아야 한다는 기여 원칙은 '부르주아적 권리'의 사례라며 거부한다. 만약 마르크스에게 정의 원칙이라는 게 있다면(물론 그는 자신에게 정의 원칙 같은 것은 없다며 부정한다) 그것은 "저마다 능력껏 일하고 필요한 만큼 받는다!"는 필요 원칙일 것이다.[104] 더욱이, 앞서 봤듯이 노동자는 자본가를 위해 일하도록 부당하게 강요당하기 때문에 착취는 노동자들의 자유를 침해한다는 이유만으로도 정의롭지 못한 것으로 비난받을 수 있다. 그렇지만 마르크스의 착취 이론이 여기서 적절한 이유는 응분을 근거로 이윤을 정당화하는 다양한 주장들을 비판적으로 볼 수 있게 해 주기 때문이다.

응분을 근거로 이윤을 정당화하는 주장 가운데 마르크스가 특히 비판하는 것은 자본가가 투자 자금을 마련하기 위해 소비를 자제한다는 것[이른바 절욕설]이다.[105] 그러나 밀러가 의지하는 주장은 자본가가 시장에서 어떤 틈을 발견하고 메우는 과정에서 이윤을 남길 수 있고, 그런 기회를 이용하는 데 필요한 상품이 무엇이든 그 상품의 생산과 판매를 성공적으로 조직하는 기업가 구실을 한다는 것이다. 우리의 논의를 위해 이런 구실을 하는 사람은 누구든지 모종의 보상을 받을 만하다고 인정하자. 그렇다면 세 가지 어려움이 제기된다. 첫째, 이런 보상을 어떻게 계산할 것인가? 금융 투기꾼 조지 소로스의 사례를 생각해 보라. 그가 1992년 9월 16일 '검은 수요일'에 영국 파운드화를 투매해서 영국이 유럽통화제도EMS의 중심 기구인 환율조정장치ERM를 탈퇴하게 만들고 자신은 10억 달러를 벌었다는 사실은 유명하다.[106]

아마 이런 수익은 부분적으로 통화 시장의 움직임을 예측하는 소로스의 기술과 선견지명 덕분이었을 것이다. 그러나 그게 다였을까? 그게 다가 아니었다면 어느 정도까지였을까? 이 어려움은 앞서 말한 일반적 문제의 한 사례다. 만약 우리가 시장을 응분의 정확한 심판자로 그냥 받아들인다면 우리는 사람들이 온갖 종류의 임의적 우연성에서 이득을 볼 만하다고 말하는 셈이다. 예컨대, 소로스의 수익 중에서 얼마만큼이 영국 정부가 뜻밖에 무능한 탓이었을까? 그러나 소로스의 수익에서 그의 기여를 반영한 부분과 다른 요인들 덕분에 얻은 부분을 나누는 것은 불가능한 일처럼 보인다.

둘째, 기여와 시장의 보상이 서로 반대 방향으로 움직이는 경우는 어떨까? 예컨대, 기업 실적이 악화하는 동안에도 경영진의 봉급과 주식 매입 선택권(스톡옵션)은 크게 증가하는 사례가 수없이 많다. 그런 증가를 정당화하는 주장들은 으레 응분에 호소하지 않는다. 오히려 국제시장의 인재 영입 경쟁 때문에 경영진의 소득이 오르고 있고, 따라서 최상의 인재들을 계속 붙잡아 두거나 끌어들이려고 하는 기업으로서는 그럴 수밖에 없다고 주장한다. 여기서 근본적 이유 구실을 하는 개념은 효율성을 근거로 재능 있는 개인들에게 특별 인센티브를 제공해야 한다는 것이지 결코 응분 개념이 아니다.

마지막으로, 개인들이 기업가의 구실을 전혀 하지 않고도 고수익을 올리는 경우는 어떨까? 예컨대, 1992년 9월에 파운드화 투매 결정을 내린 사람이 소로스가 아니라 그의 헤지 펀드 관리자로 고용된 사람이라고 치자. 이 관리자가 후한 보상을 받았을 것이라는 점은 의심할 여지가 없지만, 그래도 수익의 제일 큰 몫은 소로스와 그의 펀드 투자자들에게 돌아갔을 것이다. 이런 상황은 결코 드물지 않다. BMW 같은 주요 다국적기업을 소유한 가문들은 기업 경영에서 하는 구실이 거의 또는 전혀 없다. 도대체 어떤 근거에서 그들은 기업에서 받는 자신들의 소득이 기업가 정신에 대한 보상이라고 주장할 수 있을까?

그들이 내세울 수 있는 또 다른 주장은 자신들의 수익이 위험을 무릅쓰고 자본을 투자한 데 따른 보상이라는 것이다. 여기서 요즘의 이론적·정책적 논쟁에서 엄청나게 부풀려진 위험(리스크) 개념을 자세히 논할 수는 없다. 그러나 그 주제를 진지하게 다루는 규범적 논의라면, 예컨대 부자들이 주식시장에 투자할 때 직면하는 위험의 도덕적 가치와, 마땅히 취직할 곳이 없어서 오염된 작업장에서 어쩔 수 없이 위험한 일을 해야만 하는 노동자들이 직면한 위험의 도덕적 가치를 비교할 방법을 제시해야 할 것이다.[107]

밀러는 실제로 착취 문제에 관해 약간 불안감을 드러낸다. 그는 자본주의 사회에서 "노동자의 필요와 사용자의 자원 통제가 맞물려 생겨난 권력관계의 절정이 착취"라는 사실을 인정한다. 그러나 시장 사회주의는 다를 것이[라고 한]다. 왜냐하면 시장 사회주의에서는 "개인들이 생산 활동에 참여하는 것을 통해서만 자원을 획득할 수 있고, 이런 자원은 일단 획득되면 사적 자본으로 전환될 수 없기" 때문이다. 그러므로 "시장에 바탕을 두지만 착취는 없는 경제체제를 수립하려는 노력에는 모순이 전혀 없다."[108] 그러나 밀러의 시장 사회주의가 실행 가능한 것으로 입증된다고 하더라도(물론 그럴 것 같지는 않다), 이것이 밝혀 주는 사실은 시장이 일반적으로 정의롭다는 것이 아니라 모종의 시장경제가 자본주의적 착취를 만들어 내지는 않았다는 것이다. 그렇다고 해서 시장 사회주의가 정의롭다는 말은 아니다. 왜냐하면 생산수단에 대한 접근권이 평등해지더라도 희귀한 재능을 지닌 개인들은 여전히 더 높은 소득을 받을 것이기 때문이다. 즉, 그들은 여전히 불가피한 운의 수혜자일 것이다.

결론을 내려 보자. 응분 개념은 어떤 분배 정의 이론에서도 기껏해야 하찮은 구실만 할 수 있다. 소득 불평등을 정당화하려 한다면 이번 3장의 앞 절들에서 살펴본 근본적 평등관 중 하나에 호소하거나 아니면 효율성을 근거로 인센티브가 필요하다고 주장해야 한다. 응분의 몫을 들먹이는 주장은 이 두 가지 서로 다른 고려 사항을 너무 자주 혼동해서 쟁점을 흐리고 만다.

정체성과 차이

평등에 관한 마지막 이론적 어려움은 최근에 많이 주목받은 것인데, 그것은 차이의 문제와 관련 있다. 어떤 평등관이든 앞서 살펴본 여러 차원들(복리, [사회적] 기본재, 자원, 이익에 대한 접근권, 역량) 가운데 하나를 기준으로 개인 간 비교를 할 수밖에 없다. 그러나 인간은 서로 차이가 너무 커서 그런 비교가 불가능하다는 반론이 흔히 제기된다.

때때로 이런 반론은 급진적 평등주의를 '결과의 평등'과 동일시하는 저속한 형태로 나타난다. 즉, 급진적 평등주의는 사회가 모든 개인의 물질적 상황을 정확히 똑같게 만들려고 노력해야 한다고 주장한다는 것이다. 그러나 앞서 살펴봤듯이 코헨이 평등주의적 정의의 통화[척도]라고 부른 것을 규정하려는 다양한 노력 가운데 어떤 것도 이렇게 우스꽝스러운 묘사로 환원될 수 없다. 오히려 개인이 전혀 통제할 수 없는 여건을 평등하게 하는 목적은 사람들이 저마다 자유롭게 자신의 목표를 추구할 수 있게 하려는 것이다. 사람마다 목표가 다르다는 것을 감안하면, 개인이 역량을 발휘한 결과도 서로 다를 것이다. 평등은 획일성이 아니다. 평등이 개인 간 차이를 억압한다는 생각은 터무니없다.

전통적으로 이런 반론은 사회적 불평등을 옹호하는 우파한테서 나왔다(물론 고든 브라운과 앤서니 기든스 같은 신노동당 이론가들도 자신들을 비판하는 좌파들이 결과의 평등 개념을 주장한다고 뒤집어씌웠지만 말이다). 그러나 오늘날의 논쟁에서 차이가 평등주의자들에게 제기하는 문제는 더 정교하고 흔히 더 급진적 형태를 띤다.

이와 관련된 쟁점은 흔히 두 가지다. 첫째, 1960년대 이후에 발전한 운동들은 새로운 종류의 사회적 분열에 초점을 맞춘다는 주장이 이따금 나온다. 이런 운동들은 계급을 바탕으로 하지 않는 여러 불평등(젠더, 인종, 국적, 성적 지향 등을 근거로 한 차별)을 반영한다는 것이다. 그러나 이런 불평등의 해결책은 단지 그런 불평등을 없애는 것이 아니라고 한다. 차별받는 사람들은 자신들이 당하는 차별의 근거가 되는 차이를 새롭게 긍정적으로 평가해서 스스로 집단적 정체성을 구축하려고 노력하기도 한다는 것이다. 이런 이유로 에티엔 발리바르는 평등자유의 원동력에 한계가 있다면서, 오늘날의 페미니즘 같은 운동들은 "추상적 또는 일반적 인간 개념의 지양이라는 문제가 제기되는 포스트모던 시대"의 출현을 나타낸다고 말한다.[109]

둘째, 이런 운동들 가운데 일부는 문화적 차이의 문제를 제기한다. 현대 자유주의 사회에는 출신 민족, 종교 신앙, 정치 신념이 서로 다른 사람들이 공존하는데, 그들은 가치관도 매우 다르다. 이 문제가 많은 자유주의 철학자들의 뇌리를 사로잡고 있다. 그래서 롤스는 후기 저작, 특히 《정치적 자유주의》에서 어떤 단일한 실체적 형이상학의 선善 이론에 호소하는 것이 아니라 수많은 다양한 선 이론과 부합하는 원칙들을 포함하는 공정으로서 정의 이론을 더 분명하게 제시하려고 신중하게 노력했다. 그러나 가치 다원주의 문제 너머에는 상대주의 문제가 있다. 즉, 가치관의 차이, 사실상 더 큰 신념 체계의 차이는 너무 근본적이어서 어떤 보편적 기준에 따라 합리적으로 정당화할 수 있는 정의론은 존재하지 않는다고 주장하는 사람들도 있는 것이다. 예컨대, 포스트모더니즘 철학자 리처드 로티가 보기에 롤스의 좌파 자유주의적 정의론은 우연히 미국 사회에 널리 퍼지게 된 가치들을 표현한 것에 불과하다.[110]

나는 차이의 문제가 불러일으킨 의문들을 세 가지 수준에서 다루려 한다. 첫째, 개념 수준에서 차이의 문제가 평등이라는 이상에 제기할 법한 난제가 있다. 평등을 정교하게 비판한 좌파들 중에서 으뜸은 마르크스다. 그는 기여 원칙을 비판할 때 차이를 거론한다.

> [노동 소득에 대한 — 캘리니코스] 이 평등한 권리는 불평등한 노동에 대해서는 불평등한 권리다. 이 권리는 어떤 계급적 차이도 인정하지 않는다. 왜냐하면 누구나 다른 사람과 마찬가지로 노동자일 뿐이기 때문이다. 그러나 그것은 불평등한 개인적 재능을, 따라서 노동자들의 불평등한 생산능력을 타고난 특권으로 암묵적으로 인정한다. 그러므로 그것은 모든 권리가 다 그렇듯이 그 내용에서는 불평등한 권리인 것이다. 권리는 본래 똑같은 척도를 적용할 때만 성립할 수 있다. 그러나 불평등한 개인들(만약 그들이 불평등하지 않다면 서로 다른 개인들이 아닐 것이다)이 똑같은 척도로 측정될 수 있다면, 그것은 그들을 똑같은 기준에 따라 비교하는 경우, 즉 어떤 특정한 측면에서만 파악하는 경우에 한해서다. 예컨대, 여기서

는 그 개인들을 단지 노동자로만 여기고 그 이상의 것은 무시하고 다른 모든 측면도 도외시하는 것이다. 게다가, 어떤 노동자는 결혼했는데 다른 노동자는 결혼하지 않았다거나, 어떤 노동자는 자녀가 많은데 다른 노동자는 적다거나 기타 등등[의 차이가 있다]. 그래서 똑같은 양의 노동을 하고 따라서 사회적 소비 기금에서 똑같은 몫을 가져가더라도 어떤 사람은 다른 사람보다 실제로 더 많이 받거나 다른 사람보다 더 부유해지거나 기타 등등[의 일이 생긴다]. 이 모든 결함을 피하려면 권리는 평등할 것이 아니라 오히려 불평등해야 할 것이다.[111]

이런 주장을 보면, 어쨌든 마르크스가 모든 인간에게 똑같이 획일적 조건을 강요하려 했다는 비난은 터무니없다는 것을 알 수 있다. 마르크스 특유의 역설적 표현, 즉 "평등한 권리"가 "불평등한 권리"라는 말에는 중요한 긴장이 숨어 있다. 그는 기여 원칙이 생산자들의 타고난 재능과 부양가족 유무 등의 차이를 무시해서 그들을 불평등하게 대우하는 결과를 낳는다는 사실을 밝히고, 이것은 정의롭지 않다고 암시한다.(그렇지 않다면 왜 그가 기여 원칙에 '결함'이 많다고 말했겠는가? 그러나 그는 자신의 혼란스러운 윤리관 때문에 [넌지시 암시할 뿐] 강하게 주장하지는 못한다.) 더 나아가 마르크스는 어떤 평등 원칙이라도 다양한 개인들에게 똑같은 기준을 적용하기 때문에 틀림없이 그들을 불평등하게 대우하게 된다고 주장하는데, 다시 한 번 그 함의는 이런 대우가 정의롭지 않다는 것이다.

그러나 꼭 그럴까? 확실히, 센이 주장하듯이 인간의 다양성 때문에 한 변수나 일련의 변수들과 관련해서 사람들을 평등하게 대우하면 다른 측면에서 그들은 다르게 대우받을 것이다. 그러나 그렇다고 해서 이 다른 대우가 정의롭지 않은 것은 아니다. 장애인이 역량의 평등을 이루려면 비장애인보다 더 많은 자원을 받아야 할 수 있다. 이 경우에 차등 할당을 하는 목적은 평등한 대우를 하려는 것이다. 마르크스가 기여 원칙을 비판한 것은 모든 평등 원칙을 거부한 것이 아니라 기여 원칙이 충분히 평등주의적이지 못해서 거부한 것으로, 또 개인들이 보상받아야 하는 차이를 모두 고려하는 더 정교한 원칙을 요구한 것으로 이해하는 것이 가장 좋다. 필요 원칙은 이런 정교한 원칙의 사례로 생각할 수 있다. 이것이 바로 센이 마르크스의 주장을 이해하는 방식이다. 그래서 센은 마르크스가 "인간의 (욕구 차이를 포함한) 수많은 다양성을 인정해야 한다는 데 주목했다"고 말한다.[112] 사실 평등주의적 정의의 통화[척도]에 관한 논쟁이 바로, 불공정하게 개인들을 불리한 처지로 내모는 차이들을 모두 고려하기 위해 우리의 평등관을 정교하게 다듬는 과정이라고 할 수 있다.

이런 추론 방식이 옳다면, 단지 차이가 존재한다고 해서 평등이 무산되는 것은 아니다. 그러나 둘째로, 특정한 차이들은 평등의 범위를 제한한다는 주장은 어떨까? 낸시 프레이저가 구분한 두 가지 정의, 즉 재분배에 관한 정의와 인정認定에 관한 정의를 두고 광범한 논의가 있었다. [프레이저는 다음과 같이 주장했다.] 전자와 관련된 "사회경제적 부정의는 사회의 정치·경제 구조에 뿌리내리고 있"고, 이 부정의 때문에 착취와 경제적 주변화, 박탈 같은 현상들이 생겨난다.

> 후자는 문화적 또는 상징적 부정의다. 이것은 [사회의] 재현·해석·의사소통 패턴에 뿌리내리고 있다. 이런 부정의의 사례들로는 문화적 지배(다른 문화와 관련되고 자기 문화에는 이질적이거나 적대적인 해석과 의사소통 패턴에 종속되는 것), 불인정(자기 문화에서 권위를 인정받는 재현·의사소통·해석 관행에 의해 보이지 않는 존재 취급을 받는 것), 무시(판에 박힌 공적 문화 재현이나 일상생활의 상호작용에서 반복적으로 비난받거나 경멸당하는 것)가 있다.[113]

분배의 부정의는 마르크스·롤스·센·드워킨 같은 이론가들이 분석했고 사회주의 운동의 관심사였다. 인정의 부정의는 1960년대 이후 다양한 운동이 발전하면서 부각됐다. 그 부정의에 포함된 상처들은 여성 차별, 흑인 차별, 레즈비언과 게이 차별, 소수민족·인종 차별에서 흔한 것이고, 오늘날 정체성 정치의 재료가

된다. 프레이저는 "경제적 부정의와 문화적 부정의를 이렇게 구분하는 것은 분석상의 것이다. 실천에서 이 둘은 서로 얽혀 있다"고 강조한다. 실제로는 "경제적 부정의와 문화적 부정의는 서로 분리되고 밀폐된 영역을 차지하고 있는 것이 아니라, 흔히 비늘처럼 서로 겹쳐져 있어서 변증법적으로 상호 강화한다."[114] 그렇지만 프레이저는 두 가지 부정의를 바로잡는 데 필요한 해결책의 서로 다른 특징을 정확히 묘사하기 위해 둘을 구분하는 것은 가치 있는 일이라고 주장한다.

프레이저의 주장은 상당한 비판을 받았는데, 주된 요지는 경제적 부정의와 문화적 부정의를 그렇게 구분하는 것이 가능하지 않다는 것이었다.[115] 순전히 개념 수준에서는 프레이저가 이런 반론을 일축해 버릴 수 있다. 프레이저의 구분은 두 가지 불이익의 차이를 확실히 알게 해 준다. 그러나 둘 사이의 인과적 상호작용은 프레이저가 주장한 것보다 더 심층적이다. 대체로 경제적 부정의와 문화적 부정의는 어떤 일반적 의미에서 서로 지탱해 주는 것만은 아니다. 특정 집단이 그들의 문화적 정체성이라고 부를 만한 것(인종, 민족성 등) 때문에 당하는 불이익을 우리가 설명하고자 할 때, 그런 불이익에는 으레 무시당한 상처라고 부를 수 있는 것(경멸, 판에 박힌 [비하적] 묘사 등)뿐 아니라 다양한 경제적 장애도 포함된다.

예컨대, 세르비아의 지배를 받는 코소보의 알바니아인들이 처한 곤경을 생각해 보라. 그들이 겪는 억압은 단지 정치적 자치권이 부정당하고 알바니아어 사용이 금지되고 번식력 강한 종족이라는 낙인이 찍힌 것뿐 아니라, 직장과 대학교에서 쫓겨나고 토지 소유가 축소되는 것 등도 있었다. 또, 팔레스타인인들은 프레이저가 관심을 쏟는 바로 그런 인정을 받기 위해 너무 오래 투쟁해 왔다. 그러나 그들이 처한 곤경의 해결책은 [1948년] 이스라엘 국가 수립과 1967년 [제3차 중동]전쟁의 결과로 그들이 잃어버린 기본적 생산 자원(토지)에 대한 접근권을 되찾는 데 결정적으로 달려 있다. 다른 방향, 즉 재분배에서 인정으로 나아갈 때 우리는 평등주의 이론가들이 불평등과 관련된 정신적 병폐들을 흔히 강조했다는 사실을 보게 된다.[116]

이렇게 "서로 얽혀 있는" 경제적 부정의와 문화적 부정의 앞에서 사람들은 다음과 같이 물을 수 있다. 두 가지 부정의를 그렇게 날카롭게 대조하는 것이 무슨 의미가 있을까? 앞서 봤듯이, 프레이저의 대답은 그렇게 하면 각각의 부정의에 대한 서로 다른 해결책을 명확히 할 수 있다는 것이다. 실제로 그런 구분은 부주의한 정치적 주장들이 왜 잘못됐는지를 이해하는 데 도움이 될 수 있다. 예컨대, 주디스 버틀러는 문화적인 것은 물질적이라고 주장하는 데서 더 나아가, 이성애 중심의 일부일처제 가족이 자본주의 생산관계에서 중심적 위치를 차지하기 때문에 레즈비언과 게이 활동가들이 실천하는 모종의 문화적 논쟁이 사회변혁 전략에서 특권적 지위를 차지하게 된다고 강하게 주장한다. 그렇게 뒤섞다 보면 버틀러가 실천한 것과 같은 퀴어 이론이 아주 쉽사리 반자본주의 투쟁의 최전선을 차지하게 되지만, 프레이저는 신중한 분석 덕분에 그런 혼란을 피할 수 있다.[117]

그러나 프레이저 자신이 선호하는 전략, 즉 경제적 부정의와 문화적 부정의 모두의 '변혁'을 추구하는 전략은 프레이저가 생산관계와 '인정 관계' 모두의 '심층적 재구조화'라고 부른 것을 예상하게 되는데, 둘은 상호 보완적이다.[118] 그래서 다시 한 번 두 가지 불이익이 "서로 얽혀 있는" 점이 분석상 둘을 구분하는 것보다 더 중요해 보인다. 이 논쟁은 적어도 평등이라는 이상이 프레이저가 말한 인정의 부정의와 무관하지 않다는 것을 보여 준다. 실제로 프레이저가 부당한 대우로 여기고 문화적 부정의로 열거한 바로 그 상처들을 치유하기 위해서는 개인들을 평등하게 인정하는 어떤 원칙에 호소해야 한다. 주목할 만한 사실은 롤스가 두 가지 정의 원칙에 따라 분배돼야 하는 기본적 재화들 가운데 하나로 "자존감의 사회적 기반"을 꼽았다는 것이다. 더욱이, 경제적 부정의와 문화적 부정의의 인과적 상호 의존이 의미하는 바는, 예컨대 인종 차별이나 여성 차별로 생긴 상처들을 치유하려는 진지한 노력은 모두 물질적 자원의 재분배를 요구하는 온갖 종류의 주장에 직면할 공산이 크다는 것이다. 이런 요구와 주장들을 제대로 다루려면 평등주의적 분배 정의 원칙

이 필요하다. 이 점에서도 차이는 평등을 능가하지 못한다.[119]

셋째 쟁점인 문화적 상대주의는 여기서 제대로 다루기 힘들 만큼 너무 복잡한 문제들을 제기한다. 나는 그냥 두 가지 평등주의적 답변이 있다는 것만 지적하고 싶다. 첫째는 직접적으로 철학적인 답변이다. 배리와 스캔런 같은 평등주의 이론가들은 원칙에 입각해서 상대주의에 정면으로 도전하거나 적어도 상대주의의 범위를 제한하려는 주장들을 제시한다.[120] 이런 답변은 필수적이고 완전히 정당하다고 나는 생각한다. 그러나 우리가 '역사주의적' 방법이라고 부를 만한 것을 통해서도 상대주의자들에게 답변할 수 있다. 2장에서 봤듯이, 17~18세기 부르주아 혁명 이후의 시대에 발리바르가 말한 평등자유를 요구하는 운동들이 잇따라 벌어졌다. 그것은 자유와 평등은 함께 실현될 때만 온전히 실현될 수 있다는 것을 보여 줬다.

신이 부여한 왕의 권력에 도전하는, 더 일반적으로는 전통과 관습에 따라 승인된 권위와 특권에 도전하는 운동이 시작된 이래로 다양한 형태의 불평등은 철저한 비판과 정치적 반대에 부딪혔다. 프레이저가 말한 '인정의 부정의'를 반대하는 운동들은 이 과정의 연장선에 있다. 남성과 여성, 흑인과 백인, 이성애자와 동성애자 사이의 불평등은 전에는 생물학적 필연성을 반영한 것으로 여겨졌지만 이제는 사회적 관계의 우연한 결과임이 밝혀졌다. 이런 차이에 근거한 운동들은 발리바르의 주장과 달리 평등자유의 한계를 드러낸다기보다는 오히려 그 범위를 확대했다.

그 결과로 적어도 선진 자본주의 사회들에서는 자유주의 이론가들의 뇌리를 사로잡은 가치관의 다양성이 불평등에 반대하는 일반적 신념과 공존하는 상황이 만들어졌다(그 배경에는 선진 자본주의 사회들 내에서뿐 아니라 전 세계적으로도 사회경제적 불평등이 널리 퍼져 있고 갈수록 심각해지는 현실이 놓여 있다). 이런 역설적이고 불안정한 상황에서 평등을 그저 편견이라고 일축해 버릴 수는 없다. 평등주의적 정의론을 설명하고자 한 롤스 같은 철학자들의 노력은 적어도 프랑스혁명 이래로 평등이 정치적 의제로 올라 있는 사회들의 맥락 속에서 봐야 한다. 이런 역사적 맥락이 평등의 승리를 보장하지 않는 것은 말할 것도 없고 어떤 특정 이론을 진리로 만들어 주는 것도 아니다. 그러나 그 역사적 맥락이 의미하는 바는 평등주의 이론가들이 붙들고 씨름하는 문제들은 그들이 스스로 지어낸 것이 아니라, 모더니티 자체의 심층 구조를 반영하는 문제들이라는 사실이다.

4장
평등과 자본주의

EQUALITY

사회적 충돌 없이도 평등이 실현될 수 있을까?

3장에서 살펴본 평등주의적 정의 이론들이 사회적 자원의 상당한 재분배를 의미한다는 것은 분명하다. 최근에 존 로머는 미국의 교육 분야에서 '심층적' 기회의 평등을 달성해서, 어린 학생들이 어떤 환경에서든 똑같은 노력을 기울여서 성인이 됐을 때 소득이 같게 하려면 백인 학생에게는 1인당 900달러를 써야 하는 반면 흑인 학생에게는 1인당 2900달러를 써야 할 것으로 계산했다.[1]

그러나 말로는 평등에 헌신한다는 정부들도 실제로는 재분배를 정책 의제에서 축소하고 있다. 역사를 잘 아는 일부 평론가들은 토니 블레어가 실행하는 제3의 길 노선을 1900년경 영국에서 등장해 1905~1915년 캠벨배너먼과 애스퀴스의 자유당 정부 정책에 영감을 준 정치 노선인 새 자유주의와 비교했다. 예컨대, [영국의 정치철학자] 앨런 라이언은 [1999년에] 다음과 같이 썼다. "제3의 길은 95년 전에 영국의 정책에서 처음 나타났다. 당시 그것은 새 자유주의의 이데올로기였고, 조리가 있는 한은 여전히 그렇다. … 제3의 길은 그 지지자들의 주장과 달리 신노동당[의 독창적 노선]도 아니고 반대자들의 주장과 달리 대처리즘의 재탕도 아니다. 매우 오래된 사상으로 회귀한 것이라는 말이 진실이다."[2]

그 비교는 블레어 자신에게는 분명히 매력적이다. 그는 [1900년] 노동당 창당으로 영국 '진보' 세력이 분열한 것을 자주 개탄했고, 자신은 글래드스턴·애스퀴스·케인스 같은 자유당의 위인들을 보며 영감을 얻는다고 강조했다. 그렇다면 지금 노동당은 노동당의 존재를 믿지 않는 사람이 이끌고 있는 셈이다.(어쩌면 이것은 그리 역설적 상황이 아닐 수도 있다. 요즘은 성직자들이 자주 종교적 회의를 고백하니까 말이다.) 그러나 블레어는 새 자유주의가 실제로는 너무 급진적이어서 자신이 좋아하기는 힘들다는 점을 깨닫게 될지 모른다.

새 자유주의가 등장한 역사적 국면은 영국의 정치 엘리트들 사이에서 기존 질서가 두 가지 도전에 직면했다는 생각에 광범한 합의가 이뤄진 때였다. 한 가지 도전은 외부에서 독일과 미국 같은 신흥 강대국들이 영국의 산업과 해군력의 우위를 위협하고 있다는 것이었다. 다른 하나는 국내에서 점점 더 강력하고 적극적인 노동운동이 등장해서 사회 갈등이 고조될 수 있다는 것이었다.

그래서 자유당과 [자유]연방당의* 많은 정치인들은 해군력 증강 계획(특히 드레드노트** 사업)을 실행하고, 보어전쟁에서 드러났듯이 흔히 가난 때문에 매우 열악해진 영국 인적 '자본'의 신체적 자질을 개선하고*** 노동계급의 불만을 누그러뜨리기 위한 주요 사회 개혁 조치들을 추진하려면 정부 지출을 상당히 늘려야 하는 상황이라는 데 동의했다.

그러나 정부 지출을 위한 재원 조달 방법에 관해서는 견해가 갈렸다. 조지프 체임벌린 같은 연방당원들은 보호관세를 부과하면 필요한 재원도 마련하고 영국 산업도 해외 경쟁에서 보호하는 이중의 장점이 있을 것이라고 주장했다. 새 자유주의자들은 자유무역을 여전히 고수했지만, 국내 경제에 개입하지 않는 자

---

* 자유연방당(Liberal Unionist Party) 1886년 자유당 총리 글래드스턴의 아일랜드 자치법에 반대하고 아일랜드를 영국연방에 확실히 종속시켜야 한다고 주장하며 자유당을 탈당한 자들이 만든 정당인데, 1912년에 보수당과 통합했다. 그래서 보수당의 공식 명칭은 지금도 보수연방당이다.

** 드레드노트(dreadnought) 1906년 영국에서 만든 전함의 종류다. 배수량 1만 7900톤, 속력 21노트, 구경 30센티미터의 주포(主砲) 10문을 장비한 이 전함은 당시의 일반 전함보다 주포 화력의 성능이 2배나 강한 거함이어서 세계 각국에 큰 충격을 줬고, 이후 각국에서는 이 전함을 기준으로 전함의 등급을 구분하게 됐다.

*** 영국은 산업혁명 후 하층민의 비참한 생활로 말미암아 징병 연령대 청년들의 신체적 결함이 많아서 1899~1902년 제2차 보어전쟁 당시 전쟁터로 보낼 병력을 모으는 데 애를 먹었다.

유방임주의를 기꺼이 포기하고 대규모 국가 개입과 [부자들의 세금은 늘리고 빈민의 세금은 줄이는] 재분배 조세정책을 지지했다. 후자는 정부 지출 증대를 위한 재원 확보에 도움이 될 뿐 아니라, 자유당과 (점차 성장하고 있지만 정치적으로는 여전히 자유당에 종속된) 노동운동을 모두 아우르는 범'진보' 연합을 강화하는 데도 유리할 터였다. 그것이 바로 [자유당 정부의 재무부 장관] 로이드조지의 유명한 1909년 예산안 바탕에 깔린 논리였다. 그 예산안은 그 얼마 전에 도입한 비非기여형 노령연금과 드레드노트 건조 비용을 마련하고자 소득세와 상속세 비율을 높이고 토지 가치를 철저히 평가해서 새로운 세금을 매기는 등 부유층의 조세 부담을 늘리려 했다. 이에 격분한 연방당원들의 반발로 정당 간의 갈등이 격렬해졌다. 특히 의회의 균형 변화로* 제1차세계대전 발발 직전까지 아일랜드 문제가 정치의 핵심 쟁점으로 다시 떠오른 뒤에는 더욱 그랬다.[3]

따라서 새 자유주의의 경제·사회 정책은 오늘날 신노동당이 걸핏하면 "세금을 올려서 재정지출을 늘리는" 나쁜 정책이라고 비난하는 것의 고전적 사례였다. 로이드조지는 자신의 1909년 예산안을 국가가 주도하는 농지개혁의 시작에 불과한 것으로 봤다. 그 농지개혁 정책은 지주 귀족의 권력을 깨뜨릴 의도로

* 1912년에 자유연방당이 보수당에 흡수·통합됐다.

만들어진 것이었고 개혁의 재원은 지주의 지대에 세금을 매겨서 마련하고자 했다.[4] [그러나] 재분배를 대하는 블레어의 태도는 1997년 선거운동 기간에 이른바 블레어 사단과 가까운 한 언론인이 들려준 다음과 같은 일화에서 잘 드러난다. "선거운동 초기에 나는 블레어 씨에게 부의 [재]분배가 중도 좌파의 정치에서 어떤 작은 구실이라도 할 수 있는지를 묻는 아주 무모한 짓을 했다. 차라리 그에게 부인을 자주 때리느냐고 묻는 편이 더 나았을 것이다."[5]

블레어가 자신의 [정치적] 조상은 자유당원이라고 주장할 수 있더라도, 그 조상은 귀족들에게 자기 계급을 배신한 반역자라고 매도당한 노년의 글래드스턴이나 급진적이었던 청년 로이드조지가 아니라, 애스퀴스나 에드워드 그레이 경처럼 보어전쟁을 지지하고 영국을 제1차세계대전으로 끌고 들어간 자유당 우파 제국주의자들일 것이다. 1999년 발칸 전쟁 기간에 [영국의 언론인이자 역사가인] 리처드 고트는 블레어와 그 지지자들이 취한 호전적 태도를 "19세기의 식민주의자들과 비슷하다"고 비난했다. "당시 제국주의 열강은 독립국과 그 국민들의 일에 마음대로 간섭했다."[6] 발칸 전쟁이 한창일 때 블레어는 야심 찬 "국제사회 독트린"을 발표해서, 북대서양조약기구(나토)의 강대국들은 스스로 적절하다고 생각하면 어느 곳에든 "인도주의적 개입"을 할 권리가 있다고 주장했다. 그것은 명백히 부당한 세계적 자원 분배를 유지하기 위

한 서방의 군사력 행사를 사실상 정당화하는 것이었다.[7]

블레어보다 훨씬 더 전통적 노동당 정치인에 가까운 고든 브라운은 더 일관되게 평등주의적 언사를 사용했지만, '재분배'라는 단어는 신노동당 담론에서 금지된 것처럼 보인다. 이른바 통화주의의 창시자 중 한 명인 〈파이낸셜 타임스〉 칼럼니스트 새뮤얼 브리턴은 브라운이 재무부 장관으로서 추진한 정책을 "재분배를 가볍게 건드리기만 하는 '재분배적 시장 자유주의'"로 묘사하며 지지했다.[8] 브라운은 정설 신자유주의 거시 경제 정책, 특히 영국은행에 독자적 금리 통제권을 주고 실질 공공 지출을 전반적으로 축소하는 정책을 추진하는 동시에 [런던정치경제대학교(LSE) 사회정책학 교수] 데이비드 피어쇼가 "은밀한 재분배"라고 부른 정책도 시행했다. 여기에는 유자녀 빈곤 가정을 위한 [세제] 혜택 강화와 새로운 세액공제가* 포함됐는데, 그 재원은 소득세율이 높은 납세자의 자녀 세액공제를 중단하고 중위 소득 납세자의 한계 세율을** 높여서 확보했다.[9]

---

* 기존의 부양가족 공제를 대체하는 근로 가족 세액공제와 기혼 납세자의 세액공제를 대체하는 자녀 세액공제였는데, 둘 다 자산 조사를 거쳐 선별적으로 적용되는 세액공제였다.

** 한계 세율은 일정한 소득이 있는 상태에서 소득이 더 늘어났을 때 늘어난 소득에 적용되는 세율로, 누진세 구조에서는 과세표준이 커질수록 한계 세율이 평균 세율(총소득에 대한 총납세액의 비율)보다 더 높아진다.

브라운의 일반적 평등관은 [옥스퍼드대학교 정치 외교학 교수] 스튜어트 화이트가 "재능 평등주의"라고 부른 것의 한 사례다. 이것은 "생산적 재능의 사전 분배"를 평등하게 해서 "시장 진입 초기의 소득이 더 평등해지도록 만들고 이후의 재분배 필요성도 줄인다"는 생각이다.[10] 그러나 신노동당식 '재능 평등주의'는 교육과 훈련의 개선을 통해 단 하나의 생산적 재능, 즉 기술에 대한 접근권만을 평등하게 하는 것이다. 노동당이 아직 야당이었을 때 브라운은 다음과 같이 주장했다.

> 새로운 경제적 평등주의의 출발점은 현대 경제의 원동력이 실제로는 사람들의 잠재력(따라서 그들이 하는 노동의 가치)이라는 사실, 또 현대 경제의 성패는 모든 사람의 기술을 향상시키는 것에 달려 있다는 사실을 인정하는 것이다. 소수의 이익을 위해 노동하는 것이 아니라, 모든 사람의 이익을 위해 노동이 자본을 사용할 수 있게 보장하는 경제를 재건하는 것이 우리의 과제다.[11]

브라운은 생산 자원의 광범한 재분배가 아니라 기술 향상이 대안이라고 강조한다. "경제의 성패가 자본에 대한 접근권보다 지식에 대한 접근권에 달려 있는 곳에서 개인의 해방은 사적 자본의 폐지가 아니라 노동 가치의 향상에서 시작된다."[12] 이런 사고방식은 [미국 정치학자] 조엘 로저스와 [독일 사회학자] 볼프강 슈트렉이 좌파에게는 포스트케인스주의적 '유효 공급' 정책이 필요하다고 주장한 것과 대체로 일치한다. 그들은 "유연한 축적" 시대에 경쟁력을 좌우하는 공공재(특히 교육과 훈련)를 국가가 공급해야 한다고 주장한다.[13]

노동당 집권 후 브라운은 "노동은 기회로 가는 길"이라는 구호 아래 이 "새로운 경제적 평등주의"를 추구했다. 그래서 새로운 세액공제를 도입해서 유자녀 빈곤 가정에 더 높은 최저 소득을 보장하려 했다. 또, 재직자에 대한 세제 혜택과 세액공제를 중단하고 그 돈으로 더 많은 빈민을 유급 고용 시장으로 끌어들이기 위한 인센티브를 도입했고, 재무부 보고서가 "노동시장에서 떨어져 나간 사람들에게 새로운 노동 기회를 제공하기 위한 뉴딜 계획과* 함께 사람들이 복지에서 노동으로 전환하도록 도와주는 정책[이른바 '근로 연계 복지' 정책]"이라고 부른 사업에 자원을 투입했다. 그리고 "정부"는 교육 수준을 높여서 "기회의 불평등을 근절하려고 노력하고 있다"고 강조했다.[14]**

---

* '뉴딜'은 민영화한 공익사업체들의 초과이윤에 세금을 매겨서 걷은 돈으로 실업자들이 일자리를 찾도록 도와주는 정책이라고 대대적으로 홍보됐지만, 브라운이 "뉴딜에는 엄격한 제재가 따를 것"이라고 말하는 등 노동자들을 감시하고 단속하는 쪽으로 복지 제도의 방향을 바꿔 놓은 "전형적 사기극"이었다는 평가를 받았다. 《마르크스주의에서 본 영국 노동당의 역사》, 책갈피, 2020, 687~688쪽 참조.

** 비슷한 복지 정책이 한국에서는 생산적 복지, 참여 복지 등으로 불렸다.

신노동당의 환심을 사고 싶어 안달이 난 언론인들의 칭찬은 터무니없는 과장인 듯하다. 그래도 브라운의 전략이 영국 사회의 불평등과 빈곤을 줄이려는 진지한 의도와 체계적 구상의 산물이라는 것은 의심할 여지가 없다. 그렇지만 그것은 잘못된 구상이고 내적 모순이 있어서, 스스로 공언한 목적을 결코 달성할 수 없다.

핵심적 모순은 브라운이 신자유주의와 평등주의를 결합하려고 시도한다는 데 있다. 앞서 인용한 재무부 보고서는 "장기간 지속 가능한 성장의 발판을 마련해 줄 거시 경제적 틀"이 중요하다고 강조한다. "그러면 생산량의 대폭 변동으로 일자리가 파괴되고 장기 실업자가 양산돼 사람들의 고용 기회가 계속 손상되는 사태가 벌어지지 않도록 하는 데 도움이 될 것이다."[15] 재무부 장관으로서 브라운이 끊임없이 주문처럼 되뇌는 말은 '호황과 불황'의 순환을 피하려면 '신중한' 통화·재정 정책이 필수적이라는 것이다(그는 호황과 불황의 순환을 전임 보수당 정부 탓으로 돌린다).

이것은 언뜻 역설처럼 들린다. 브라운은 대처 시절의 [보수당] 정치인들에게 경제 불안정의 책임을 묻는 동시에 그들이 전후 영국 정부 최초로 체계적으로 적용하려 한 바로 그 신자유주의 정설을 도용하고 있기 때문이다. 그러나 더 심각한 모순은 (이런 외관상의 역설을 해소시키는) 그의 신념이다. 즉, 브라운은 신자유주의 거시 경제 정책들이 올바르게 적용되기만 하면(그는 보수당 정부가 그러지 못했다고 주장한다) 사실상 경기순환은 사라질 것이고, 따라서 빈곤과 불평등의 주요 원인 중 하나라고 그가 옳게 주장하는 대량 실업을 없애는 데도 도움이 될 것이라고 믿는다.

이런 신념에 함축돼 있는 것은 경제 위기와 대량 실업이 시장 메커니즘의 불완전한 작동 때문이라고 생각하는 비교적 조야한 버전의 신고전학파 정설이다. 이 버전과 특히 관련 있는 자연 실업률 가설은 1930년대에 케인스가 무너뜨렸는데 1970년대에 밀턴 프리드먼과 그의 동료인 통화주의자들이 되살려 놨다. 이 견해에 따르면, 실업률은 실물경제에서 노동의 수요와 공급을 결정하는 요인들을 반영하는 특정 수준에 이르는 경향이 있는데 실업률을 이 수준 아래로 낮추려는 정부의 노력(예컨대, 유효수요 증대 정책)은 모두 물가 상승률만 높일 뿐이다. 그래서 자연 실업률을 흔히 물가안정실업률NAIRU이라고도 부른다. 자연 실업률을 낮추려면 자본가에게 노동자를 고용할 인센티브를 더 많이 제공하는 '공급 중시' 정책들이 필요하다는 것이다.[16]

그런 정책들 가운데 일부는 1930년 7월에 영국은행이 작성한 내부 보고서에 나와 있는데, 이 보고서는 유별나게 직설적이다. 당시는 이미 높은 수준이던 영국의 실업률이 대공황 때문에 더 치솟은 때였다.

> 제안된 방안들 중에서 [영국]은행이 선호하는 것은 다음과 같다.
>
> (1) 보호 산업들[즉, 국제 경쟁에 노출되지 않은 산업들 — 캘리니코스]에서 실질임금을 삭감하고, 그래도 부족하면 다른 산업들에서도 그렇게 한다.
>
> (2) 실업에 대한 두려움이 커지고 노동의 유동성이 높아질 때까지 실질적 사회복지 혜택을 줄인다.
>
> (3) [기업의] 이윤에 가해지는 부담은 줄이고 각종 보호받는 계급들의 부담은 늘리는 쪽으로 조세를 재분배하고, 사회복지 부담금도 고용주에 대한 세금이 되지 않도록 재분배한다.
>
> (4) [산업]합리화.
>
> (5) 칼뱅주의 세계관.[17]

케인스 이전 경제적 자유주의의 이 [자본가에게] 관대한 정신은 오늘날의 신자유주의에도 여전히 영향을 미치고 있다(비록 후자의 공식적 언어가 보통은 덜 무자비하지만 말이다). 유럽중앙은행ECB 같은 자유방임주의 수호자들은 선진국 경제를 괴롭히는 만성적 대량 실업이 주로 '구조적' 실업이라고 주장한다. 즉, 그런 대량 실업은 공급 측면의 결함들, 특히 지나치게 경직된 노동시장, 너무 힘이 센 노동조합, 너무 후한 복지 혜택 때문이라는 것이다. 오늘날 사회민주주의 지도자들도 갈수록 이런 진단을 지지한다. 토니 블레어와 게르하르트 슈뢰더는 최근에 발표한 정책 강령에서 "유럽의 많은 나라는 실업률이 너무 높다. 그리고 대부분 구조적 실업이다" 하고 말하면서 "공급 측면을 중시하는 새로운 [정책] 의제가 좌파에게 필요하다"고 주장했다.[18]

이 의제에는 법인세 인하 외에도 "미시 경제의 유연성과 거시 경제의 안정성을 생산적으로 결합할 것"도 포함된다. 특히 "경직성과 과도한 규제는 미래의 지식 기반 서비스 경제에서 우리의 성공을 방해하는 요인이다. … 우리는 더 유연해져야 한다." 그와 동시에 블레어와 슈뢰더는 "오늘날 사회민주주의자들은 자유방임주의적 신자유주의자가 아니다" 하고 항변한다. "유연한 시장은 새롭게 정의된 국가의 적극적 구실과 결합돼야 한다. 인적·사회적 자본에 대한 투자가 최우선 과제가 돼야 한다."[19] 다시 한 번, 제3의 길과 신자유주의의 차이는 교육과 훈련을 통한 개인의 재능과 기술 향상인 것처럼 보인다.

개인의 잠재력 실현을 허용하는 이런 전략적 강조점에도 불구하고 여기에는 권위주의적 차원이 은폐돼 있다. 앞에서 대강 설명한 신자유주의 정설이 규정하는 세계를 떠올려 보라. 이 정설은 건전한 재정·통화 정책으로 거시 경제의 안정을 추구하면, 호황과 불황의 순환을 제거(하거나 크게 완화)해서 [경기순환에 따른] 주기적 실업의 원인을 없앨 수 있을 것으로 기대한다. 한편, (대체로 미국과 영국에서 확립됐고, 마거릿 대처 추종자들과 제3의 길 지지자들이 모두 동의하는) 노동시장의 유연성은 구조적 실업을 없애 줄 것이다. 마지막으로, 노동당의 뉴딜 같은 계획은 장기 실업자들이 노동시장으로 (재)진입할 수 있도록 준비시켜 줄 것이다.

그런 세계에서 누군가가 여전히 직업이 없다면 스스로 자유롭게 선택한 결과임이 틀림없다. 신고전학파의 완전경쟁 모델이 함의하는 유토피아가 수립돼 있을 것이므로 모든 실업은 자발적 실업일 것이다. 이렇게 행복한 상태가 더 가까워질수록, 계속 실업자로 남아 있으려고 고집을 피우는 사람은 강제로라도 노동시장에 내보내는 것이 적절할 것이다. 그러므로 블레어와 슈뢰더가 주장한 "공급 측면을 중시하는 적극적 노동시장 정책", 그중에서도 "장기 실업자 등 불리한 처지에 있는 여러 집단이 권리와 책임의 병행 원칙을 바탕으로 노동시장에 재통합될 기회를 제공하는 맞춤 정책을 도입"하고 "장애 수당을 받는 노동연령 인구를 포함해 복지 급여를 받는 모든 사람이 일해서 돈 벌 능력이 있는지를 [국가가] 평가하고, 일할 능력이 있는 사람이 적절한 직장을 찾도록 도와주는 식으로 국가의 고용 서비스를 개혁"하겠다는 것을 보면 약간 불길한 느낌이 든다.[20]

사람들이 직장을 찾도록 "도와주는" 것은 복지 급여를 모두 철회해서 그들을 직장으로 떠밀어 넣는 것을 의미할 수 있다 (1996년 미국에서 클린턴이 이른바 삼각화 전략, 즉 공화당 우파의 정책 의제를 채택하는 전략의* 일환으로 복지 '개혁'을 승인했을 때 바로 그런 일이 일어났듯이 말이다**). 그런 위험은 블레어와 슈뢰더가 발표한 정책 강령에서 거의 분명히 드러난다. "실업자에게 일자리와 훈련을 제공하는 새로운 정책들은 사회민주주의의 우선 과제다. 그러나 우리는 누구든지 자신에게 제공된 기회를 받아들일 것도 기대한다."[21]

똑같은 논리를 브라운의 최근[1999년 노동당 당대회] 연설에서도 찾아볼 수 있다. 그는 신노동당이 완전고용 실현에 헌신할 것이라고 단언했지만, 이 완전고용이라는 목표를 "모든 사람의 고용 기회"로 재해석했을 뿐이다.[22] 다시 한 번 그 함의는 개인들이 [국가가 제공하는] 고용 기회를 의무적으로 받아들여야 한다는 것이다. 1999년 11월 브라운이 근로 연계 복지를 위한 뉴딜 계획이 25세 이상의 실업자로 확대될 것이라고 발표하자(원래는 18~24세의 실업자로 제한돼 있었다) 〈파이낸셜 타임스〉는 다음과 같

---

* 삼각화 전략 1994년 미국 중간선거에서 민주당이 참패하자 클린턴의 선거 참모 딕 모리스는 좌파와 우파의 구분을 벗어나 민주당 정책도 아니고 공화당 정책도 아닌 제3의 대안을 찾아야 한다고 주장하면서, 이 전략을 삼각형의 아랫변 좌우 꼭짓점 중 하나가 아니라 위쪽 꼭짓점을 선택하는 것에 비유했다.

** 클린턴이 승인한 복지 '개혁'의 핵심 내용은 빈곤 가정(압도 다수가 흑인 여성이 가장인 한 부모 가정)을 지원할 때 노동 의무 조건을 부과하고 수급 기간을 제한한 것이었다. 그 결과로 복지 수급 건수가 급격히 줄고 빈곤층 취업률이 올랐다. 그러나 빈곤 인구와 빈곤율은 잠시 줄어들다가 이내 늘어났다.

이 논평했다. "토니 블레어 정부가 자발적 근로를 조건으로 복지 혜택을 주는 근로 복지 제도로 단호하게 이동하고 있다는 것은 분명하다."[23]

일단 이런 논리를 이해하고 나면, 흔히 제3의 길 정치에서 모순이라고 생각되던 것은 사라진다. 평론가들은 블레어가 경제적 자유주의를 수용한 것과 흔히 (법질서나 가족 가치 같은 쟁점들과 관련해서) 도덕적 권위주의를 드러내는 것을 대비시킨다. 자유주의와 권위주의의 이런 결합은 (크로스랜드를 지지하는) 더 전통적인 사회민주주의자들도 신자유주의자들도 모두 받아들이기 힘든 것이다. 전통적 사회민주주의자들은 불평등을 축소하기 위한 공공 정책의 한계 안에서 개인이 자유롭게 생활하도록 내버려 두는 것을 지지하는 경향이 있고, 신자유주의자들은 자유 시장 경제학이 더 일반적인 자유지상주의적 생활 방식의 일부라고 생각하기 때문이다.

그러나 신노동당의 사고방식에서는 여기에 아무런 모순도 없다. 만약 정설 거시 경제 정책과 유연한 시장을 사회적 약자들의 시장 능력을 향상시키는 정책들로 뒷받침한다면, 그런 상황에서 발생하는 실업은 틀림없이 개인들의 잘못 때문이라는 것이다. 그 잘못을 개인의 도덕적 결함 탓으로 보든 아니면 문제 있는 행동을 부추기는 '빈곤 문화' 탓으로 보든 이런 진단을 받아들이는 데서 한 발짝만 더 나가면 제재와 인센티브를 섞어서 개인들을 재교육하고 노동시장 참여에 대한 저항을 분쇄하기 위한 공공 정책을 지지하게 된다. 이런 의미에서 제3의 길 정책들은 빅토리아 시대의 빈민관觀, 즉 [사회적 지원을 받을] '자격이 없는 빈민'이라는 개념을 재발명하는 경향이 있다는 비난은 타당하다.

이 모든 사고방식의 또 다른 특징 세 가지를 지적해 둘 만하다. 첫째는 구원에 이르는 길, 또는 브라운의 표현을 빌리면 "기회로 가는 길"로서 유급 고용을 강조한다는 점이다. 사회적으로 불리한 처지의 특정 사례(한 부모가 된다거나 장애로 고통받는 것 등)의 해결책은 당사자에게 일자리를 구해 주는 것일 수 있다. 이런 전략을 정당화할 수 있는 근거는 앞서 1장에서 봤듯이 영국과 미국 같은 사회에서 빈곤과 불평등은 실업이나 저임금 노동과 밀접한 연관이 있다는 사실이다. 그러나 인과관계를 이렇게 설명한다고 해서, 모든 사람을 직장으로 떠밀어 넣는 것이 곧 [빈곤과 불평등의] 해결책이라는 결론이 뒤따르는 것은 아니다.

아주 분명한 사실은 매우 많은 빈민(특히 많은 장애인과 노인)이 현실적으로 노동시장에 (재)진입하기 힘들다는 것이다. 복지 급여를 받는 사람들은 "일해서 돈 벌 능력"이 있는지를 평가받아야만 한다고 요구하는 사회정책하에서는 그런 능력이 없는 사람은 영구적 이등 시민의 지위로 전락하는 사태가 벌어질 수 있다. 따라서 불평등을 줄이는 기본 수단으로 노동을 내세우는 것은 배제의 메커니즘으로 작용할 수 있다. 그 효과는 단지 상징적인 것에서 그치지 않을 수 있다. 피어쇼는 신노동당 치하 영국에서 무자녀 실업자라는 불리한 처지의 사람들에게 국가의 복지 급여가 다음과 같이 재분배된다고 말한다.

> 자녀가 없고 아직 은퇴할 나이가 아닌 가구로 말하자면, 그중에서도 가장 가난한 10분의 1은 대체로 실업 상태이고 소득의 5분의 3을 사회보장 급여에서 받는다. 그 가구 중 일부는 근로 연계 복지 정책의 결과로 빈곤에서 벗어날 수 있을 것이다. [그러나] 여전히 사회보장제도에 의지해서 살아가는 사람들은 사실상 사회보장 급여를 동결시키는 현재의 정책 때문에 사회적으로 훨씬 더 뒤처지고 더 가난해질 것이다. 이 정책이 시행되고 나서 5년쯤 뒤에는 20만 가구 30만여 명의 빈곤이 더 심해질 것으로 추산된다.[24]

둘째, 구원에 이르는 길의 첫걸음은 교육이다. 실제로, 앞서 인용한 재무부 보고서는 "기회의 불평등"의 "뿌리"는 빈약한 교육에 있다고 넌지시 말한다. 이 점에서 신노동당은 구노동당과 다르지 않다. 2장에서 봤듯이 토니와 크로스랜드는 모두 교육의 불평등을 특별히 강조해서 비판했다. 신노동당의 강조점은 보통 말하는 교육 불평등에 있는 것도 아니고(전통적 사회민주주의자들이 사립학교에 대해 드러내던 적대감은 [신노동당에서] 완전히 사라져 버렸다) 심지어 높은 교육비 지출에 있는 것도 아니다. 신노동당은 국가가 강요하는 효율성 규범을 지키도록 교사들을 협박하거나 매수해서 기존 자원을 더 효율적으로 사용하는 것을 강조한다. 이 역겨운 정책은 대체로 블레어가 집권하기 전의 보수당 정부에서 물려받은 것이지만, 그것을 정당화하는 명분은 바뀌었다. 세금을 쓴 만큼 성과를 내고 진보적 교수법을 억압한다는 대처 시절의 정책 목표는 그대로 남아 있지만, 이제 가장 중요한 목적은 노동시장에 참여하는 데 필요한 기술을 개인들에게 제공하는 것이다. 제3의 길은 일반적 계획뿐 아니라 세부 사항에서도 사회민주주의적 염원에 보수적 정책을 섞어 놓은 기묘한 잡탕이다.

신노동당의 이런 접근법은 교육 기회를 확대해서 불평등을 줄이려 하는 모든 사회민주주의 전략에 대한 근본적 반론, 즉 교육 성과가 더 광범한 사회적·경제적 불이익을 낳는 것이 아니라 오히려 그것을 반영한다는 비판에 취약하다. 블레어 정부의 자체 조사 결과를 보더라도

- 아버지의 소득 수준이 2배 차이 나는 집들을 비교해 보면, 부잣집 아들의 수학 성적이 평균 5퍼센트포인트 더 높고 독해 성적은 2.7퍼센트포인트 더 높다.
- 부잣집 딸은 수학과 독해 성적이 모두 5퍼센트포인트 더 높다.[25]

이런 규칙적 패턴은 교육제도를 개선하려는 노력이 불평등한 근본적 [사회]구조의 변혁으로 연결되지 않으면 효과가 없을 것이라는 점을 시사한다. 신노동당의 접근법이 취약한 또 다른 이유는 실업을 줄여서 사람들의 기회를 증대하는 가장 확실한 장기적 전략은 개인들에게 적절한 교육과 훈련을 제공하는 것이라는 그들의 가정 때문이다. 블레어와 슈뢰더는 다음과 같이 말했다. "[교육은 '일회성' 기회여서는 안 된다.] 교육과 훈련을 받을 기회가 평생 보장되고 그런 기회를 평생 활용할 수 있는 것이야말로 현대 세계에서 실현 가능한 가장 중요한 [사회] 안전망이다."[26] 이것을 두고 [미국의 자유주의 언론인이자 작가인] 로버트 커트너는 "인적 자본 해결책"이라고 불렀다.[27] 그것의 바탕에는 브라운이 거듭거듭 강조한 다음과 같은 주장이 놓여 있다. 즉, 정보가 중요한 오늘날 선진 자본주의 경제에서 경쟁력은 갈수록 이용 가능한 인적 자본의 질에, 다시 말해 노동자들의 지식과 기술에 달려 있다는 것이다.

경쟁력과 인적 자본의 관계가 어떤 것이든 간에 그것이 암시하는 주장, 즉 교육받을 기회가 확대되면 저절로 실업이 줄어들 것이라는 주장을 뒷받침할 증거는 없다. 유럽에서 제3의 길 옹호자들이 갈수록 더 많이 모델로 거론하는 미국의 사례를 보자. 신보수주의 관점에서 에드워드 루트왁은 미국 자본주의의 '오래된 거인들'인 지엠GM 같은 제조업체들의 노동자 감소 추세를 정보 기술 산업의 '새로운 거인들'[인텔, 마이크로소프트 등]이 성장하면서 상쇄하고 있다는 주장을 설득력 있게 반박했다. 루트왁이 지적하듯이, 1995년에 정보 기술 산업의 새로운 거인들은 모두 합쳐 12만 8420명의 노동자를 고용하고 있었는데 이 수치는 지엠의 노동자 72만 1000명의 5분의 1도 안 되는 것이었다. 마이크로소프트에 고용된 노동자는 겨우 1만 5500명이었다.

> 만약 미국 경제가 종업원 수는 매우 많지만 감소 추세인 오래된 거인들과 종업원 수가 매우 적은 새로운 거인들로만 이뤄져 있다면, 실업률은 경이로운 수준까지 치솟을 것이다. 물론 이것은 사실이 아니다. 왜냐하면 둘 사이에는 지방·주·연방 정부부터 세탁소까지 방대하고 다양한 온갖 서비스업과 거대하고 성장하는 의료 산업도 있기 때문이다. 그 안에는 [아마 거인들이라고 부를 수 없는] 대형 마트와 패스트푸드 체인점[과 매우 큰 기업들]이 있는데, 이런 곳에 고용된 종업원도 매우 많다.
>
> 그러나 여기에는 함정이 있다. 그런 곳의 일자리는 정보 기술 부문에 풍부한 최상급 일자리도 아니고, 오래된 거인들의 경우처럼 평범하지만 보수를 많이 받는 일자리도 아니다. 대형 마트와 패스트푸드 체인점의 많은 종업원은 최저임금을 받으며 일하고, 다른 종업원들의 임금도 별로 높지 않다. 오직 최상층의 극소수만이 매우 많은 보수를 받는다.[28]

루트왁이 말했듯, 이런 패턴은 다음과 같은 사실을 반영한다.

새로운 거인들은 세계의 엘리트들과 엘리트에 가까운 사람들(컴퓨터·소프트웨어·주변기기의 구매자와 사용자)에게 매우 수익성 높은 제품을 비교적 소량 공급함으로써만 번창할 수 있고 실제로 그렇게 번창한다. … 더 넓은 견지에서 이것이 의미하는 바는 정보 기술이 [과거의] 전기모터처럼 일자리를 만들어 내지는 못한다는 사실이다. ([일자리 창출의] 마지막 대약진을 제공한) 전기모터는 증기기관과 마찬가지로 일부 육체 노동자들을 쫓아내면서도 몇몇 새로운 산업을 만들어 내서 확실히 많은 일자리를 제공했고 지금도 제공한다. 반면에, 정보 기술은 공교롭게도 물리학자들의 표현을 빌리면 일자리 '싱크'다.* 즉, 수많은 사무직 일자리를 파괴하고 점차 관리직 일자리도 파괴하고 있는 것이다.[29]

이런 분석이 옳다면, 많은 저임금 직종 종사자들이 교육과 훈련을 받는다고 해도 직업 사다리를 타고 위로 올라갈 기회를 붙잡을 가능성은 거의 없을 것이다. 저임금은 1장에서 인용한 연구 결과들이 시사하는 바대로, 즉 근로 빈곤층이 빠져나올 수 없는 막다른 골목으로 남아 있을 것이다. 블레어와 슈뢰더의 정

* 싱크(sink) 지표로 흐르던 하천이 지하로 빠져드는 지점을 말한다.

책 강령은 이 사실을 암묵적으로 인정한다. "미숙련 일자리를 만들려면 노동시장에는 저임금 부문이 필요하다. 세금과 복지 제도는 취업자의 저소득을 보충하는 동시에 실업자 지원금도 절약해 줄 수 있다."[30] 브라운이 유자녀 가족에게 제공하는 소득 보장책은 저임금 일자리를 위한 인센티브를 확대해서, 저임금 일자리를 제공하는 고용주에게 사실상 보조금을 지급하는 것이다. 유급 고용의 혜택이 무엇이든 간에 어떻게 이런 정책이 정말로 기회를 늘릴 것인지는 분명하지 않다.

셋째, 신노동당의 전략은 부와 소득의 상당한 재분배 없이도 평등을 확대할 수 있다고 가정한다. 블레어의 다음과 같은 발언에는 바로 그런 함의가 들어 있다. "계급 전쟁은 끝났습니다. 그러나 진정한 평등을 위한 투쟁은 이제 막 시작됐습니다." 이런 말의 이면에는 내가 방금 살펴본 주장이 있다. 즉, 정부는 교육과 훈련의 기회를 확대해서 개인이 자신의 잠재력을 실현할 수 있게 하는 동시에 [국가의] 경제적 경쟁력도 향상시킬 수 있다는 것이다. 그래서 블레어는 "경제적 효율성과 사회정의가 100년간의 적대 관계를 끝내고 마침내 서로 협력하고 있습니다" 하고 말했다.[31] 그러나 인적 자본 향상을 요구하는 주장이 옳다고 하더라도, 1장에서 살펴본 그 모든 방대하고 확고한 불평등이(여기에는 세계적 규모의 불평등도 포함된다는 사실을 상기하자) 현저한 재분배 없이도 만만찮게 감소할 수 있다는 말이 진짜로 타당

할까? 순진하거나 자신을 속이는 사람들만이 그렇다고 생각할 것이다.[32]

실제로 자기기만은 신노동당 당원들 중에서 더 헌신적인 평등주의자들의 두드러진 특징이다. 브라운은 자신의 구노동당 뿌리와 충분히 접촉하면서 가끔은 "특권과 탐욕"을 비난한다. 그래서 브라운은 얼마 전[1999년 노동당 당대회 때]에는 평소와 다르게 허풍 떠는 연설을 하면서, 두 번째 임기를 고대하는 도취감에 젖어서는 다음과 같이 말했다. "[미국 대통령 프랭클린] 루스벨트의 표현을 빌리자면, 우리의 첫 번째 임기 중에 이 반동·특권 세력들은 적수를 만났고 우리의 두 번째 임기 중에는 그들이 드디어 [복종해야 할] 주인을 만났다고* 영국 국민들은 말하게 될 것입니다."[33]

브라운은 누굴 속이고 있다고 생각하는 걸까? 그는 부자들과 특권층의 심기를 불편하게 하지 않으려고 애쓰는 정부의 지도자다. 블레어를 필두로 신노동당 정부의 각료들은 바로 그 특권층과 어울리고 싶어 했고, 그들을 공공연히 칭찬했고, 그들에게 [정치]자금을 기부해 달라고 간청했다. 신노동당이 야당일 때 최

---

* 루스벨트는 1936년 10월 대통령 선거 유세에서 다음과 같이 말했다. "제 첫 번째 임기로 말하자면, 저 권력을 탐하는 이기적인 세력들이 적수를 만난 시기라고 하겠습니다. … 두 번째 임기는 저 세력들이 주인을 만나는 시기가 될 것입니다."

저임금, 노동조합 권리, 노동시간 등의 쟁점과 관련해서 노조와 약속한 사항들은 [집권 후] 대기업의 반대에 직면해서 흐지부지됐다. 통상산업부 장관 스티븐 바이어스가 "기업 임원들의 지나치게 높은 보수를 엄중 단속하겠다"고 발표하자 〈파이낸셜 타임스〉는 다음과 같이 냉소적으로 논평했다. "결국 말만 요란했지 실질적 조치는 거의 없었기 때문에 런던 금융가 사람들은 안도의 한숨을 내쉬었다."[34] 만약 신노동당이 두 번째 임기를 시작하게 되더라도 그 "반동·특권 세력들"은 바로 자신들이 주인이라는 사실을 알고 안심할 수 있을 것이다.

이런 뒤틀림은 블레어와 브라운이 고통 없이도, 즉 상당한 사회적 충돌 없이도 평등을 실현할 수 있다고 믿는다는 사실을 반영한다. 그러나 이런 믿음은 순전한 착각일 뿐이다. 사회적·경제적 불평등이 매우 극심하고 (앞에서 살펴본 대로) 현재의 자원 분배는 전혀 정의롭지 않기 때문에, 부유층에서 빈민층으로 [자원이] 극적으로 이전돼야만 상황을 바로잡기 시작할 수 있다. 이것은 불편한 진실일지 모른다. 그리고 이런 규모의 재분배는 정치적으로 불가능하다고 결론짓는 사람이 많을 수도 있다. 그러나 무슨 이유로든 간에 [최선책이 아니라] 차선책이나 차차선책에 만족하는 것을 선택한 사람들은 스스로 선택한 것이 곧 사회정의라고 착각하며 위안을 삼을 자격이 없다.

자본주의의 롤러코스터에 관해

이 특정한 난제들 외에, 제3의 길이라는 사회민주주의 전략의 근본적 모순은 평등주의적 목표와 신자유주의 경제정책을 결합하려는 데 있다. 규제가 철폐된 영미식 자유방임 자본주의 모델에 부합하는 경제에서 사회적 불평등이 크게 줄어들 수 있을까? 그럴 수 없다는 결론을 뒷받침하는 많은 근거 중에서 두 가지가 특히 두드러진다.

첫째, 지난 20여 년간 서방이 [제3세계 등에] 하는 정책 조언에서 신자유주의 정책이 우세해진 바로 그 시기에 사회적·경제적 불평등은 극적으로 확대됐다. 이것이 단지 우연의 일치만은 아니라는 점은 선진국 가운데 이 과정이 가장 많이 진척된 두 나라, 즉 영국과 미국에서 자유방임주의로 회귀하는 추세가 가장 두드러졌다는 사실에서 드러난다. 실제로 레이건·대처 집권기에 재정 정책의 기본 취지(부자들과 잘사는 사람들에게 이득이 되는 소득세·법인세 감면, 못사는 사람들에게 더 큰 타격을 준 역진적 간접세의 비중 증대, 빈곤층에게 손해를 준 사회적 지출의 축소)는 불평등을 확대하는 것 말고는 다른 효과를 낼 수 없었다. 그런데도 영국의 신노동당 정부는 대처식 재정 정책을 고수해서, 공공 지출이 국민소득에서 차지하는 비중을 1960년대 이후 가장 낮은 수준까지 떨어뜨리는 동시에 더 많은 세금 감면을 약속하고 있다. 앞 절에서 살펴본 결함들 외에도, 이런 결과를 감안하면 제3의 길 지지자들이 빈부 격차를 줄이는 방안이라고 옹호하는 정책들은 효과가 없을 가능성이 크다.

둘째, 고든 브라운이 특히 옹호하는 형태의 기회 균등론에서 합리적 핵심은 실업, 저임금, 빈곤 사이의 연관을 인정한다는 점이다. 그러나 신자유주의 시대는 생산량이 느리게 성장하는 시대, 따라서 실업률이 높은 시대였다. [영국 출신의 경제사학자] 앵거스 매디슨은 근현대 자본주의의 장기 발전 추세를 연구한 저작에서 다음과 같이 썼다. "제2차세계대전 이후 사반세기 동안의 황금기에는 경제성장 속도가 매우 빨랐지만, 1973년 이후에는 속도가 크게 둔화했다. 비록 이 마지막 단계의 실적조차 황금기를 제외하면 이전의 어느 시기보다 더 나았지만 말이다." 주요 시장 자본주의 경제 16개국의 연평균 실질 국내총생산GDP 성장률은 1820~1870년 2.4퍼센트, 1870~1913년 2.5퍼센트, 1913~1950년 2.0퍼센트, 1950~1973년 4.9퍼센트, 1973~1989년 2.6퍼센트였다.[35]

1913~1950년의 시기에는 1930년대의 대공황기, 즉 자본주의 역사상 가장 심각한 경제 위기 시대도 포함된다. 당시 미국과 독일에서는 생산량이 거의 30퍼센트나 감소했다. 1973년 이후에는 평균 성장률이 다시 19세기 수준으로 떨어졌다. 매디슨의 수치들은 1989년에 끝나지만, 1990년대에도 이런 패턴은 사실상 계

속됐다. 1996년 말에 〈파이낸셜 타임스〉는 경제협력개발기구가 "1990년대의 대부분 기간에 유럽연합EU과 미국의 연평균 성장률은 겨우 1.9퍼센트(일본은 그보다 낮은 1.6퍼센트)에 그칠 것"으로 예상한다고 보도했다. 그 신문은 "이 음울한 실적"을 "1960년대와 1970년대 초의 평균 성장률, 즉 유럽 4.8퍼센트, 미국 4.3퍼센트, 일본 9.4퍼센트"와 비교했다.[36] 1990년대 말이 가까워지면서 미국 경제는 성장에 속도가 붙어서 1996~1999년의 평균 성장률이 거의 4퍼센트에 이르렀지만, 그렇다고 해서 선진국들의 전반적 상황이 바뀔 것 같지는 않다. 유럽 대륙의 경제는 1990년대의 대부분 기간에 침체했고, 일본은 1930년대 이래로 어떤 주요 경제 대국도 경험하지 못한 최악의 디플레* 위기에 빠져 있으니 말이다. 2000년에는 부자 나라들의 모임인 경제협력개발기구에서도 3500만 명이 실업자일 것으로 예상된다.[37]

생각해 보면, 평균 성장률이 거의 반토막 난 시기에 신자유주의가 케인스주의를 이기고 경제학의 정설로 확립됐다는 사실은 사상의 수용에서 제도적 권력이 하는 구실(과 자유 시장주의자들의 뻔뻔함)을 여실히 보여 준다. 그러나 지적 겸손은 결코 신자유주의자들의 특징이 아니었다. 아마 러시아가 가장 두드러진 사례일 것이다. 1990년대에 자유 시장 '충격 요법'을 받아들

* 디플레 인플레와 반대로, 물가가 하락하고 경제활동이 침체하는 현상.

인 러시아에서는 [1930년대] 대공황 때도 볼 수 없던 경제적 재앙이 닥쳐서, 사회적·경제적 불평등이 심화하고 가장 수익성 높은 공적 자산들이 한 줌의 사기업인들(주로 옛 노멘클라투라* 출신이었다) 수중으로 대거 넘어갔다. 그러나 러시아 정부에 조언하던 서방 학자들, 예컨대 1996년 출판된 《다가오는 러시아 호황》의 공저자들인 제프리 색스와 리처드 레이어드는 뉘우치는 기색이 전혀 없다. 만약 대처 시절 영국 대학에 강요된 성과 지표들이 그런 조언에도 적용됐다면 그 결과가 어땠을지 궁금하다.[38]

그렇다고 해서 1973년 이후의 경제성장 둔화가 신자유주의 탓이라는 말은 아니다. 신자유주의가 사상적·정치적으로 복귀한 것은 이런 경기 둔화에 대한 반작용이자 케인스주의 정책으로 경기 둔화를 극복하지 못한 것에 대한 반작용이었다. 그렇지만 자유방임주의로 돌아간 것 때문에 상황이 더 나빠졌다고 말할 수 있는 강력한 논거가 있다. 유럽연합의 만성적 고실업률을 예로 들어 보자. 블레어와 슈뢰더가 지지하는 정설적 견해는 그런 고실업률이 지나친 규제와 (적어도 유럽 대륙에서는) 강성 노조 때문에 노동시장이 경직된 탓이라는 것이지만, 경제협력개발기구가 최근 발표한 보고서는 고용 보호 입법과 실업률 사이

---

* 노멘클라투라(nomenklatura) 공산당의 승인을 받고 요직에 임명된 자들의 명단에서 유래한 말로, 옛 소련의 특권층을 가리킨다.

의 확실한 연관을 전혀 발견하지 못했다면서 그런 견해에 이의를 제기한다.[39]

대량 실업을 다르게 설명하는 견해는 유럽연합에 고착된 신자유주의 정책들을 탓한다. 즉, 처음에는 [1993년 11월 발효한] 마스트리흐트 조약에 규정된 [유럽] 경제통화연합EMU 가입을 위한 '수렴 기준'에* 의해, 다음에는 역시 마스트리흐트 조약에 따라 창설되고 1999년 초 유로화 출범 이후 통화정책 통제권을 독점하게 된 유럽중앙은행이라는 독립적이고 선출되지 않은 기구에 의해 신자유주의 정책들이 유럽 각국에 확립된 것 때문에 대량 실업이 생겼다는 것이다.[40] 최근에 발표된 아주 흥미로운 글은 훨씬 더 나아가서, 유럽의 실업률이 미국보다 높은 것은 미국의 공공 정책이 오히려 어떤 점에서는 (지금 대체로 사회민주주의 정부들이 주도하는) 유럽연합보다 더 평등주의적이고 일자리 창출에 확실히 더 적극적이라는 사실을 반영한다고 주장했다.[41]

더 근본적인 단순한 진실은 자본주의가 신고전학파 정설에서 주장하는 대로 작동하지 않는다는 것이다. 시장경제를 가만

---

* 수렴 기준 경제통화연합에 가입하고자 하는 국가는 재정 적자가 GDP 대비 3퍼센트 이내, 정부 부채는 GDP 대비 60퍼센트 이내여야 하고, 물가 상승률은 최고 3개국 평균보다 1.5퍼센트를 초과할 수 없고, 장기 금리는 물가 상승률이 가장 낮은 3개국 평균보다 2퍼센트를 넘을 수 없고, 환율은 유럽환율조정장치를 따라야 하고 최소 2년간 통화의 평가절하가 없어야 한다는 것이었다.

히 내버려 두면 완전고용의 균형 상태에 이를 것이라는 주장은 결코 사실이 아니다. 현대의 자유 시장 옹호자 가운데 가장 영악한 인물인 프리드리히 하이에크가 자신의 이론적 저작들에서 인정했듯이, 자본주의는 본래 불안정한 경제체제여서 호황과 불황의 순환을 피할 수 없다. 그 이유는 많지만, 여기서는 가장 중요한 이유 두 가지만 짚고 넘어가겠다.[42]

첫째 이유는 케인스와 관련 있다고 할 수 있는데, 왜냐하면 그의 대표작《고용·이자·화폐의 일반 이론》의 주요 주제 하나가 바로 금융시장의 내재적 불안정성이기 때문이다. 똑같은 주제를 오늘날 영국의 윌 허턴이나 래리 엘리엇 같은 좌파 케인스주의 저술가들도 강조한다.[43] 근본적으로 불확실한 미래를 예측해서 가장 수익성 높은 순간에 자산을 사거나 팔려고 애쓰는 금융시장의 투자자들은 탐욕과 공포에 추동되는 집단적 움직임에 휘둘리기 쉽고, 이것은 생산적 경제에 파괴적 영향을 미칠 수 있다. 신자유주의의 규제 철폐 정책(1970년대 이후 역대 미국 정부가 강력하게 밀어붙였다)과 정보 기술 혁명은, 금융시장에 투자된 화폐자본의 규모와 국제적 이동성이 크게 증대하는 장기적 추세와 상호작용했다. 그 결과 서방에서 흘러 들어오는 투기성 투자가 급증해서 처음에는 '신흥 시장' 경제들(1990년대 초에는 멕시코, 후반에는 동아시아와 러시아)을 잇따라 띄워 올렸지만, 이윽고 [화폐]자본이 처음 들어올 때와 마찬가지로 빠르게 빠져

나가면서 '신흥 시장' 경제들이 몰락하자 도취감은 갑자기 극심한 공포감으로 바뀌었다.[44]

이렇게 막대한 자금이 특정국 경제에 들어왔다 빠져나가면 그 나라 사람들은 혹독한 시련을 겪어야 했다. 1998년에 인도네시아의 실질임금은 30퍼센트나 급감했고, (그 2년 전에 11퍼센트였던) 빈곤율은 14~20퍼센트로 상승했다. 한국의 1998년 삼사분기 가계소득은 1년 전보다 20퍼센트 낮아졌다. 필리핀의 1인당 실질소득도 1998년에 12퍼센트 감소했다.[45]

1998년 8월 러시아 금융시장 붕괴 후 시작된 극심한 금융공황으로 신용 제도에 대한 신뢰가 사라지면서 초가을에는 잠시 현금 도피가 일어나기도 했다. 그러자 '워싱턴 컨센서스'(1980년대와 1990년대에 전 세계가 신자유주의 정책들을 채택하도록 밀어붙인 미국 재무부와 국제통화기금IMF의 합의)를 이구동성으로 비판하는 목소리가 더욱 거세졌다. 그래서 각국 정부가 투기자금의 유출입을 규제할 수 있어야 한다는 자본 통제 개념이 유행하게 됐다. 특히 말레이시아 총리 마하티르 모하맛이 자본 통제를 이용해 아시아 경제 위기의 충격을 완화하는 데 성공한 듯하자 더욱 그랬다. 심지어 세계은행과 국제통화기금조차 태도를 180도 바꿔서 자본 통제를 지지하고 나섰다.[46]

사실, 자유방임주의의 한계는 선진 산업국들의 모임인 '주요 7개국G7' 정부들이 각국의 공황을 끝장내기 위해 단호히 개입한 것에서 드러났다. 국제통화기금이 멕시코·한국·인도네시아·브라질에 구제금융을 제공한 것은 이중의 목적이 있었다. 하나는 금융 위기의 타격을 받는 나라들이 서방 채권자들에게 빚을 갚을 수 있도록 돈을 빌려줘서 금융시장을 안정시키는 것이었고, 다른 하나는 구제금융을 받는 나라들이 신자유주의적 '개혁' 정책들을 채택해서 시장을 개방하고 더 많은 해외투자를 유치하도록 만드는 것이었다. [자유방임주의의 한계를 보여 준] 훨씬 더 극적인 사례는 1998년 9월 미국 연방준비제도이사회가 15개 주요 투자은행으로 하여금 롱텀캐피털매니지먼트LTCM에 긴급 구제금융을 제공하게 만든 일이었다. 롱텀캐피털매니지먼트는 러시아 금융 위기의 충격파 때문에 파산한 헤지 펀드였는데, 파생금융 상품에 투자했다가 절정기에는 겨우 48억 달러의 자본금으로 9000억* 달러나 되는 믿기 힘든 거액의 시장 노출을** 지탱하고 있었다.[47] 그래서 이미 공황 상태이던 금융시장이 롱텀캐피털매니지먼트의 붕괴 때문에 한없이 나락으로 빠져드는 것을 막기 위해서는 그 헤지 펀드에 구제금융을 제공해야 했던 것이다.

G7과 미국 연방준비제도이사회는 그런 개입으로 시장을 안정시킨다는 목표를 달성했지만, '도덕적 해이'를 키우는 대가를 치

* 900억을 잘못 쓴 듯하다.

** 시장 노출(market exposure) 특정한 투자가 위험해져서 잃을 수 있는 금액.

러야 했다. 다시 말해, 그런 시장 개입은 투자자들에게 자신의 투기 행위가 낳은 부정적 결과에서 보호받을 수 있다는 확신을 줬고, 따라서 그들이 장차 훨씬 더 위험한 결과를 낳을 수 있는 모험에 뛰어들도록 부추기는 효과를 냈다. 어떤 금융 전문 기자는 다음과 같이 썼다. "도덕적 해이는 헤아릴 수 없을 정도다. 그러나 새로운 금융 위기가 닥칠 때마다, 또 구제금융이 (국제통화기금이 제공하는 것이든 아니면 각국 중앙은행이나 정부가 제공하는 것이든) 제공될 때마다 과도한 위험을 무릅쓰는 내재적 경향이 더 강해지고 있다."[48]

1998년 [금융]공황이 닥치자 세계 '금융 구조'의 개혁이 필요하다는 이야기가 많았다. 그러나 세계경제 평론가 중에서 가장 똑똑하고 날카로운 사람 축에 드는 〈파이낸셜 타임스〉 칼럼니스트 마틴 울프는 [그런 개혁의] 실제 영향은 미미할 것이라고 말했다.

> 세계의 금융 권력들은 위기를 막을 의지도 없고 무난히 해결할 능력도 없다. 그들에게는 그런 관심도, 의지도 없고, 정치를 고려해 보건대 그럴 수단도 없다. … 이 고통스러운 사건의 결론은 세 가지다. 첫째, 자본시장이 개방된 새로운 세계는 금융 위기에 극도로 취약하다. 둘째, 금융 위기의 타격을 받은 사람들의 고통을 줄이기 위해 그 세계가 할 수 있는 일은 거의 없다. 셋째, 신흥 시장 경제

들이 어떤 위험을 무릅써야 하는지 이해하고 그런 위험에 대처하는 최상의 방법을 결정하는 것은 그들 자신에게 달려 있다. 세계는 금융 위기의 가능성을 줄이는 데 도움이 될 만한 일을 할 수 있고, 금융 위기에 따른 고통을 줄이는 데 도움을 줄 수 있다. 그러나 그 고통을 최소화할 주된 책임을 지고 있는 것은 바로 고통을 겪는 신흥 시장 경제의 국민들과 그들의 정부다.[49]

이런 결론은 오히려 선진국 경제가 대체로 금융 위기의 결과와 단절돼 있음을 시사한다는 점에서 실제보다 덜 암울한 것일 수 있다. 미국 연방준비제도이사회를 비롯해 각국 중앙은행이 1998년 가을에 롱텀캐피털매니지먼트를 구제하고 금리를 인하해서 조장한 도덕적 해이의 가장 중요한 형태는 거의 틀림없이 월스트리트에서 찾아볼 수 있을 것이다. 그런 개입 덕분에 [금융 시장이] 안정되자 월스트리트의 주가는 천정부지로 치솟았다. 이미 기업의 이익 수준보다 높던 주가 수준이 터무니없이 높아진 것이다. 물가 상승률은 억제된 반면, 금융자산의 가격은 급등했다. 그에 따른 '자산 효과'는* 경제 호황으로 부유해진 미국 중간계급 가정이 저축을 줄이고 소비재를 사들이도록 부추겼다. 그

* 자산 효과(wealth effect) 자산 가치가 상승하면 소비도 증가하는 현상을 말한다. 부(富)의 효과라고도 한다.

래서 미국은 세계경제를 위한 '최후의 소비자' 구실을 하면서, 아시아 경제 위기의 파괴적 영향을 어느 정도 누그러뜨릴 수 있었다. 그러나 연방준비제도이사회의 개입은 주식시장의 거품을 훨씬 더 큰 규모로 부풀려서, 월스트리트가 마침내 무너져 내릴 때 미국과 전 세계에 혹심한 타격을 줄 수 있다.[50]

자본주의가 본래 불안정한 둘째 이유를 제시한 사람은 마르크스다. 그는 경제 위기의 원인이 자신이 신용 제도라고 부른 것보다 더 깊은 곳에 있다고 주장했다(비록 그가 쓴 《자본론》 3권은 금융 위기를 분석한 선구적 저작이지만 말이다). 마르크스의 설명인즉 호황과 불황이 순환하는 경향은 자본주의 생산관계 자체에서 비롯한다는 것이다. 자본들은 서로 경쟁하는 관계에 있기 때문에, 노동력에 대한 투자보다 공장과 설비에 대한 투자가 더 빠르게 증가하는 경향이 있다. 그러나 자본가의 이윤은 노동자의 노동을 쥐어짜는 데서 나온다. 따라서 다양한 상쇄 요인들(그중에서도 가장 중요한 것은 경제 위기 자체다)이 이윤율을 다시 상승시키지 않는다면 일반적 이윤율은 저하한다. 자본주의 경제가 호황과 불황을 오가는 순환 운동의 바탕에는 이 이윤율 저하 경향이 있다고 마르크스는 주장했다.[51]

이 이론은 100여 년 전 처음 발표된 이후 엄청난 논쟁을 불러일으켰다. 그렇지만 1970년대 초 이래로 세계경제를 괴롭힌 불안정과 저성장의 시대는 선진국의 뿌리 깊은 이윤율 위기와 관련 있다는 증거가 꽤 많다. 로버트 브레너는 전후 자본주의를 연구한 주요 논문에서 이 주장을 자세히 입증한다(비록 이윤율 저하의 원인을 마르크스가 거론한 것과는 다른 메커니즘으로 보고 있지만 말이다).

> 1970~1990년에 G7 국가 전체의 제조업 이윤율은 1950~1970년보다 평균 약 40퍼센트 더 낮았다. … 이윤율의 급격한 하락은 같은 기간에 투자 성장률이 크게 하락하고 그와 함께 (특히 제조업의) 생산량 증가율도 나란히 하락한 근본 원인이었다. 투자 성장률의 급격한 하락은 (생산량 증가율 자체의 하락과 함께) … 실업이 늘어난 주요 요인이었을 뿐 아니라, 생산성 증가율이 하락한 근본 원인이기도 했다. 실질임금 성장률이 급격히 둔화한 근저에는 이윤율과 생산성 증가율의 하락이 있었다.[52]

이런 진단이 옳다면, 지난 10여 년간 자본주의의 건전성을 나타낸다고 여겨진 많은 현상(예컨대, 기업의 [업무나 조직 규모를 줄이는] 다운사이징, 갈수록 격화하는 국제 경쟁, 해외 영업 거점을 확대하는 다국적기업들의 경향, 금융시장의 과열)은 사실 선진국 경제에서 생산적 투자의 이윤율이 낮은 징후이자 그에 대한 반응인 셈이다. 앞서 1장에서 자세히 살펴본, 생활수준에 대한 압박(가장 두드러진 것은 미국 비관리직 노동자의 시간당 실질

평균임금이 감소한 것이다)도 기업들이 이윤율을 전후 최고 수준으로 다시 끌어올리기 위해 추진한 구조조정 과정의 일환으로 이해할 수 있다. 이런 과정이 미국에서 얼마나 많이 진척됐는지는 마르크스주의 경제학자들 사이에서도 논란거리다. 내 생각에는 1990년대 말에 전개된 호황은 이윤율의 장기적 위기가 극복됐다는 신호라기보다는 한낱 표면적 현상일 뿐이다.[53] 이런 판단이 옳든 그르든 간에, 역사적 경험을 보면 그런 해결책은 모두 일시적일 가능성이 크다. 21세기의 세계도 지난 200년 동안 그랬듯이 호황과 불황의 롤러코스터를 탈 것이다.

평등 대 시장

앞 절의 결론은 자본주의라는 경제체제가 생산과 고용의 극심한 붕괴에 만성적으로 시달린다는 것이다. 그 때문에 사람들은 혹독한 대가를 치른다. 유엔개발계획 보고서는 다음과 같이 지적한다.

> 과거의 경제 위기들을 보면, 생산량 증가율과 거시 경제적 균형(물가 상승률, 환율, 국제수지)은 꽤 빨리 회복되는 반면에 고용과 임금의 회복은 더 오래 걸린다는 사실을 알 수 있다. 1973년 이후 80개국 이상의 300여 차례 경제 위기를 분석한 자료를 보면, 생산량

> 증가율이 경제 위기 이전 수준을 회복하는 데는 평균 1년 걸렸다. 그러나 실질임금 증가율이 회복되는 데는 약 4년 걸렸고, 고용 증가율은 5년 걸렸다. 소득분배는 평균 3년 동안 악화하다가 5년째에야 경제 위기 이전 수준보다 나아졌다.[54]

위에 인용한 마지막 문장조차 어쩌면 지나친 장밋빛 묘사일 수 있다. 왜냐하면 《인간 개발 보고서》 자체에서 드러나듯이 부나 소득의 불평등이 갈수록 증대하는 것이 전반적 추세이기 때문이다. 이런 고려 사항들에 비춰 보면, 영국과 미국처럼 규제가 철폐된 자본주의에서 어떻게든 평등주의적 사회정책을 추구할 수 있다는 신노동당 전략의 핵심 사상은 그야말로 공상적이다. 또, 모종의 인간적 자본주의를 발견해서 평등주의자들에게 더 우호적 환경을 제공할 수 있을지도 분명하지 않다.

동구권이 붕괴해서 기존 체제의 대안은 사회주의라는 사상이 불신을 받게 된 이후 사회민주주의 진영 안에서는 이제 세계 역사는 서로 경쟁하는 자본주의 모델끼리 겨루는 형태를 띨 것이라는 신념이 득세했다. 중도 좌파는 특히 '라인란트 자본주의',* 즉 넉넉한 사회복지, 규제된 시장, 제도화한 노사정 협상이 갖춰

* 라인란트 자본주의 사회적 시장경제 또는 사회적 자본주의라고도 한다. 라인란트(Rhineland)는 독일 라인강을 중심으로 양쪽에 널리 펼쳐져 있는 지역이다.

진 자본주의 모델이 영미식 자유방임 자본주의보다 더 매력적이라고 여겼다. 독일과 일본에서 영감을 얻은 '이해 당사자 자본주의' 사상이* 1990년대 중반 신노동당 안에서 잠깐 떠올랐지만 블레어와 브라운은 그 사상이 너무 급진적이라며 억눌렀다. 그러나 라인란트 자본주의나 이해 당사자 자본주의를 대안으로 내세우는 주장의 문제점은 노동당 지도부의 보수성보다 더 깊은 곳에 있다. 실제로 존재하는 이해 당사자 자본주의는 1990년대 초 이후 심각한 곤경에 처해 있다. 지난 10여 년간 일본과 독일의 경제 실적은 미국보다 상당히 나빴다. 일본과 독일 모두에서 정치적·경제적 [지배]계급은 자국 경제를 영미식 자본주의 모델에 따라 구조조정해야 한다는 강한 압력을 받고 심각하게 분열해 있다. '라인란트 자본주의'가 아직도 신자유주의를 대신할 안정적이고 일관된 대안인지는 의심스럽다.[55]

그러나 자본주의의 틀 안에서 평등주의의 목표들을 추구하기가 어려운 것은 특정 경제 모델의 실행 가능성이라는 문제보다 훨씬 더 중요하다. 평등을 확대하려는 진지한 노력은 모두 자본주의라는 경제체제의 기능에 큰 지장을 줄 가능성이 높다. 예컨

** 이해 당사자 자본주의 기업이 주주의 이익뿐 아니라 고객, 노동자, 거래 기업, 지역사회 등 모든 이해 당사자를 존중하는 경영을 하는 시스템을 말한다. 이해관계자 자본주의라고도 한다.

대, 꽤나 널리 논의되는 제안, 즉 기존의 복지 제도 대신 국가가 모든 성인 시민에게 기본 소득을 지급하자는 방안을 살펴보자. 기본 소득은 흔히 조세제도와 자산 조사 급여의* 상호작용이 낳은 불합리한 결과(빈곤층이 유급 고용을 받아들일 만한 의욕을 전혀 또는 거의 갖지 못하는 빈곤의 덫에 빠지게 되는 것)를 극복하는 방안으로 여겨진다. 그러나 브라이언 배리는 기본 소득이 도입되면 더 광범한 평등주의의 목표에 기여할 것이라고 주장한다. 예컨대, 시장 사회주의로 가는 길을 닦는 데 기본 소득이 도움이 된다는 것이다.[56]

[벨기에의 분석 마르크스주의 정치철학자] 필리페 판 파레이스와 [네덜란드 정치학자] 로베르트 판 데르 페인은 훨씬 더 나아가서 다음과 같이 주장한다. "만약 자본주의 사회 안에서 공산주의에 다가갈 수 있다면, 틀림없이 보편적 보조금 형태로 보장 소득을 최대한 많이 올려 주는 길을 거쳐 갈 것이다."[57] 그들은 1인당 GDP의 절반에 해당하는 돈을 모든 사람에게 기본 소득으로 지급하되 연령과 장애 정도 같은 변수들을 고려해서 조정하자고 제안한다. 이 "공산주의로 가는 자본주의의 길"(여기서 공산주의는 '현실 사회주의'로 알려진 우스꽝스러운 모조품이 아니라, 마르

---

* 자산 조사 급여 사회복지를 모든 사람에게 제공하는 것이 아니라, 자산 조사를 거쳐 선별적으로 제공하는 것을 말한다.

크스가 말한 공산주의다)에서는 "거칠게 말하면, 유급 노동을 하는 사람들에게서 하지 않는 사람들로 재분배"가 이뤄질 것이다. 이 제안을 정당화하는 주장은 "선진 복지국가 자본주의에서는 (유급) 노동의 기회가 특권이 돼 버렸다"는 것이다.[58]

이런 주장은 북유럽 중도 좌파 지식인들 사이에 널리 퍼져 있는 신념, 즉 임금노동은 별로 중요하지 않은 사회적 경험이 되고 있다는 생각을 반영한다. 일반적 주장으로서 이런 생각은 잘못됐다. 지난 세대 동안 선진국 경제의 만성적 고실업률에도 불구하고 경제활동인구 중에서 실업자는 비교적 소수에 불과했다("서유럽에서는 고용된 인구가 으레 전체 성인 인구의 절반도 안 된다"는 판 파레이스와 판 데르 페인의 주장이 참이라는 근거는 노령연금 수급자를 전체 성인 인구에 포함시키는 미심쩍은 방법이다).[59]

미국에서는 1980년과 1997년 사이에 노동시간이 거의 4퍼센트 늘어난 반면, 다른 선진국들에서는 노동시간이 변함없거나 약간 줄어들었다.[60] 유급 노동이 사라지고 있다는 생각이 조금이라도 그럴듯하게 들린다면, 그것은 같은 시기에 북유럽의 경제성장이 둔화하고 실업률이 높아졌지만 비교적 넉넉한 복지 혜택과 비교적 많은 노동시간 단축 덕분에 그래도 견딜 만하다고 여겨졌기 때문일 것이다. 이런 상태는 오늘날 유럽중앙은행과 대기업들이 모두 사회적 지출을 축소하고 노동시장 규제를 철폐하라고 요구함에 따라 갈수록 압력을 받고 있다.

그러나 기본 소득 제안의 진정한 문제는 다른 곳에 있다. 즉, 그 제안은 자본가들의 반발을 살 것이라는 점이다. 판 파레이스와 판 데르 페인은 이런 이견을 일축하면서 다음과 같이 말한다. "대량 실업으로 [자본가들에게] 상당한 재량이 생긴다는 점을 감안하면, 선진 복지국가에서 현재의 사회 안전망이 [충분한 보편적 보조금으로] 대체된다고 해서 이윤이 큰 타격을 받거나 자유롭게 이동하는 자본가들이 [다른 나라로] 떠나 버릴 것이라고 … 믿기는 힘들다(아무리 생각해 봐도 그렇다)."[61] 전혀 과장하지 않고 말하건대, 이것은 놀라울 만큼 순진한 태도다. 대규모 자본도피 때문에 사회민주주의 정부들이 (해럴드 윌슨의 표현을 빌리면) "항로를 이탈해 버린" 오랜 경험에 비춰 보면 분명히 알 수 있다. 최근 사례는 프랑스의 미테랑 정부다. 1981~1983년에 미테랑 정부는 외환시장에서 자국 통화가 붕괴하자 케인스주의 거시 경제 정책들과 광범한 국유화 강령을 포기할 수밖에 없었다.

그 뒤로 시장은 "세금을 올려서 재정지출을 늘리는" 방향으로 나아가는 정부의 모든 조치에 극도로 민감하게 반응했다. [1998년 10월] 열성 케인스주의자인 오스카어 라퐁텐이 오랜만에 주요 경제 대국[독일]의 재무부 장관을 맡게 됐다. 그러나 1999년 3월 주요 기업인들의 결연한 공세 때문에 라퐁텐은 결국 독일의 새적·녹 정부[사민당과 녹색당의 연립정부]에서 물러날 수밖에 없었다.

임금노동자의 세금 부담을 기업으로 조금 옮기자고 제안한 것이 라퐁텐의 가장 큰 '죄'였다. 이에 대한 대응으로 독일의 최대 기업 일부가 영업 거점을 해외로 옮겨 버리겠다고 위협했다. 〈파이낸셜 타임스〉는 이런 협박의 효과를 다음과 같이 단도직입적으로 요약했다. "독일의 산업계 지도자들은 증세에 분노를 터뜨리며 반란을 일으키고 나서 전리품[라퐁텐의 사임]을 요구했다."[62]

브라이언 배리는 최저 생활수준의 기본 소득을 제공하려면 "모든 소득에 대한 50퍼센트의 일률 과세(물론 더 많은 소득에 대해서는 더 높은 세율)"가 필요할 것이라고 예상한다.[63] 만약 어느 선진국에서 집권 가능성이 만만찮은 주요 정당이 그런 제안을 진지하게 논의한다면, 특권층은 격렬하게 반발할 것이다.

이런 비판은 기본 소득 제안이 비현실적이라고 일축하려는 것이 아님을 이해해야 한다. 다음 절에서 더 길게 주장하겠지만, '실행 가능성'을 너무 협소하게 판단하면 더 평등한 사회에 대한 실천적 모색 자체가 질식사하고 말 것이다. 내 주장은 오히려 양립 불가능성에 관한 것이다. 즉, 기본 소득은 자본주의 경제의 작동과 부합하지 않는다는 것이다. 배리와 판 파레이스, 판 데르 페인이 모두 제안한 보편적 보조금의 취지는 유급 고용의 대안으로서 받아들여질 수 있는 방안을 제시하는 것이다. 그러나 기본 소득이 지급되면, 자본에 유리한 조건으로 노동계약을 체결하려는 동기는 급격히 약화할 것이다.

신자유주의자들이 공공 지출을 줄이고 복지국가를 '개혁'하려고 애쓰는 이면에는, 장기 호황에 따른 사회보장 혜택 덕분에 임금노동(특히 저임금 노동)의 동기가 약해졌다는 믿음이 있었다. 그들의 목적은, 이 장의 앞부분에서 인용한 영국은행 보고서 표현을 빌리면 "실업에 대한 두려움이 커지고 노동의 유동성이 높아질 때까지" 사회복지 혜택을 줄이려는 것이었다. 최저 생활수준의 기본 소득은 그런 복지 감축 노력의 효과를 뒤집는 데서 그치지 않을 것이다. 바로 그것이 기본 소득 제안을 지지하는 타당한 이유이지만, 그것은 또 자본주의 경제가 성공적으로 재생산되는 조건과 충돌하기도 한다. 그런 의미에서, 기본 소득을 도입하려는 만만찮은 시도가 벌어질 때 필연적으로 나타날 자본가들의 저항에는 '합리적' 근거가 있다. 다시 말해, 기본 소득 도입 시도는 자본가들의 격렬한 반발을 살 뿐 아니라, 이 반발 자체가 자본주의 기업의 이윤 창출 조건에 대한 정확한 통찰을 반영한다는 것이 내 생각이다.

따라서 기본 소득 지지자들은 딜레마에 빠지게 된다. 기본 소득이 그리 많지 않은 수준으로 정해지면 (고든 브라운이 도입한 최저 소득 보장처럼) 낮은 임금을 지급하는 고용주에게 주는 보조금 구실을 하는 데 그칠 것이다. 그러지 않고 최저 생활수준을 보장할 만큼 책정되면 자본주의 경제의 작동을 방해해서 재계의 격렬한 반발을 살 것이고 그런 반발 자체가 또 파괴적 영향을 미칠 것이다. 그래서 배리는 기본 소득을 점진적으로 도입하자고 제안하지만, (십중팔구 기본 소득이 최저 생활수준에 가까워지기 한참 전에) 후자의 전망[자본가들의 반발]이 실현되는 지점에 이르게 될 것이다. 이런 딜레마에 대한 올바른 대응은 기본 소득 제안을 거부하는 것이 아니라(기본 소득이 매력적이라는 것은 의심할 여지가 없다), 기본 소득은 사회주의를 향한 더 광범한 운동의 일부로서만 성공할 수 있다는 사실을 인식하는 것이다. 사회주의에서는 결정적으로 생산적 자원에 대한 통제권을 자본가들의 수중에서 빼앗아서 (마르크스가 말한) "연합한 생산자들"이 행사하게 될 것이다.[64]

기본 소득 사례는 더 일반적 요점을 보여 준다. 평등을 확대하는 방향으로 상당히 나아가려는 노력은 모두 시장의 작동을 과감하게 잠식해서 자본주의의 재생산 조건을 만만찮게 방해할 것이다. 따라서 시장의 작동을 제어하는 동시에 평등주의적 정책의 여지를 제공하려는 사회민주주의자들의 노력은 원칙상의 어려움을 겪는다. 프랑스 사회당 지도자인 리오넬 조스팽은 제3의 길 주창자인 블레어·클린턴과 차별화를 시도하면서 "제가 지지하는 것은 시장경제이지 시장 사회가 아닙니다" 하고 말했다.[65] 1997년 6월 총리 취임 직후에는 다음과 같이 말하기도 했다. "만약 시장의 힘이 거침없이 작용하도록 내버려 둔다면, 서유럽 문명은 종말을 맞이하고 말 것입니다."[66] 그러나 앞서 살펴본 것과 같은 파괴적 대립을 불러일으키지 않고 어떻게 시장의 힘을 제어할 수 있을까? 실제로 조스팽이 추진한 정책도 블레어와 다르지 않았다. 즉, 전임 우파 정부보다 훨씬 더 큰 규모로 민영화를 추진했고, 주35시간 노동제 공약도 어찌나 물타기를 많이 했는지 알아볼 수 없을 정도가 돼 버렸다. 물론 조스팽은 (눈치 빠른 정치인답게) 좌파적 미사여구로 지지자들을 기쁘게 해 줬지만 말이다.[67]

다시 말해, 사회민주주의자들은 앞서 말한 딜레마의 더 일반적 형태에 계속 직면한다. 20세기 내내 그들을 괴롭힌 그 딜레마는 다음과 같은 것이다. 즉, 사회민주주의자들이 집권했을 때 자본과 충돌을 피하면서 최선을 다해 시장을 관리하려면 자신들의 평등주의 염원을 포기해야 한다. 그러지 않고 자신들의 입장을 고수한다면 그들이 성공할 수 있는 방법은 오직 지금 생산적 자원을 통제하고 있는 소수한테서 그 통제권을 빼앗아 오는 것뿐이다. 후자의 길에 놓여 있는 경제적·정치적 위험은 엄청나지만, 평등을 상당히 확대하는 데 진지한 관심이 있는 사람이라면 과연 그 필요성을 부정할 수 있을지 모르겠다.

지금까지 나는 이런 주장을 도구적 근거에서 정당화했지만, 우리는 3장에서 살펴본 평등주의적 자유주의자들의 기본 취지가 바로 생산적 자원에 대한 접근권이 평등해야 한다는 것이라는 점을 상기해야 한다. 이 문제를, 말하자면 철학적 의제로 삼은 것은 롤스와 특히 드워킨의 커다란 공적 가운데 하나다(물론 그들은 이 평등이 실현되려면 생산수단의 집단적 소유가 필요하다는 점에 관해서는 결론을 유보했다).[68] 신노동당 안에 널리 퍼져 있는 협소한 '재능 평등주의'는 재분배를 교육·훈련의 기회와 질을 향상시키는 것으로 축소해 왔다. 그러나 원칙에 입각한 주장이라면 생산수단 자체에 대한 평등한 접근권이 필요하다는 데 주의를 기울여야 한다. 평등주의적 자유주의의 주된 약점은 이 평등(과 사실상 그 지지자들이 논의한 다른 평등들)의 실현이 자본주의 생산관계의 유지와 모순된다는 사실을 깨닫지 못한다는 점이다.

현실의 검증

어떤 형태의 평등주의든 실행 가능성이 없다거나 그 부정적 결과 때문에 바람직하지 못한 것이 되고 만다는 비난에 틀림없이 직면할 것이다. 3장에서 살펴본 급진적 형태의 평등주의적 정의에 대한 일반적 반론 하나는, 그런 정의의 실현에 필요한 재분배가 이뤄지면 경제적 효율성이 심각하게 약화할 것이라는 주장이다. 소득 불평등에 따른 인센티브가 없다면 경제적 행위자들은 생산을 줄이려 할 것이고, 그 결과로 생산성과 생산량이 저하하면 결국 (재분배의 주된 수혜자가 되리라고 여겨지던 사회적 약자들을 포함해서) 모든 사람의 소득이 감소하게 된다는 것이다. 롤스의 차등 원칙은 최소 수혜자에게 이득이 되는 불평등은 정당하다고 인정해서 이 반론에 응답하려 한다.

사회주의적 평등주의는 실행 가능성에 대해 훨씬 더 강력한 반론에 부딪히기 쉽다. 1980년대 말의 격변들로 말미암아 (내가 스탈린주의 사회라고 부르기를 선호하는) 동유럽과 소련의 체제가 붕괴하면서 그나마 남아 있던 사회주의적 계획[경제]에 대한 사상적 신뢰가 완전히 땅에 떨어졌다. 분석 마르크스주의의 창시자이자 중요한 평등주의 정치철학자인 G A 코헨은 [1994년 발표한 글에서] 다음과 같이 썼다. "사회주의자들의 염원은 공동체 의식을 우리의 경제생활 전체로 확대하는 것이었다. 이제 우리는 그렇게 하는 법을 우리가 모른다는 것을 알고 있고, 많은 사람들은 그렇게 하는 것이 불가능하다는 사실을 이제 우리가 안다고 생각한다."[69] 따라서 코헨은 시장 사회주의를 받아들일 태세가 돼 있지만, [최선책이 아니라] 차선책으로 받아들이려 한다. 왜냐하면 "시장 사회주의가 차등적 자본 소유로 인한 소득의 부정의는 제거할 수 있지만 개인의 타고난 역량 차이로 인한 소득의 부정의는 유지시키고" 경제적 행위자들이 계속해서 "탐욕과 공포가 뒤섞인" 동기에서 생산 활동에 참여하도록 만들기 때문이다.[70]

심지어 시장 사회주의라도 생산적 자원의 통제권을 사적 자본한테서 빼앗는다면 매우 실질적 변화일 것이다. 결정적 문제는 항상 생산수단의 진정한 집단적 소유와, 부문 간 기업 간 자원 할당을 시장 메커니즘에 의존하는 방식의 결합이 장기적으로 재생산 가능한 경제체제를 구성할 수 있는지였다(나는 그럴 가능성을 강하게 의심한다). 사회주의의 경제적 실행 가능성이라는 더 광범한 쟁점은 여기서 제대로 다루기 힘들 만큼 대단히 중대한 문제다. 코헨 같은 평등주의자들은 소련의 경험을 근거로 너무 성급하게 사회주의적 계획을 일축해 버린다는 것이 내 생각이라는 점만 말해 두겠다.

이른바 '현실 사회주의'의 사회 성격을 어떻게 규정하든 간에(내 생각에는 모종의 탈脫자본주의 사회가 아니라 자본주의의 한 형태였을 뿐이다), 그 사회에서 사용된 계획 방식은 철저한 중앙집권을 요구했다. 적어도 이론상으로는 정보가 각 부처와 기업에서 상부의 계획 입안자들에게 보고됐고 결정은 거꾸로 위에서 아래로 하달됐다. 이런 구조는 자원을 군사 관련 중공업에 우선 할당하는(이것이 그 체제의 진정한 원동력이었다) 수단으로는 확실히 의미가 있었지만, 미제스와 하이에크 이래로 자유시장 옹호론자들이 비판했듯이 그 때문에 중앙에서는 비대화와 마비 현상이 나타났고 기업에서는 책임·의무 회피와 비효율이 만연하게 됐다. 이런 '계획' 체제는(그 체제를 움직인 것은 세계적 군비경쟁 구조가 외부에서 가하는 압력이었기 때문에 그것을 '계획'이라고 부를 수 있을지 의심스럽지만) 명백히 실패했다. 그렇다고 해서 다른 방식의 계획도 반드시 실패한다고 말할 수는 없다. 그런데도 스탈린주의가 붕괴하자 기이한 이데올로기적 구조 때문에, 시장을 대체할 체제로 떠올려 볼 수 있는 대안들이 모두 신뢰를 잃어버렸다. 분명히 이것은 스탈린주의가 붕괴한 역사적 맥락과 관련이 있고, 특히 오늘날 간단히 세계화라고 부르는 것(생산·무역·금융이 일국적 경계를 넘어 세계로 급격히 뻗어 나가는 뚜렷한 경향)과 관련이 있다. 자본의 이런 국제화는 소련이 붕괴한 이유를 설명하는 데 큰 도움이 된다. 즉, 스탈린주의 체제는 일국 규모에서 자원을 동원하고 집중하는 데는 가차 없이 성공했지만, 세계경제의 통합이 제공하는 새로운 경쟁 우위를 차지하는 데는 완전히 실패하고 있었던 것이다.

따라서 '현실 사회주의'의 종말은 일국적으로 조직된 자본주의와 새로운 세계경제가 양립할 수 없음을 보여 준 가장 극적인 사건이다. 코헨 같은 더 좌파적인 평등주의 철학자들조차 이 경험은 경제를 조직하는 다른 방식들보다 시장이 우월할 수밖에 없다는 것을 보여 준다고 추론하지만, 이런 추론을 정당화해 주는 증거는 없는 듯하다. 한편으로는 시장 자본주의(특히 영미식 자본주의), 다른 한편으로는 이제 없어져 버린 스탈린주의, 이 둘 사이에서 어느 하나를 고르는 것은 끔찍하게 빈약한 선택이다. 그러나 주류 정치 담론이 제시하는 선택은 그것뿐이다(역시 자유주의적 자본주의의 우월성을 단언하는 유일한 방법도 그것뿐이다). 이제 1989년과 1991년에 일어난 격변들의 직접적 반향은 해소됐고 자본주의의 결함들이 다시 한 번 드러나고 있으니 분명히 지금이야말로 민주적이고 사회주의적인 계획 모델을 진지하게 고려할 때다. 정보와 결정이 중앙과 생산 단위들 사이에서 수직적으로 오가지 않고 다양한 생산자·소비자 집단들 사이에서 수평적으로 오가는, 훨씬 더 분권화한 계획 체제를 만들어 내는 것은 인간의 독창적 능력을 넘어서는 일처럼 보이지 않는다. [급진적 사회주의 경제학자] 팻 디바인의 '협상 조정' 모델은 그런 체제가 어떻게 작동할 수 있는지를 보여 준다. 그 모델의 장점 하나는 경제·사회 생활의 광범한 민주화를 요구한다는 것이다(이런 민주화는 어쨌든 다른 이유에서도 바람직할 것이다).[71]

따라서 사회주의적 계획이 장기적으로 재생산 가능한 경제와 부합하지 않을 이유는 전혀 없다. 그러나 여느 급진적 평등주의와 마찬가지로 사회주의도 틀림없이 다음과 같은 반론에 부딪힐 것이다. 즉, 사회주의가 비록 이론상으로는 경제적 실행 가능성이 있더라도 인간의 확고한 동기[본성]와 충돌하기 때문에 실현될 수 없다는 것이다. 평등주의적 자유주의의 관점에서 이런 견해를 표명한 사람은 토머스 네이글이다. 그가 보기에 이것은 개인의 내면에서 "비非개인적 관점과 개인적 관점"이 서로 싸우는 사례다. 전자는 "우리 안에서 … 보편적 공평성과 평등에 대한 강력한 요구가 생겨나게 만들고" 후자는 "그런 이상의 추구와 실현을 방해하는 개인주의적 동기와 요구가 생겨나게 만든다."[72]

더 분명하게 네이글은 다음과 같이 말한다. "내 생각에는 평등과 자유·민주주의를 정치적으로 확실하게 결합하려면 우리가 기대하거나 요구할 이유가 있는 것보다 훨씬 더 커다란 인간 본성의 변화가 필요할 것이다." 더욱이 "경제생활은 개인적 선택이나 사적 동기와 분리될 수 없다(그랬다가는 재앙적 결과가 빚어질 것이다). 또 사적 동기가 경제에서 작용하면, 포괄적 평등주의의 이상을 실현하려는 정치적 의지가 아무리 강하더라도 그 이상理想의 추구는 좌절될 수밖에 없는 듯하다. 이것은 낯익은 인센티브의 문제다." 결국 우리는 실현 가능한 것, 즉 중요한 불평등을 전혀 건드리지 못하는 누진 과세로 재원을 조달하는 '사회적 최소한'을 확립하는 데 만족해야 한다는 것이다.[73]

네이글의 주장은 스스로 말하듯이 "지금의 사회민주주의를 뒷받침하는 관점"이다.[74] 아마 그의 주장의 가장 큰 장점은 이런 관점이 전통적인 보수적 견해에, 즉 평등주의적 사회 변화는 인간 본성 때문에 도로 아미타불이 되고 말 것이라는 견해에 의존한다는 사실을 드러내 보여 준다는 점일 것이다. 사실 네이글이 비개인적 관점과 개인적 관점을 대립시키는 것은 고대의 기독교적 플라톤주의 인간관, 즉 사람은 서로 적대적인 숭고한 자아와 저속한 자아로* 이뤄진 복합적 존재라고 보는 관점을 현대 철학의 말로 재서술한 것임을 알기는 어렵지 않다.[75]

물론 어떤 주장의 미심쩍은 계보를 파악했다고 해서 곧 그것을 폐기 처분해야 하는 것은 아니다. 인간 본성에 관한 논쟁은 해결하기 힘든 것으로 악명 높다. 주된 이유는 규범적 고려 사항들과 사실적 고려 사항들이 대개 어찌할 도리 없이 얽혀 있기 때문이다. 그렇지만 평등주의적 변화의 요구를 인간 본성에 호소하는 주장으로 제압하려는 시도에 대한 표준적인 사회주의적 반론(그런 주장은 국지적·우연적인 것과 보편적·자연적인 것을 혼동하는 경향이 있다는 반론)을 우리 스스로 떠올려 볼 만하다. 코헨이 부자들에게 유리한 인센티브 구조는 불평등한 태도와 구조라는 제약이 있는 조건에서만 생산성과 생산량을 극대화할 수 있다고 주장했을 때 그는 사실상 이런 반론을 제기하는 것이다.[76]

다시 말해, 부자들에게 인센티브를 제공하는 것은 불평등한 태도와 구조가 규정한 맥락 속에서만 최상의 결과를 실제로 낳을 수 있을 것이다. 그러나 이것은 다른 사회적 맥락에서 개인들이 어떻게 행동할 것인지에 관해서는 아무것도 말해 주지 않는

* 숭고한 자아(higher self)와 저속한 자아(lower self) 성령으로 거듭난 '영적 자아'와 육체를 각각 의미한다.

다. 적절하게 변화한 사회구조에서는 개인들의 상호 관계에 대한 다양한 신념이 널리 퍼져 있을 것이므로 물질적 보상을 기대하는 것 말고 다른 동기로도 충분할 수 있다. 한 가지 사례는 코헨이 [시장 사회의 생산 동기가 아니라] 공동체의 동기라고 부른 것, 즉 "나는 동료 인간들에게 도움이 되는 동시에 그들의 도움도 받고 싶기 때문에 생산한다"는 것이다. 공동체에서 나는 내 도움이 적어도 대강의 보답을 받기를 바라지만 (시장 [사회]의 동기처럼) 내가 도와준 대가로 도움을 받고 싶기 때문에 생산하는 것은 아니다.[77]

불평등한 구조와 태도 때문에 생겨나는 기대나 요구를 우회할 길을 찾으려 할 때 맞닥뜨리는 장애물 하나는 마르크스가 말한 [상품] 물신성의 효과다. 즉, 불평등한 구조와 태도, 그에 따른 행동 방식은 역사적으로 특수한 것인데도 마치 자연적인 것처럼, 따라서 고정불변의 사실처럼 보이는 것이다. 케인스주의 시대의 부정적 특징이 무엇이었든 간에 당시에는 인간이 의식적으로 통제할 수 있고 심지어 변혁할 수도 있다고 생각한 사회·경제 생활 영역이 상당히 확대됐다. 지난 세대의 신자유주의적 반동은 자율적 인간 개입의 범위를 크게 좁혔다. 다시 한 번 시장 메커니즘은 인간의 소망에 꿈쩍도 하지 않는 자연력으로 실체화했다.

인간이 할 수 있다고 생각되는 것들이 물신성 때문에 축소된다. 따라서 평등의 확대를 지지하도록 많은 사람을 동원하기도 더 힘들어진다. 그렇다고 해서 이런 장애물을 극복할 수 없는 것은 아니다. 만약 네이글과 심지어 코헨 같은 평등주의자들이 생각하듯이 적어도 선진국에서는 시민의 다수가 부유하고 만족스러운 삶을 살기 때문에 가난한 소수의 곤경에 무관심한 것이라는 말이 옳다면, 상황은 정말로 난감할 것이다.

그러나 이런 생각은 내가 1장에서 보여 주려 했듯이 틀렸다. 미국의 실질임금은 1970년대 초와 1990년대 말 사이에 실제로 감소했지만 심지어 실질임금이 실제로 감소하지 않은 곳에서도 (미국인들의 듣기 좋은 모순어법인) "노동자 중간계급"에 속하는 임금노동자들은 불안정한 구조에 사로잡혀 있다. 즉, (주로 이번 4장의 앞부분에서 살펴본 경제적 경향들 때문에) 노동자들의 일자리, 소득, 노동조건, 장기적 미래는 (공적·사적 부문을 똑같이 괴롭히는) 구조조정과 다운사이징 물결에 끊임없이 위협받고 있다.

따라서 노동하는 다수의 이해관계는 사회변혁 전략을 지지하는 데 동원될 수 있다. 이런 가능성은 1980년대에 조직 노동운동을 패배시키고 심각하게 약화시킨 신자유주의 공세의 영향 때문에 잘 보이지 않는다. 특히 신우파가 가장 크게 성공한 미국과 영국에서 그 결과는 정치적 절망과 사회적 원자화의 분위기였다. 이런 상황에서 제3의 길이라는, 겉으로만 그럴싸한 해결책이 득세한 것도 결코 놀라운 일은 아니다.

그러나 유럽 대륙에서는 노동자 운동이 영국의 1984~1985년 광원 파업 같은 대규모 패배를 겪지 않았기 때문에 1990년대에 사회적 충돌이 격화했을 뿐 아니라 좌파 정치도 되살아났다. 이 과정이 가장 많이 진척된 곳은 프랑스였다. 프랑스의 1995년 11~12월 공공 부문 파업은 사회를 크게 좌경화시킨 전환점이었다.[78] 유럽의 다른 나라에서도 똑같은 패턴을 볼 수 있다. 예컨대, 슈뢰더가 자신의 정적인 [사민당 내] 좌파 오스카어 라퐁텐을 축출한 뒤 (앞서 봤듯이) 블레어와 공동 정책 강령을 발표하고 공공 지출 삭감 계획을 밝히며 제3의 길에 합류하기로 결정하자 격렬한 논쟁이 벌어졌다.

세계화 이론가들에게는 미안한 말이지만, 역사적으로 노동운동에 영감을 불어넣은 공통의 이해관계와 이상을 바탕으로 집단적 행위 주체를 구성하는 것은 여전히 가능하다. 1999년 11월 30일 미국 시애틀에서 세계무역기구WTO 각료 회의를 무산시킨 대규모 시위는 이런 주체가 어떻게 구성될 수 있는지를 언뜻 보여 줬다. 즉, 환경문제나 제3세계 빈곤 문제에 관심 있는 비정부기구들NGOs과 노동조합원들이 힘을 합쳐, 세계의 정치·경제적 소수 특권층이 공유하는 신자유주의 의제에 이의를 제기한 것이다. 마이클 무어는 시애틀 시위의 성격을 다음과 같이 선명하게 상기시켰다.

그것은 미국인(과 캐나다인, 영국인, 프랑스인 등)으로 이뤄진 엄청난 대의 기구였다. … 팀스터스,* 거북이를 사랑하는 환경 단체 회원, 할아버지·할머니, 갭** 직원, 노숙인, 컴퓨터광, 고등학생, 알래스카인, 수녀, 지미 호파 2세,*** 비행기 정비사, 카페인에 중독된 채 노예처럼 일만 하던 마이크로소프트 노동자. 그중에 소수는 시위 전문가였지만, 다수는 헌법에 보장된 불만 시정 방법에 처음 참여하는 것처럼 보였다. 거기에는 '지도자'도 없었고, '운동'도 없었으며, 세계무역기구의 밀실 회의가 열리지 못하게 막겠다는 것 말고는 무엇을 해야 한다는 생각도 없었다. … 20세기의 이 마지막으로 위대하고 중요한 날, 1999년 11월 30일을 기념하라. 시애틀 전투가 벌어진 그날 사람들은 채권 추심 업체 직원들과 싸우는 동시에 부업을 하러 나가야 하는 현실에 넌더리를 냈고, 이제 파이를 구운 사람들이 스스로 그 파이를 나눠 가질 때가 왔다고 결심했다.[79]

희망을 주는 그런 조짐들에도 불구하고, 필요한 사회변혁의 규모는 엄청나다. 특히 세계적으로 존재하는 확고한 구조적 불

---

* 팀스터스(Teamsters) 트럭 운전사 노조 조합원들을 말한다.

** 갭(Gap) 미국의 대형 의류 회사다.

*** 지미 호파 2세(Jimmy Hoffa Jr) 1998년부터 2022년 3월까지 트럭 운전사 노조 위원장이었다.

평등을 감안하면 더욱 그렇다. 이 책의 성격상 여기서 자세한 처방을 제시할 수는 없다. 그러나 3장에서 살펴본 입장에 따라 평등을 옹호하는 의도는 모든 사람이 평등주의적 정의의 통화를 정확히 똑같은 양만큼 받도록 보장해 주는 것이 아니라는 점은 강조할 만하다. 버나드 쇼는 이 점을 다음과 같이 분명히 했다. "모든 사회 개혁이 멈추는 시점은 절대적인 논리적 완전성이나 산술적 정확성에 이르렀을 때가 아니라, 충분히 일을 해냈을 때다."[80] 필요한 것은 이익에 대한 평등한 접근권을 확실히 보장하는 쪽으로 상당히 나아가는 것이다. 이 목표를 완전히 달성하는 데는 한참 못 미치더라도 어쨌든 그 방향으로 나아가는 몇 걸음조차 오늘날 널리 퍼진 부정의한 사회구조에서 이득을 보는 자들의 격렬한 반발을 사지 않을 것이라는 환상을 품어서는 결코 안 된다. 평등을 요구하는 것은 곧 혁명을 제안하는 것이다.

그러나 변화의 가장 큰 장애물은 특권층의 반발이 아니라, 변화는 불가능하다는 믿음이다. 위협적인 경제 환경에 직면해서, 또 자본주의에 반대한 전통적 대안들이 지리멸렬해진 상황에서 개인들은 절망에 빠지기 매우 쉽다. 내가 보기에 평등주의의 이상에 진지하게 헌신하는 사람들의 의무 하나는 이런 분위기에 굴복하기를 거부하는 것이다. 그렇다고 해서 변화를 제약하는 현실적 요인들을 무시하는 안이한 낙관주의를 받아들여야 한다는 말은 아니다. 그러나 지금은 이런 낙관적 정서가 주된 위험처럼 보이지 않는다. 훨씬 빠지기 쉬운 위험은 기존의 사회·경제 구조가 제공하는 매우 제한적인 선택과 실행 가능한 선택을 혼동하는 것이다. 그러나 그런 혼동은 지적 오류를 저지르는 것 이상이다. 세계적 규모의 고통과 불평등을 감안하면, 그것은 악을 묵인하는 것이나 마찬가지다.

좌파 자유주의의 관점에서 인센티브를 용인하는 주장을 앞서 살펴봤는데, 코헨은 그런 주장을 비판하면서 다음과 같은 비유를 들었다. 즉, 부자들이 자신들에게 특별한 보상이 계속 제공되지 않으면 생산을 줄일 것이고 그러면 빈곤층은 더 고통스러워질 것이라고 말하는 것은 마치 어린이 유괴범이 아이의 부모가 몸값을 내놓지 않으면 아이는 고통스러워질 것이라고 말하는 것이나 마찬가지라는 것이다. 여기서 코헨의 의도는 그런 주장의 도덕적 모순을 보여 주려는 것이다. 즉, 자신의 말을 현실로 만들 힘이 있는 사람이 그런 주장을 한다는 것은 도덕적으로 앞뒤가 맞지 않는다는 것이다. 어린이 유괴범과 그 부모 사이에는 코헨이 말한 '정당화 공동체'가 존재하지 않듯이 부유층과 빈곤층 사이에도 마찬가지다.[81]

그러나 이런 비유에는 더 큰 진실이 있다. 사실 우리는 대부분 자본의 협박을 받으며 살아간다. 기업을 지배하는 소수의 부자들은 최고의 수익을 노리고 이 나라에서 저 나라로 돈을 옮긴다. 그들은 공공 정책이 자신들의 필요에 맞게 조정될 것을 요구할 수 있(고 대부분 그것을 관철한)다. 정부가 그들의 이익을 위협하면 자본도피와 '투자 파업'으로 정부를 처벌한다. 아주 드물게 부자들의 심기를 불편하게 하는 정치인이 있으면 언론의 조롱을 당하고 [라퐁텐처럼] 관직에서 쫓겨난다. 그러나 정치 엘리트들은 대부분 마치 불을 보고 모여드는 나방처럼 부자들 주위의 황금 숭배 문화에 기꺼이 빠져든다. '공동체주의'에 관한 공허한 잡담이, 진정한 공동체 비슷한 것이라고는 전혀 없는 현실과 공존하고 있다.

이제 우리를 협박하는 자들에게 해볼 테면 해보라고 도전할 때가 왔다(단지 때가 온 것만은 아니다). 그들이 성공을 거둔 것은 지난 20여 년 동안 서방 사회에 만연하게 된 기묘한 분위기, 즉 자기만족과 비관주의, 보수주의와 두려움이 결합된 분위기 덕분이었다. 이런 분위기에 도전하려면, 우리를 둘러싼 부정의가 불러일으키는 용기와 상상력, 의지력이 필요하다. 우리가 만족하며 살고 있다는 사회의 이면에는 이런 자질이 풍부하게 존재한다. 그런 자질이 일단 동원되기만 하면 세계를 전복할 수 있다.

맺음말

EQUALITY

마지막으로, 이 책의 주장을 4가지 테제로 정리하는 것이 도움이 될 듯하다.

1.

사회적·경제적 불평등은 현대 세계의 고질적 특징이다. 구할 수 있는 증거를 보면, 1980년대에 미국과 영국에서 신우파가 승리하고 동구권이 붕괴하면서 시작된 자본주의의 개선 행진 시대에 세계적으로든 각국 내에서든 빈부 격차는 꾸준히 증대했음을 알 수 있다. 물론 그런 불평등에 새로운 것은 전혀 없지만, 미국혁명과 프랑스혁명 이래로 모든 시민을 평등하게 존중한다고 자처해 온 현대 자유주의 사회에 그런 불평등은 고질적 치욕이다. 에티엔 발리바르가 말한 평등자유의 약속(평등과 자유는 함께 실현돼야만 온전히 실현될 수 있는 원칙이라는 것)은 확실히 모더니티의 본질적 특징처럼 보이지만, 그 약속은 결코 이행되지 않았다. 이런 실패가 정치인들에게 가하는 압력이 워낙 크다 보니 (대규모 이데올로기적 충돌을 주류 담론에서 지우려고 많은 공을 들이는 시대에도) 영국의 신노동당 정부는 불평등을 크게 줄이는 전략을 추구하고 있음을 입증하고자 상당히 애쓰고 있다. 내가 보여 주려고 노력했듯이, 이 전략이 성공할 가능성이 거의 없다고 해서 문제의 절박성이 줄어드는 것은 결코 아니다.

2.

거의 한 세대 전에 존 롤스의 《정의론》이 출간된 이후 평등주의적 자유주의는 분배 정의의 본질에 대한 우리의 철학적 이해를 크게 향상시켰다. 차등 원칙은 불평등한 분배를 용인할 수 있는지 없는지를 판단하는 기준을 제공한다. 즉, 불평등한 분배는 최소 수혜자에게 이득이 될 때만 용인할 수 있다는 것이다. 평등주의적 정의의 통화에 관한 논쟁도 비록 가끔은 난해한 샛길로 빠지기는 했지만 더 명료한 이해에 도움이 됐다. G A 코헨은 이익에 대한 접근권의 평등을, 아마르티아 센은 역량의 평등을 주장했지만, 두 사람 모두 평등의 척도는 개인들이 가치 있다고 여길 만한 활동과 상태(센이 '기능'이라고 부른 것)에 최대한 광범하게 참여할 수 있는 능력이라고 말한다. 센의 역량 평등론은 다른 장점도 있다. 즉, 평등주의는 단지 불가피한 운의 해로운 결과를 제거하려는 정당한 욕구에서만 비롯한 것이 아니고, 누구나 행복의 기회를 평등하게 누려야 하고 (자유롭게 선택된 소중한) 목표의 성공적 추구도 행복에 포함돼야 한다는 [적극적] 목적도 중요하다는 사실을 보여 준다는 점이다. 행복을 개인적 선호의 만족으로 축소할 수 없다는 것이 중요한 이유는 주관주의적인 운 평등주의(즉, 일단 복리나 자원에 대한 접근권을 평등하게 만든 뒤에는 개인이 선택한 결과를 모두 그 개인의 책임으로 돌리는 평등주의)를 배제하기 때문이다. 흔히 상황이 개인의 선택을 매우 제한하므로, 개인의 선호는 이렇게 제약된 상황에 적응하기 마련이다. 이렇게 적응된 선호를 반영하는 결정들을 자유로운 선택의 결과로 다룬다면 그 개인들을 심히 부당하게 대우하는 처사일 것이다.

3.

그러나 평등주의적 자유주의의 가장 큰 약점은 자본주의 시장경제의 틀 안에서 정의가 실현될 수 있다고 생각한다는 점이다. 이것은 평등주의적 자유주의가 제3의 길 이데올로기와 공유하는 전제다. 그 점은 착취(임금노동자한테서 잉여노동을 짜내는 것)가 기존의 불평등 구조를 만들어 내고 지속시키는 데서 하는 구실을 평등주의적 자유주의자들이 무시하는 경향에 반영돼 있다.(코헨은 예외다. 그가 착취에 관심을 쏟는 것은 사회주의에 계속 헌신하고 있음을 반영한다.) 그들은 불평등의 주요 원인으로 타고난 재능의 차이에 주목한다(이 견해는 세계적 규모로 확립돼 있는 특권 구조와 권력 구조를 전혀 다루지 못한다). 자본주의와 평등은 근본적으로 충돌할 수밖에 없다는 사실은, 지난 20여 년 동안 이윤율 회복을 위해 취해진 다양한 조치들(규제 철폐, 기업의 다운사이징, 부자 감세, 사회복지 축소 등)과 빈부 격차 증대 사이의 직접적 연관을 보면 알 수 있다. 더 추상적 성찰은 평등주의자들이 최소 수혜자의 조건 개선을 위해 권고하는 대책들이, 무엇보다도 자본에 유리한 조건으로 노동시장에 참여하게 만드는 인센티브를 약화시켜서 자본주의 경제의 이윤 추구 기능을 심각하게 방해한다는 것을 보여 준다. 평등주의적 정의는 오로지 자본주의를 반대해야만 실현될 수 있다.

4.

이런 결론은 당연히 가장 중대한 정치적 난제에 직면한다. 즉, 소련이 붕괴한 이후 자본주의의 대안이 될 만한, 실행 가능하고 매력적인 사회·경제 체제가 존재한다고 믿는 사람이 거의 없다는 것이다. 시장 사회주의 개념은 생산수단의 집단적 소유와 (자원을 효율적으로 할당하는 데서 다른 방식들보다 우월하다고 생각되는) 시장을 결합하려는 일종의 타협안이다. 이런 결합이 안정적이라고 해도(과연 그럴지 의심스럽지만) 개인의 능력이나 필요의 차이에서 생겨나는 부정의는 여전히 해결되지 않을 것이다. 그러나 자본주의를 대체할 비非시장 대안은 오늘날의 상식을 완전히 벗어난 것처럼 보인다. 이런 상황을 바꾸려면, 무엇보다도 유토피아적 상상력의 부활이 필요할 것이다. 즉, 효율적이고 민주적인 비시장 형태의 경제체제를 적어도 개괄적으로나마 예상할 수 있는 우리의 능력이 필요할 것이다. 지금 우리가 그러지 못하는 것은 다양한 우연적 이유로 특정한 유형의 자본주의(영미식 자유방임 자본주의)가 득세하면서 우리의 상상력을 지배하고 우리의 희망을 꺾어 놨기 때문이다. 프랑스인들이 "단일한 사상"이라고 부른 것(신자유주의의 독단적 주장과 처방의 협소한 체계)이 지금 정책 논쟁을 거의 전체주의적으로 지배하고 있다. 그러나 이런 상황은 바뀔 것이다. 이미 우리는 이런 합의의 결과에 대한 대중의 반발이 성장하는 징후를 보고 있다. 지금 등장하고 있는 반反신자유주의 운동에서 더 나은 세계 운영 방식에 관한 새로운 전망이 발전해 나올 것이다. 우리가 평등과 자유라는 모더니티의 약속이 마침내 실현되도록 강제할 수 있는 최상의 희망은 바로 여기에 있다.

부록
능력주의는 기회 균등을 보장하는가?

신노동당에 관해서는 칭찬해 줄 만한 것을 찾기가 매우 어렵다. 그래도 굳이 하나를 꼽자면 신노동당이 평등 문제를 다시 정치 쟁점으로 띄우는 데 한몫했다는 것이다. 고든 브라운이 이끄는 재무부는 '모든 사람에게 [평등한] 기회를' 제공하기 위한 정책을 열심히 추진하고 있다.

그런데 웃기는 것은 토니 블레어[의 신노동당] 치하에서 불평등이 더 커졌다는 사실이다. 블레어식 제3의 길 이데올로기를 가장 앞장서서 주장하는 학자 앤서니 기든스는 지난 4월* 나와 토론할 때 그런 주장들은 낡은 정보를 근거로 한 것이라고 일축했다. 그

* 이 글은 2001년 6월에 발표됐다. Alex Callinicos, "Meritocracy: Unequal Opportunities", *Socialist Review* Issue 253(June 2001).

러나 바로 다음 날 한 신문이 통계청 자료를 바탕으로 "지니계수(불평등을 측정하는 데 사용되는 복잡한 수치로 0이 보편적 평등을 나타낸다)를 보면 1999~2000년에 부유층과 빈곤층의 소득 격차가 40까지 커졌음을 알 수 있다"고 보도했다. "1998~1999년에 그 수치는 39였고(이것 자체도 1991년 이후 최고치였다), 노동당 집권 첫해인 1997~1998년에는 37이었다"(〈가디언〉 2001년 4월 18일 자).

따라서 불평등은 [1990~1997년에 보수당 정부의 총리를 지낸] 존 메이저 시대보다 더 심해졌다. 비록 블레어와 브라운은 불평등을 줄이겠다고 공언하지만 말이다. 언뜻 역설처럼 보이는 이런 현상을 어떻게 설명해야 할까? 최근[2001년 4월] 내각부 산하 성과혁신실PIU에서* 작성된 토론회 발제문을 둘러싼 에피소드가 이 수수께끼를 푸는 데 도움이 될 듯하다. 이 성과혁신실이라는 모호한 기구의 책임자는 [블레어] 총리의 측근인 제프 멀건이다. 한때 [1957~1991년에 영국 공산당의 이론지였던] 《마르크시즘 투데이》의 기고자였고 민간 싱크 탱크인 데모스의** [공동] 창립자이기도 한

---

* 성과혁신실(Performance and Innovation Unit) 1999년에 신설됐고, 2002년에 총리전략실로 이름이 바뀌어 2010년 노동당 정부가 끝날 때까지 존속했다.

** 데모스 1993년에 제프 멀건과 《마르크시즘 투데이》 전 편집장 마틴 자크가 이른바 영국 정치의 위기, 즉 선거에 참여하는 유권자가 감소하고 정치단체들이 주요 사회 변화에 적응하지 못하는 상황에 대응하겠다며 창설했다.

멀건은 신노동당의 주요 지식인으로 통하는 인물이다.

성과혁신실의 수석 경제 전문가인 스티븐 올드리지가 작성한 그 발제문은 사회[계층 간] 이동 문제를 다룬다. 이 쟁점은 신노동당에 중요하다. 블레어가 능력주의 사회를 달성하겠다고 공약했기 때문이다. 올드리지는 능력주의 사회를 "가장 유능하고 열성적인 사람들이 가장 선망하고 책임 있고 보수도 후한 지위를 차지할 수 있는 사회"로 규정한다. "그런 사회의 특징은 사회이동의 비율이 높고, 출신 계급과 귀속 계급 사이에 아무 연관이 없다는 점이다."

능력주의는 사회적 평등과 같은 것이 아니다. 올드리지가 지적하듯이 "능력주의 사회의 특징은 커다란 불평등이라 할 수 있다." 그러나 불평등한 지위들에 접근할 수 있는 기회는 개인의 재능과 노력에 따라 달라질 것이다. 능력주의는 본질적으로 부르주아지의 이상이다.

능력주의가 [1789년] 혁명 전의 프랑스처럼 귀족이 지배하는 사회를 겨냥했을 때는 비판적 통렬함이 있었다. 그런 사회에서는 사람의 사회적 지위가 거의 대부분 타고난 신분에 달려 있었기 때문이다. 그러나 능력주의는 '역동적 기업가'를 두둔하는 변명이 되기도 쉽다. 예컨대, 1871년의 파리코뮌을 짓밟고 건설된 프랑스 제3공화국은 "재능 있는 사람에게 열린 출세의 길"을 구호로 채택했다.

마르크스는 《고타 강령 비판》(1875)에서 능력주의라는 이상을 암묵적으로 비판했다. 사람들이 생산적 노력을 얼마만큼 했는지에 따라 보상한다는 것은 "불평등한 개인적 재능을, 따라서 노동자들의 불평등한 생산능력을 타고난 특권으로 암묵적으로 인정한다"는 것이다.

이런 비판을 더 발전시킨 사람이 평등주의적 자유주의 철학자 존 롤스다. 그는 《정의론》(1971)에서 "자신의 더 큰 천부적 능력이나 공적을 사회에서 더 유리한 출발점으로 이용할 자격이 있는 사람은 아무도 없다"고 주장했다.

단거리 사회이동

재능은 또 다른 평등주의적 자유주의자 로널드 드워킨이 "불가피한 운"이라고 부른 것(어떤 유전자를 물려받았는지, 어떤 사회 환경에서 자랐는지 따위)의 문제다. 진정한 평등은 남자든 여자든 사람들이 저마다 자신의 능력을 가능한 한 완전히 발전시키는 데 필요한 자원을 얻게 해 줄 것이다. 그런 능력이 무엇이든 간에 말이다.

그러나 능력주의가 비록 얄팍한 이상이기는 하지만, 영국이 얼마나 불평등한 사회가 됐는지를 폭로하는 데는 도움이 될 수 있다. 그래서 올드리지가 인용한 증거를 보면 다음과 같은 사실을 알 수 있다. "소득이나 수입의 이동이 매우 많이 존재한다." 즉, 많은 사람들이 임금이 더 높은 일자리나 더 낮은 일자리로 이동한다. "그러나 이것은 대부분 단거리 이동이다." 사람들은 저임금 일자리에서 임금이 약간 더 높은 일자리로 이동할 수 있지만, 거기서 더 멀리 가지는 못한다.

더욱이 "영국의 소득 이동은 지난 20~25년 사이에 감소했다." 그리고 "빈곤은, 예를 들어 독일보다 영국에서 더 지속적이다." 많은 사람들은 "저임금과 무임금의 순환"에 갇혀 있다. 다시 말해, 저임금 노동자는 실직할 가능성이 더 높고 "실업자는 저임금 일자리를 얻을 가능성이 농후한" 악순환에서 빠져나오지 못하는 것이다.

이 모든 일의 배경에는 소득 불평등 심화가 깔려 있다. "1979년과 1998/99년 사이에 소득 하위 10분위[10퍼센트 — 캘리니코스]에 속한 사람들의 실질소득은 6퍼센트 증가한 반면, 상위 10퍼센트에 속한 사람들의 실질소득은 82퍼센트 증가했다. 중위 소득은 55퍼센트 증가했다."

올드리지는 사회이동을 연구한 여러 결과를 인용하는데, 주로 옥스퍼드대학교의 너필드칼리지에서 사회학을 가르친 존 골드소프 같은 학자들의 연구 결과다. 그 사회학자들은 절대적 사회이동과 상대적 사회이동을 구분한다. 절대적 이동은 단순히 직업 구조에서 사람들의 위치가 바뀌는 것이다. 20세기 동안 육체 노동 직종의 비율이 크게 감소했으므로 절대적 사회이동은 많았다(그러나 흥미롭게도 1970년대 말에는 절대적 이동도 차츰 잦아든 듯하다).

이런 절대적 사회이동에는 육체 노동계급 출신 사람들이 화이트칼라 직종으로 이동한 것도 포함되는데, 이것을 상향 이동으로 여기는 것은 대다수 화이트칼라 직원들을 중간계급(또는 골드소프가 선호하는 용어로는 '서비스 계급')으로 보는 견해를 취할 때만 가능하다. 마르크스주의자들은 이런 견해를 거부하면서, 어떤 사람의 계급 지위는 공장이나 광산에서 일하는지 아니면 사무실이나 콜센터에서 일하는지에 달려 있지 않고 생산관계에서 차지하는 위치에 달려 있다고 주장한다.

한편, 상대적 사회이동은 올드리지가 말했듯이 "출신 배경이 다른 사람들이 각각 다른 사회적 지위로 옮겨 갈 [상대적] 가능성과 관계 있다."* 골드소프와 그의 공동 연구자들은 "20세기 후반의 몇십 년 동안, 특히 남성의 경우에 상대적 사회이동에서 통계적으로 의미 있는 변화의 증거를 찾지 못했다."

---

* 상대적 이동은, 예컨대 노동계급 출신이 중간계급 출신과 비교해 자본가계급으로 이동할 상대적 가능성을 따지는 것으로, 농민의 감소나 서비스 노동자의 증가 같은 계급 구조 자체의 변화와 상관없이 그 사회에서 계급 간 이동이 얼마나 활발한지를 보여 준다고 한다.

특권

예전에 골드소프가 1907~1948년에 태어난 남성들을 연구한 결과를 보면, 20세기 중반에 "노동계급 출신 남성이 노동계급 지위가 아니라 서비스 계급 지위를 차지할 가능성은 … 서비스 계급과 중간계급 출신 남성이 노동계급 지위가 아니라 서비스 계급 지위를 차지할 가능성보다 더 나빠졌다"는 사실을 알 수 있다. 전후 노동당 정부의 각종 사회 개혁과 마거릿 대처 치하 영국 자본주의의 인정사정없는 대대적 '개혁'에도 불구하고 현대 영국에서 기회는 여전히 매우 불평등하다.

더욱이, 이렇게 뿌리 깊은 기회의 불평등은 영국만의 현상이 아니다. 올드리지에 따르면 "상대적 사회이동의 비율은 국가 간에, 또 특정 국가 내에서 서로 다른 시기에도 매우 높은 유사성을 보여 준다. 차이가 있다고 해도 별로 크지 않다. '예외적' 국가가 있다는 주장(미국은 확실히 '개방적' 또는 '유동적' 사회라거나 영국은 보기 드물게 '경직된' 사회라는 주장)을 뒷받침하는 증거는 없다(미국과 영국 모두 실제로는 상대적 사회이동 패턴이 매우 비슷하다)."

분명히, 이런 불평등을 어떻게 다룰 것인지는 불평등의 원인을 보는 관점에 달려 있다. 올드리지는 상류층 사람들이 자신의 특권을 자녀에게 물려주는 능력을 강조한다. 진정한 능력주의 사회에서는 상향 이동뿐 아니라 하향 이동도 얼마든지 가능할 것이다. 다시 말해, 상류층의 자녀라 해도 재능이 없으면 사회구조의 아래로 전락할 것이다. 그래서 재능 있는 하층계급 자녀에게 [상향 이동의] 기회가 생길 것이다.

그러나 20세기 영국에서 일어나지 않은 일이 바로 그것이다. 올드리지가 인용한 연구 결과들은 다음과 같은 사실을 보여 준다. "지난 세기의 대부분 기간에 상층계급 사이에서 하향 사회이동은 감소했다. … 똑똑한 노동계급 자녀들의 성공을 가로막는 장벽은 아주 낮은 반면에, 우둔한 중간계급 자녀들이 실패를 맛보지 않게 해 줄 보호 장치들은 아주 강력하다."

그 근저에는 중간계급 가족들의 축적된 자본이 있다고 올드리지는 넌지시 말한다. 이 자본은 단지 돈만 가리키는 것이 아니다. 피에르 부르디외는 '문화 자본'의 중요성을 지적했다. 즉, 중간계급 자녀들은 타고난 이점이 있다는 것이다. 중간계급 가정에서 나고 자라면서 어린 시절부터 지배적 문화를 접할 수 있고, 따라서 종합학교와 대학교 같은 이른바 '개방된' [교육]기관들에서 경쟁 우위도 확보할 수 있기 때문이다.

한편, 귀족형 사립학교의 구실도 바뀌어서 이제는 명문대 진학을 좌우하는 입시에 대비하도록 학생들을 훈련시키는 데 집중한다. 앤서니 히스와 신이청[같은 사회학자들]에 따르면 "사립학교는 이제 각 대학교가 운영하는 '학력' 시스템에 대체로 순응하게 됐다"고 한다. 그래서 "이제 더는 연줄에 의지해 명문대에 입학할 수 없게 된 학생들로 하여금 [대학 입시에] 필수적인 에이 레벨* 학점을 취득하게 만든다."

올드리지는 이런 상황을 바꾸기 위해 정부가 추진할 수 있는 정책을 두 가지로 구분한다. 첫째는 '약한 능력주의'를 촉진하기 위한 것으로, 상향 사회이동을 가로막는 장벽들을 제거하는 데 초점을 맞춘 정책이다. 둘째는 '강한 능력주의' 사회를 달성하기 위해 상향 사회이동을 쉽게 하는 데서 더 나아가 "우둔한 중간계급 자녀들의 하향 사회이동을 가로막는 장벽들을 낮추려고 적극적으로 노력하는 것이다."** 이 둘째 정책에는 다음과 같은 것들이 포함될 수 있다.

- 가장 좋은 공립학교 입학을 좌우하는 요인인 학군 지역 가중치를 줄일 것(이것은 중간계급 부모들이 적절한 지역으로 이사해서 자녀에게 좋은 교육을 돈으로 사 줄 여지를 줄이려는 것이다).

---

* 에이 레벨(A Level) 영국의 대입 준비생들이 보통 18세 때 치르는 과목별 상급 시험.

** 약한 능력주의는 기회와 과정에서 차별이 없어야 한다는 것으로, 예컨대 차별금지법 같은 제도를 통해 기회의 평등과 능력에 따른 보상이 이뤄지게 하자는 주장이다. 강한 능력주의는 더 적극적인 평등을 추구하는 것으로, 형식적 차별뿐 아니라 (재산)상속이나 교육 환경, 가정환경의 불평등도 개인의 능력 발휘를 가로막는 장애물이라고 여겨 교육개혁이나 상속 폐지 등을 주장한다.

- 투자 소득과 재산에 대한 세율 인상
- 소득세율 인상
- 상속 폐지

이런 방안들이 담긴 올드리지의 발제문이 [2001년] 4월 27일자 〈가디언〉 1면에 보도됐을 때, 토니 블레어와 [총리 공보 비서관] 앨러스테어 캠벨은 거의 까무러쳤을 것이다. 지난 선거운동 때 그들은 [우파 신문] 〈데일리 메일〉을 읽는 보수당 지지자들의 표를 얻기 위해서 애썼는데, (투자)소득세율을 올리고 상속을 폐지한다는 것은 결코 보수 유권자들의 마음에 들지 않을 것이기 때문이다.

바로 다음 날 〈파이낸셜 타임스〉는 "사회적 평등 보고서, 블레어에게 퇴짜 맞다"라는 머리기사를 1면에 내보냈다. 총리 대변인은 그 발제문이 "성과혁신실에서 일하는 한 개인의 의견을 표현한 것일 뿐, 정부 정책이 아니다" 하고 해명했다. 확실히 그렇긴 하지만, 올드리지의 발제문은 3월 [20일 성과혁신실이 주최하고] 제프 멀건이 주재한 세미나에서 발표됐고, 그 세미나에는 기든스, 골드소프 같은 다양한 학자들과 주요 정부 부처를 대표하는 공무원과 보좌관들도 참석했다. 한 개인의 어리석은 생각이 아니었던 것이다.

부의 재분배

이 에피소드는 신노동당이 직면한 심각한 모순을 분명히 보여 준다. 능력주의는 매력적이지 않은 얄팍한 이상이다. 능력주의가 정말로 실행된다면, 재능 있는 자들이 모든 것을 차지하는 '승자 독식 사회'로 쉽사리 귀결될 수 있다. 《능력주의의 발흥》(1958)에서* 마이클 영은 능력주의 사회의 긴장이 폭발해서 혁명이 일어나는 과정을 묘사했다.

그러나 능력주의 사회라도 달성하려면, 부와 소득의 대규모 재분배와 특권에 대한 단호한 공격이 필요할 것이다. 토니 블레어와 고든 브라운이 이끄는 정부가 그런 정책을 추진한다는 것은 결코 상상도 할 수 없다. 그 점은 소득세의 기본 세율이나 최고 세율을 올리지 않겠다는 그들의 선거 공약이 잘 보여 준다.

이것이 의미하는 바는 어떤 공공 지출 증가라도 (가난한 사람들에게 더 불리한) 부가가치세 같은 역진적 간접세를 인상해서 자금을 조달하겠다는 것이다. 통계청 자료를 보면, 하위 20퍼센트 가구는 일반적으로 가계소득의 41.4퍼센트를 세금으로 내는 반면, 상위 20퍼센트는 36.5퍼센트를 내는 것이 현재 상황이

---

* 국역: 《능력주의》, 이매진, 2020. 이 책은 노동당 정치인이자 사회학자가 쓴 일종의 풍자소설이다.

다. 더욱이, 하위 80퍼센트 가구는 1997~1998년 이후 세금으로 나가는 소득의 비율이 상승한 반면 상위 20퍼센트는 하락했다(《가디언》 2001년 4월 18일 자).

실질적 평등을 달성하려면 올드리지가 제안한 것보다 훨씬 더 멀리 가야 할 것이다. 영국은 물론 다른 선진 자본주의 국가들에서, 또 전 세계에서도 지난 20여 년 동안 세계경제의 가차 없는 신자유주의적 구조조정으로 말미암아 빈부 격차를 키우는 엔진이 계속 가동됐다. 경쟁적 축적과 이윤에 대한 제약들이 없어진 덕분에 기업주들은 자신들의 물질적 보상을 늘리고 많은 노동자의 임금을 깎아내릴 수 있었다. 다른 많은 사람들은 아예 빈곤 속에서 썩어 문드러지도록 그냥 방치됐다.

이런 상황에 도전한다는 것은 소득과 부의 재분배 이상을 의미할 것이다. 현재 지구의 생산적 자원을 통제하고 있는 한 줌의 다국적기업들한테서 그 자원을 빼앗아야 할 것이고 경쟁적 축적의 논리와는 다른 사회적 논리에 따라 그 자원을 사용하는 쪽으로 방향을 전환해야 할 것이다. 그러나 신노동당의 철학에서는 그런 변화를 꿈도 꿀 수 없을 것이다.

후주

1장 오늘날의 불평등

1 United Nations Development Programme (이하 UNDP), *Human Development Report 1999* (New York, 1999), p 3.

2 같은 책, pp 37, 38, 그리고 *Guardian*, 12 and 14 July 1999.

3 UNDP, *Human Development Report 1999*, pp 36, 39. 지니계수는 경제학자들이 소득분포의 불평등도를 측정할 때 사용한다. 지니계수가 1에 가까울수록 불평등이 심하고 0에 가까울수록 평등하다고 판단한다.

4 *Libération*, 5 August 1999.

5 UNDP, *Human Development Report 1999*, pp 37, 39.

6 K Phillips, *The Politics of Rich and Poor* (New York, 1991), p 10.

7 E Luttwak, *Turbo-Capitalism* (London, 1999), p 67.

8 HM Treasury, *Tackling Poverty and Extending Opportunity*, March 1999, p 17.

9 S P Jenkins, 'Income Dynamics in Britain 1991-6', in *Persistent Poverty and Lifetime Inequality: The Evidence*, CASEreport 5/HM Treasury Occasional Paper No 10, March 1999, p 4.

10 M B Stewart, 'Low Pay, No Pay Dynamics', 같은 책, p 76.

11 R Dickens, 'Wage Mobility in Great Britain', 같은 책, p 80.

12 *Tackling Poverty and Extending Opportunity*, p 31.

13 T Nagel, *Equality and Partiality* (New York, 1991), p 90. G A 코헨도 *Self-Ownership, Freedom, and Equality* (Cambridge, 1995)에서, 특히 머리말과 6장에서 마르크스의 계급 이론은 진부하다고 주장할 때 똑같은 가정에 의존한다(다만 명시적으로 옹호하지는 않는다).

14 E O Wright, 'Inequality', in *Interrogating Inequality* (London, 1994)도 참조.

15 G A Cohen, 'Back to Socialist Basics', in J Franklin, ed, *Equality* (London, 1997), p 41.

16 UNDP, *Human Development Report 1999*, pp 61-6.

17 D Piachaud, 'Wealth by Stealth', *Guardian*, 1 September 1999.

18 *Financial Times*, 5 July 1999.

19 J Pullinger, ed, *Social Trends 28* (London, 1998), p 100과 Figure 5.17.

20 Luttwak, *Turbo-Capitalism*, pp 95-6.

21 R Brenner, 'Uneven Development and the Long Downturn', *New Left Review*, 229 (1998), pp 191-2[국역: 《혼돈의 기원》, 이후, 2001].

22 J Madrick, *The End of Affluence* (New York, 1997), pp 16-17.

23 같은 책, pp 139-42 (인용문은 p 142에 나온다).

24 W Hutton, *The State We're In* (London, 1995), pp 109, 108.

25 P Bourdieu, *Contre-feux* (Paris, 1998), pp 95, 96-7, 99[국역: 《맞불》, 동문선, 2004].

26 Nagel, *Equality and Partiality*, p 5.

27 D Goodhart, 'Don't Mind the Gap', *Prospect*, August/September 1999, p 12. 이 글을 마이클 프라우스가 쓴 훨씬 더 사려 깊은 글 'Mind the Gap', *Prospect*, January 2000과 비교해 보라.

28 D Healey, *The Time of My Life* (London, 1990), p 369에서 인용. 그러나 힐리는 당시 자신이 "곡소리가 날 때까지 부자들을 쥐어짤" 계획이라고 말했다는 것을 부인한다.

29 'Europe: The Third Way/Die Neue Mitte — Tony Blair and Gerhard Schröder', 8 June 1999, www.labour.org.uk, p 5.

30 N Bobbio, *Left and Right* (Cambridge, 1996), pp 60, 82[국역: 《제3의 길은 가능한가》, 새물결, 1998].

31 그렇다고 해서 내가 보비오의 주장을 모두 받아들이는 것은 아니다. 예컨대, 보비오는 극좌파와 극우파는 좌파와 우파의 차이를 뛰어넘어 서로 통한다고 주장한다. 즉, 온건 좌파와 온건 우파는 민주주의와 자유를 지지하는 반면 극좌파와 극우파는 모두 반대한다는 점에서 극과 극은 서로 통한다는 것이다. 같은 책, p 20 이하 참조. 이것은 보비오가 사회주의를 다룬 이전 저작에서 제기한 중요한 문제를 회피하는 것이다. 사회주의와 다양한 형태의 민주주의 사이의 관계를 다르게 보는 견해는 A Callinicos, *The Revenge of History* (Cambridge, 1991)[국역: 《역사의 복수》, 백의, 1993] 4장 참조.

32 T Blair, Speech to the Labour Party Conference, 28 September 1999, www.lab.org.uk, p 4.

33 롤스 자신은 "[정의의 — 캘리니코스] 두 가지 원칙이 평등주의 형태의 자유주의를 표현한다"고 말한다. *Political Liberalism* (expanded edn, New York, 1996), p 6[국역: 《정치적 자유주의》, 동명사, 2016] 참조. 또, R Dworkin (1978) 'Liberalism', reprinted in M Sandel, ed, *Liberalism and its Critics* (Oxford, 1984)도 참조.

34 이런 차이에 관한 논의와 설명은 S Scheffler, 'Responsibility, Reactive Attitudes, and Liberalism in Philosophy and Politics', *Philosophy & Public Affairs*, 21 (1992) 참조.

35 J Bidet, *Théorie générale* (Paris, 1999), p 9.

36 B Barry, *Justice as Impartiality* (Oxford, 1995), p 214.

37 J Lloyd, 'Prepare Ye the Way of Blair', *New Statesman*, 10 May 1999, p 25.

38 K Marx, *Capital*, I (Harmondsworth, 1976), p 90[국역: 《자본론 1》, 비봉, 2015].

39 사실 앞에서 평등주의적 자유주의자로 열거한 이론가들 중에서 두 명, 즉 코헨과 로머는 마르크스주의자 출신이다. 그들은 분석 마르크스주의로 알려진 경향의 주요 대표자다. 나는 이 경향이 스스로 마르크스주의 전통을 갱신했다고 주장하는 것에 대해 상당히 회의적이지만, 그렇다고 해서 코헨과 로머가 규범적 정치철학자로서 기여한 바가 덜 중요해지는 것은 아니다.

40 이런 의미에서 앤드루 갬블이 "마르크스주의는 자유주의를 부정하는 것이 아니라 실현하려는 노력을 나타낸다"고 말한 것은 옳다. 'Why Bother with Marxism?', in A Gamble et al, eds, *Marxism and Social Science* (Houndmills, 1999), p 4 참조.

2장 평등과 혁명

1 C Hill, *The Century of Revolution, 1603-1714* (London, 1969), p 119에서 인용.

2 T Jefferson, *Writings* (New York, 1984), pp 19, 1517 (1826년 6월 24일 웨이트먼에게 보낸 편지).

3 토크빌의 모더니티 분석에 관한 더 자세한 논의는 A Callinicos, *Social Theory* (Cambridge, 1999), pp 67-72[국역: 《사회 이론의 역사》, 한울, 2015] 참조.

4 Boswell, *Life of Johnson* (Oxford, 1980), p 876.

5 É Balibar, '"Droits de l'homme" et "droits du citoyen": La Dialectique moderne de l'égalité et de la liberté', *Actuel Marx,* 8 (1990), pp 20, 21, 22[국역: "'인권'과 '시민권': 평등과 자유의 현대적 변증법", 《인권의 정치와 성적 차이》, 공감, 2003].

6 같은 책, p 23. 여기서 발리바르는 마르크스의 다음과 같은 주장을 인용하고 있다. "노동계급의 해방은 노동계급 스스로 쟁취해야 한다." Marx and Engels, *Selected Correspondence* (Moscow, 1965), p 327.

7 Balibar, '"Droits de l'homme" et "droits de citoyen"', p 23.

8 J Bidet, *Théorie générale* (Paris, 1999), pp 34, 35.

9 같은 책, p 38.

10 K Marx, *Capital* (3 vols, Harmondsworth, 1976-81), I, p 152.

11 비데는 메타구조가 아니라 사회구조에서 시작하는 것은 계약관계를 "'이데올로기적 상부구조', … 즉 실제 (힘의) 관계를 은폐하는 단순한 표면적 형식"으로 환원하는 것이라고 주장한다. *Théorie générale*, p 34, n 11 (같은 책, pp 146-7도 참조). 그러나 현대사회를 무엇보다도 불평등한 [사회]구조의 견지에서 분석해야 한다고 주장하는 것과, '평등자유 명제'를(더 일반적으로는 모종의 평등주의적 규범 이론을) 여느 윤리 명제처럼 옳다고 받아들이는 것 사이에는 아무런 모순도 없다. 바로 그것이 내가 이 책에서 취하는 입장이다.

12 T Zeldin, *France 1848-1945: Ambition and Love* (Oxford, 1979), pp 199-200.

13 K Marx, *Capital*, I, p 280.

14 같은 책, pp 279, 272-3, 382.

15 K Marx, 'Critique of the Gotha Programme', in Marx and Engels, *Collected Works*, XXIV (London, 1989), p 87[국역: "고타 강령 초안 비판", 《칼 맑스 프리드리히 엥겔스 저작 선집 4》, 박종철출판사, 1997].

16 Marx, *Grundrisse* (Harmondsworth, 1973), p 705[국역: 《정치경제학 비판 요강》, 그린비, 2007]. G A Cohen, Review of A Wood, *Karl Marx, Mind*, 92 (1983) 참조.

17 N Geras, 'The Controversy about Marx and Justice', in A Callinicos, ed, *Marxist Theory* (Oxford, 1989), p 245. J Elster, *Making Sense of Marx* (Cambridge, 1985)[국역: 《마르크스 이해하기》, 나남, 2015] 4장에 나오는 유용한 논의도 참조.

18 Marx, 'Critique of the Gotha Programme', p 87.

19 Marx, *Capital*, III, p 911[국역: 《자본론 3》, 비봉, 2015]. Geras, 'The Controversy about Marx and Justice', pp 255-6 참조.

20 G B Shaw, *The Intelligent Woman's Guide to Socialism and Capitalism* (London, 1928), p 19[국역: 《지적인 여성을 위한 사회주의 자본주의 안내서》, 서커스, 2021].

21 R H Tawney, *Equality* (4th edn, London, 1952), p 36[국역: 《평등》, 한길사, 1982]. 버트에 관해서는 S J Gould, *The Mismeasure of Man* (Harmondsworth, 1984)[국역: 《인간에 대한 오해》, 사회평론, 2003] 참조.

22 Tawney, *Equality*, pp 84, 111, 117.

23 같은 책, pp 118, 126-7. 토니가 여러 산업을 공적 소유로 만드는 기준을 더 자세히 제시한 pp 208-9도 참조.

24 C A R Crosland, *The Future of Socialism* (London, 1956), p 113.

25 같은 책, pp 205, 214, 208, 209, 210-11. 또, 같은 책, p 296 이하도 참조. 나는 크로스랜드가 제시한 논거의 순서를 바꿨다.

26 같은 책, pp 520-4 (인용문은 p 524에 나온다).

27 Tawney, *Equality*, p 157.

28 예컨대, C Price, 'Education Secretary', in D Leonard, ed, *Crosland and New Labour* (Houndmills, 1999) 참조.

3장 평등과 철학자들

1 G Brown, 'Equality — Then and Now', in D Leonard, ed, *Crosland and New Labour* (Houndmills, 1999), p 37. 실제로 브라운을 비롯해 이 책에 실린 많은 글의 필자들은 크로스랜드의 주장을 원용해서 신노동당을 지지하려고 무던히 애를 쓴다. [그러나 학자 출신의 노동당 상원 의원] 레이먼드 플랜트의 신중한 글 "크로스랜드, 평등, 신노동당"은 오히려 크로스랜드와 신노동당의 차이를 강조한다.

2 C A R Crosland, *The Future of Socialism* (London, 1956), pp 101-3 (인용문은 p 101에 나온다).

3 'Europe: The Third Way/Die Neue Mitte — Tony Blair and Gerhard Schröder', 8 June 1999, www.labour.org.uk, p 1.

4 A Carling, 'New Labour's Polity', *Imprints*, 3 (1999), p 217. G A Cohen, *Self-Ownership, Freedom and Equality* (Cambridge, 1995), pp 260-2, A Carling, 'What Do Socialists Want?', in M Cowling, ed, *Marxism, the Millennium and Beyond* (Houndmills, 근간)도 참조. 아직 출간되지 않은 책에 실릴 글을 나에게 보여 준 지은이 칼링에게 감사한다.

5 나는 사회주의를 이런 가치들로 환원할 수 없다고 생각한다는 점을 분명히 해 둬야겠다. 마르크스주의 전통에서 사회주의는 하나의 사회체제, (더 정확히 말하면) 자본주의와 공산주의라는 두 생산양식을 연결하는 과도기적 형태다. 그러나 앞에서 열거한 가치들이 이 과도기적 형태에서 실현되는 것으로 볼 수도 있다.

6 브라이언 배리는 사회주의를 평등과 동일시하는 견해를 다음과 같이 비판한다. "[내가 '사회주의는 평등이다'라는 생각과 결별하는 방법은 사회주의를 사회정의 더하기 집산주의로 정의하는 것이다. 즉, '평등'을 '사회정의'로 대체하고 집산주의를 추가하는 것이다. 평등은 사회주의의 분명한 목표를 표현하기에는 불충분하다.] 만약 평등을 근본적 평등(모든 인간을 평등하게 고려해야 한다는 것)으로 받아들이면, 사회주의와 자유주의가, 또는 사실상 (인종차별적이지 않은) 대다수 형태의 현대 보수주의와 사회주의가 구분되지 않는다. 물질적 평등으로 받아들이는 것도 옳지 않다. 왜냐하면 완전한 물질적 평등을 지지하는 사회주의자는 예나 지금이나 거의 없기 때문이다." *Does Society Exist?* (London, 1989), p 17. 그러나 배리는 계속해서 "상대적 평등"이 "사회정의에 대한 충분한 설명에서 추론할 수 있는 원리"라고 말하기 때문에, 사회주의는 "사회정의 더하기 집산주의"라는 그의 사회주의 개념이 칼링이 열거한 두 가지 가치(평등과 공동체)와 크게 다른 것처럼 보이지는 않는다.

7 G Brown, 'In the Real World', *Guardian*, 2 August 1996.

8 J Lloyd, 'Iron Will, Steely Intellect', *New Statesman & Society*, 24 May 1996, p 8.

9 예컨대, 앤드루 해커가 흑인들의 불리한 처지를 체계적으로 조사·연구한 책 *Two Nations* (New York, 1993) 참조.

10 Carling, 'New Labour's Polity', p 233. J Roemer, *Equality of Opportunity*

(Cambridge, MA, 1998), p 1도 참조.

11 Brown, 'Equality', pp 43, 44.

12 A Giddens, *The Third Way* (Cambridge, 1998), p 103[국역: 《제3의 길》, 책과함께, 2014].

13 Carling, 'New Labour's Polity', p 234 n 40.

14 같은 책, pp 233, 234. 기든스의 《제3의 길》에 대한 칼링의 뛰어난 비판 외에 나도 'Social Theory Put to the Test of Politics: Pierre Bourdieu and Anthony Giddens', *New Left Review,* 236 (1999), pp 79-85에서 기든스의 책을 다뤘다.

15 A Giddens, 'Why the Old Left is Wrong on Equality', *New Statesman,* 25 October 1999, p 25.

16 G A Cohen, 'Back to Socialist Basics'. 이 글은 원래 *New Left Review,* 207 (1994)에 실렸지만, 나는 J Franklin, ed, *Equality* (London, 1997), p 34에 재수록된 글에서 인용했다. 또 3장의 뒷부분도 참조.

17 Lloyd, 'Iron Will, Steely Intellect', p 9.

18 J Bentham, *An Introduction to the Principles of Morals and Legislation* (London, 1982), pp 12-13[국역: 《도덕과 입법의 원칙에 대한 서론》, 아카넷, 2013].

19 J S Mill and J Bentham, *Utilitarianism and Other Essays* (A Ryan, ed, Harmondsworth, 1987), p 336.

20 J Rawls, *A Theory of Justice* (Oxford, 1972), p 26[국역: 《정의론》, 이학사, 2003].

21 같은 책, pp 26-7.

22 H J Paton, *The Moral Law: Kant's Groundwork of the Metaphysics of Morals* (London, 1972), p 71. Rawls, *Theory of Justice,* pp 179-83도 참조.

23 R Nozick, *Anarchy, State, and Utopia* (Oxford, 1974), pp 31, 32[국역: 《아나키에서 유토피아로》, 문학과지성사, 1997].

24 B Barry, *Justice as Impartiality* (Oxford, 1995), p 201. 그러므로 롤스를 "권리에 근거한 윤리"의 주창자로 묘사하는 것은 오해의 소지가 있다(마이클 샌델은 그렇게 묘사한다). Introduction to M Sandel, ed, *Liberalism and Its Critics* (Oxford, 1984), p 3 이하 참조.

25 Rawls, *Theory of Justice*, p 137.

26 같은 책, p 128.

27 J Rawls, *Political Liberalism* (expanded edn; New York, 1996), p 258.

28 같은 책, p 181.

29 Rawls, *Theory of Justice*, p 302.

30 Barry, *Justice as Impartiality* 외에 T Nagel, *Equality and Partiality* (New York, 1991), T M Scanlon, *What We Owe to Each Other* (Cambridge, MA, 1998)[국역: 《우리가 서로에게 지는 의무》, 한울, 2008]도 참조.

31 Rawls, *Theory of Justice*, pp 62, 303.

32 같은 책, pp 311-12, 101-2. 내가 보기에, 개인의 타고난 재능이 개인의 소유인지 아닌지 하는 규범적 문제는 이런 재능을 만들어 내는 데서 유전적 자질이 더 중요한지 사회적 환경이 더 중요한지 하는 인과적 문제와 관계없다.

33 Nozick, *Anarchy, State, and Utopia*, pp 183-230. 노직의 롤스 비판은 사실 코헨이 "자기 소유권 테제"라고 부른 것에 의존한다. 그 테제는 "개인은 저마다 자기 신체와 능력을 도덕적으로 정당하게 소유하는 존재라는 것, 따라서 다른 사람들을 공격하는 데 사용하지 않는 한 자기 능력을 마음대로 사용할 (도덕적) 자유가 있다는 것"이다. 이런 주장에 관한 폭넓은 비판적 논의는 Cohen, *Self-Ownership, Freedom, and Equality* 참조(인용문은 p 67에 나온다).

34 Rawls, *Theory of Justice*, p 244. 또, 같은 책, pp 541-8도 참조.

35 같은 책, pp 225, 226.

36 M-A Waters, ed, *Rosa Luxemburg Speaks* (New York, 1970), p 393.

37 Rawls, *Political Liberalism*, pp lviii n 34, lviii-lxix. 자유주의적 정의관의

두 조건은 첫째는 자유들 자체, 둘째는 이 자유들의 "특별한 우선성"이다. 같은 책, p xlviii 참조. 이 모든 구절은 1995년에 출판된《정치적 자유주의》 보급판의 머리말에 나온다[초판 양장본은 1993년에 출판됐다]. 롤스는 최근에 펴낸 책 *The Law of Peoples* (Cambridge, MA, 1999)[국역: 《만민법》, 동명사, 2017] p 50에서도 똑같은 조건들을 a부터 e까지 열거했다[순서는 약간 바뀌었다]. 그러지 않았다면 이 책은 롤스가 초기의 더 보편주의적 주장들에서 후퇴했음을 나타내는 것으로 보였을 것이다.

38 J Bidet, *John Rawls et la théorie de la justice* (Paris, 1995), p 26.

39 Rawls, *Theory of Justice,* p 66.

40 Bidet, *John Rawls,* pp 26, 27.

41 Rawls, *Theory of Justice,* p 78.

42 G A Cohen, 'Incentives, Inequality, and Community', in G B Peterson, ed, *The Tanner Lectures on Human Values*, XIII (Salt Lake City, 1992). 롤스 자신은 차등 원칙과 우애 개념 사이에 중요한 연관이 있다고 본다. *Theory of Justice,* pp 105-6 참조.

43 Cohen, 'Incentives, Inequality, and Community', pp 269-70.

44 R Dworkin, 'What is Equality? Part 2: Equality of Resources', *Philosophy and Public Affairs,* 10 (1981), p 284[국역: "자원의 평등", 《자유주의적 평등》, 한길사, 2005].

45 물론 롤스가 자신의 이론이 "추상적이고 비현실적"이라는 비판에 반박하는 어조로 답변한 것을 보면 이런 도전을 어느 정도 의식하고 있음을 알 수 있다. 예컨대, *Political Liberalism,* pp lx-lxii 참조.

46 A Sen, *Inequality Reexamined* (Oxford, 1992), pp 12, 1, 3, 4[국역: 《불평등의 재검토》, 한울, 2008]. 센이 처음으로 이렇게 문제를 제기한 것은 1980년에 한 유명한 강연 "무엇의 평등인가?"에서였다. 이 강연은 센의 책 *Choice, Welfare and Measurement* (Oxford, 1982)에 재수록됐다. 흔히 그렇듯이, 이 점을 처음 지적한 사람도 아리스토텔레스였다. "다들 정의는 일종의 평등이라고 생각한다. … 그러나 여기서 간과해서는 안 될 점은 무엇의 평등이고 무엇의 불평등인가 하는 것이다." Aristotle, *The Politics*

(Chicago 1985), 3.12, p 103[국역: 《정치학》, 길, 2017]. 이 점을 나에게 알려 준 고든 핀레이슨에게 감사한다. 그건 그렇고, 보비오(와 그의 책을 영역한 옮긴이)가 센을 여성으로 여기고 있다는 사실은 영어권 세계와 유럽 대륙 지식인들의 문화적 차이를 여실히 보여 주는 듯하다. *Left and Right* (Cambridge, 1996), p 112 n 3 참조.

47 J Roemer, *Theories of Distributive Justice* (Cambridge MA, 1996) 5~8장은 비록 공리적 방법[공리를 전제로 하여 거기에서 연역적으로 이론을 구성하는 방법]을 적용한 경제 이론이 잔뜩 나오기는 하지만 최근의 논쟁들을 명쾌하게 소개한다. M Clayton and A Williams, 'Egalitarian Justice and Interpersonal Comparison', *Morell Studies in Toleration,* Discussion Paper Series No 146, University of York, April 1999도 나에게 많은 도움이 됐다.

48 Sen, 'Equality of What?', p 359.

49 G A Cohen, 'The Currency of Egalitarian Justice', *Ethics,* 99 (1989), p 912.

50 Rawls, *Theory,* pp 30-1.

51 R Dworkin, 'What is Equality? Part 1: Equality of Welfare', *Philosophy and Public Affairs,* 10 (1981), pp 228-40[국역: "복지의 평등", 《자유주의적 평등》, 한길사, 2005] (인용문은 p 228에 나온다).

52 Sen, *Inequality Reexamined,* p 55.

53 See J Elster, *Sour Grapes* (Cambridge, 1983). 로머는 이 문제를 대단히 강조한다는 장점이 있는 평등주의 이론가다. 비록 "사회 속에서 모든 개인은 상황의 벡터로 나타낼 수 있다"고 주장하면서, 상황과 선호의 관계를 너무 결정론적으로 보는 경향이 있지만 말이다. *Theories of Distributive Justice,* p 242 참조.

54 Cohen, 'Currency of Egalitarian Justice', p 931.

55 Dworkin, 'Equality of Resources', p 292.

56 같은 책, p 302.

57 Cohen, 'Currency of Egalitarian Justice', p 933.

58 Roemer, *Equality of Opportunity,* pp 19, 20. *Theories of Distributive Justice,* 7장도 참조.

59 Sen, 'Equality of What?', pp 357, 365, 368.

60 G B Shaw, *The Intelligent Woman's Guide to Socialism and Capitalism* (London, 1928), p xiv. 실제로 쇼는 개인별 차이를 인정해서, 별로 매력적이지 않은 일을 하는 사람들에게는 더 많은 여가로 보상해 줘야 한다고 주장하기도 한다. 같은 책, pp 77-9.

61 G A Cohen, 'Equality of What? On Welfare, Goods, and Capabilities', in M Nussbaum and A Sen, eds, *The Quality of Life* (Oxford, 1993), p 28.

62 Cohen, 'Currency of Egalitarian Justice', p 922.

63 Roemer, *Equality of Opportunity,* pp 1, 5.

64 Sen, 'Equality of What?', p 368. 예컨대, Sen, *Inequality Reexamined,* p 27 이하와 pp 73-87도 참조.

65 Sen, *Inequality Reexamined,* pp 39-40, 81.

66 예컨대, United Nations Development Programme, *Human Development Report 1999* (New York, 1999), pp 127-246 참조.

67 Sen, *Inequality Reexamined,* p 41.

68 같은 책, pp 22-3.

69 R H Tawney, *Equality* (4th edn; London, 1952), p 84.

70 Rawls, *Theory of Justice,* pp 325-32.

71 A Sen, 'Capability and Well-Being', in Sen and Nussbaum, eds, *The Quality of Life,* pp 47-8. M Nussbaum, 'Non-Relative Virtues: An Aristotelian Approach', in the same volume, and R W Miller, 'Marx and Aristotle: A Kind of Consequentialism', in A Callinicos, ed, *Marxist Theory* (Oxford, 1989)도 참조.

72 비록 평등주의에 대해 비판적이기는 하지만 행복을 이렇게 설명한 문헌으로는 J Raz, *The Morality of Freedom* (Oxford, 1986) 참조.

73 Cohen, 'Equality of What?', p 18. Cohen, 'Amartya Sen's Unequal

World', *New Left Review,* 203 (1994)도 참조.

74 Cohen, 'Equality of What?', p 28. Cohen, 'Currency of Egalitarian Justice', pp 920-1도 참조.

75 Sen, 'Capability and Well-Being', p 46.

76 R Arneson, 'Equality and Equal Opportunity for Welfare', *Philosophical Studies,* 56 (1989), pp 90-2 (인용문은 p 92에 나온다).

77 같은 책, pp 82, 83, 93 n 19. Roemer, *Theories of Distributive Justice,* p 268 참조. 아너슨은 엘리자베스 앤더슨이 '운 평등주의'(다음 절 참조)를 비판한 글에 관한 최근 논평에서 "인간의 삶에서 객관적으로 가치 있거나 선택할 만한 것의 성취"로 이해되는 행복을 분배 정의의 근본적 척도로 제시하기까지 한다(p 2). http://www.brown.edu/Departments/Philosophy/bears/9904arne.html. R Arneson, 'Equality of Opportunity For Welfare Defended and Recanted', *Journal of Political Philosophy,* 7 (1999)도 참조.

78 Roemer, *Theories of Distributive Justice,* p 309.

79 이 문제에 관한 더 깊은 논의는 A Callinicos, *Making History* (Cambridge, 1987)[국역: 《역사와 행위》, 나남, 1997] 3장 참조.

80 Commission on Social Justice, *The Justice Gap* (London, 1993), pp 13, 6. 데이비드 밀러는 최근에 그런 정치철학 개념을 더 신중하게 옹호하려 하면서 다음과 같이 주장했다. "규범적 정의 이론은 … 정의에 대한 일상적 신념과 관련된 우리의 증거에 부합하는지를 통해 부분적으로 검증돼야 한다. 이렇게 보면, 정의 이론은 (겉보기에 어느 정도 모호하고 혼란스럽고 모순된) 일상적 신념 체계의 심층 구조를 이해하기 쉽게 해 준다." *Principles of Social Justice* (Cambridge, MA, 1999), p 51. 그러나 밀러 자신이 말하듯이 그의 접근법은 다음과 같은 반론에 취약하다. "정의를 이렇게 보는 것은 그 가장 기본적인 비판적 기능을 포기하는 것이다. 즉, 우리의 이론은 (사회적 신념을 포함한) 사회 전체가 근본적으로 부정의하다고 판단할 수 없게 된다"(p 279 n 16). 맞는 말이다. 사실 밀러가 이 책에서 대강 설명한 정의 이론은 그 이론이 설명한다고 하는 상식적 신념과 매우 거리가 멀다.

그만큼 밀러는 단지 상식적 신념에 호소해서 자신의 이론을 입증할 수 없다. 다시 말해, 그는 롤스를 비롯한 평등주의적 자유주의자들이 정의에 대한 우리의 직관을 수정하려 한다는 이유로 비판하지만 실제로는 그들과 같은 배를 타고 있는 셈이다.

81 E S Anderson, 'What is the Point of Equality?', *Ethics,* 109 (1999), pp 308, 311, 310.

82 같은 책, pp 297-8, 301.

83 앤더슨의 비판에는 명백한 모순도 있다. 앤더슨이 자원 평등주의자들과 복리 평등주의자들은 모두 "평등을 측정하는 핵심 구실을 주관적 선호"에 부여한다고 비판하는 것은 옳지만(같은 책, p 294), 그들이 개인을 스스로 선택한 해로운 결과에서 보호하려 드는 것을 온정주의라고 비난하는 것은 문제다(pp 300-1). 앞 절에서 봤듯이, 모름지기 비판적 정치 이론이라면 개인의 현실적 선호가 항상 그 개인의 이해관계를 정확히 반영하는 지침은 아니라는 사실을 인정해야 한다. 앤더슨 자신도 똑같은 점을 지적한다. "개인이 다른 사람에게 차별당하면서도 스스로 행복하게 살고 있다고 생각하더라도 그 차별의 지속이 정당해지는 것은 아니다"(같은 책, p 304).

84 마르크스는 자본가가 생산에 기여할 수도 있지만 그것은 어느 생산과정에든 필요한 감독과 관리 기능을 할 때뿐이고, 이런 기능이 자본의 본질에 고유한 것도 아니고 자본가가 얻는 수익도 이런 기능에 대한 보상이 아니라고 주장한다. *Capital,* I (Harmondsworth, 1976), pp 448-51 참조.

85 J Roemer, 'Should Marxists be Interested in Exploitation?', in Roemer, ed, *Analytical Marxism* (Cambridge, 1986). J Roemer, *A General Theory of Exploitation and Class* (Cambridge, MA, 1982)와 *Free to Lose* (London, 1989)도 참조.

86 Nagel, *Equality and Partiality,* pp 98-9.

87 Marx, 'Critique of the Gotha Programme', in Marx and Engels, *Collected Works,* XXIV (London, 1989), p 86. 다음 절도 참조.

88 Marx, *Capital,* I, p 898. G A Cohen, 'The Structure of Proletarian Unfreedom', in Roemer, ed, *Analytical Marxism,* and *Self-*

Ownership, Freedom, and Equality, 8장과 J Elster, *Making Sense of Marx* (Cambridge, 1985), 4장도 참조. 코헨이 쓴 위의 두 글은 대단히 명쾌하지만, 나는 둘째 글이 포함된 책의 대부분에서 그가 개인은 자기를 소유한다는 자유지상주의 사상(노직과 로크가 모두 주장한다)과 마르크스의 착취 이론 사이의 기이한 연관을 다루겠다며 장황한 논쟁에 스스로 얽매이는 것을 보고 당황스러웠다는 사실을 고백해야겠다. 이 논쟁의 거품을 빼는 아주 분별력 있는 글은 B Barry, 'You Have to be Crazy to Believe It', *Times Literary Supplement,* 25 October 1996 참조.

89 E O Wright, *Interrogating Inequality* (London, 1994), p 40.

90 A M Shaikh and E A Tonak, *Measuring the Wealth of Nations* (Cambridge, 1994), pp 146-51.

91 R Brenner, 'Uneven Development and the Long Downturn', *New Left Review,* 229 (1998), p 3.

92 E O Wright, *Class Counts* (Cambridge, 1997)은 착취에 바탕을 둔 계급 이론을 오늘날 자본주의 사회의 표본에 체계적으로 적용하려고 노력한 주요 저작이다.

93 Rawls, *Theory of Justice,* pp 312, 313.

94 Commission of Social Justice, *The Justice Gap,* pp 13, 43. 사회정의위원회를 비판하는 주장은 Cohen, 'Back to Socialist Basics', pp 37-41 참조.

95 D Miller, 'What Kind of Equality Should the Left Pursue?', in Franklin, ed, *Equality,* pp 89, 91. B Williams, 'Forward to Basics', 같은 책, pp 51-3, and Miller, *Principles of Social Justice,* 7장도 참조.

96 Miller, 'What Kind of Equality', p 92.

97 Scanlon, *What We Owe to Each Other,* 6장은 책임에 관한 중요한 설명을 하고 있다.

98 D Miller, *Market, State, and Community* (Oxford, 1989), pp 157, 162.

99 밀러는 다른 곳에서 이 점을 인정한다. 같은 책, pp 146-50 참조.

100 같은 책, p 174.

101 내가 코헨의 미출간 원고 'David Miller on Market Socialism and Distributive Justice', October 1989를 읽어 본 것이 밀러의 주장을 검토할 때 큰 도움이 됐다.

102 F A von Hayek, *The Constitution of Liberty* (London, 1960), p 94[국역: 《자유헌정론》, 자유기업센터, 1997]. 하이에크에 대한 전혀 설득력 없는 비판은 Miller, *Principles of Social Justice,* pp 182-9 참조.

103 Miller, *Market, State, and Community,* p 172 n 30.

104 Marx, 'Critique of the Gotha Programme', pp 86, 87.

105 Marx, *Capital,* I, pp 298-300.

106 P Stephens, *Politics and the Pound* (London, 1997), 10장 참조.

107 유행하는 '위험 사회' 개념에 관한 비판적 논의는 A Callinicos, *Social Theory* (Cambridge, 1999), pp 299-305 참조.

108 Miller, *Market, State, and Community,* pp 195, 197, 199.

109 É Balibar, '"Droits de l'homme" et "droits du citoyen": La Dialectique moderne de l'égalité et de la liberté', *Actuel Marx*, 8 (1990), p 31.

110 예컨대, R Rorty, *Contingency, Irony, and Solidarity* (Cambridge, 1989)[국역: 《우연성, 아이러니, 연대》, 사월의책, 2020].

111 Marx, 'Critique of the Gotha Programme', pp 86-7.

112 Sen, *Inequality Reexamined,* p 121.

113 N Fraser, 'From Redistribution to Recognition?', *New Left Review,* 212 (1995), pp 70, 71[국역: "재분배에서 인정으로?", 《불평등과 모욕을 넘어》, 그린비, 2016].

114 같은 책, p 72.

115 특히 I M Young, 'Unruly Categories: A Critique of Nancy Fraser's Dual Systems Theory', *New Left Review,* 222 (1997)[국역: "제멋대로의 범주들", 《불평등과 모욕을 넘어》, 그린비, 2016]과 N Fraser, 'A Rejoinder to Iris Young', 같은 책, 223 (1997)[국역: "폴리안나 원칙에 반대하며", 《불평등과

모욕을 넘어》, 그린비, 2016] 참조.

116 분배의 부정의와 인정의 부정의의 상호작용을 강조하는 것이 곧 설명의 우선순위에 관한 주장을 의미하는 것은 아니라는 점을 분명히 해야겠다. 다시 말해, 예컨대 인종차별은 경제적 박탈을 수반한다고 말한다고 해서 반드시 이런 박탈(이나 박탈이 일어나는 경향)이 인과적으로 또는 기능적으로 인종차별을 설명해 준다는 말은 아니다. 그러나 내 생각에 후자의 주장이 사실이라는 것에는 중요한 의미가 있다. A Callinicos, *Race and Class* (London, 1993)[국역: 《인종차별과 자본주의》, 책갈피, 2020], and 'History, Exploitation, and Oppression', *Imprints,* 2 (1997) 참조.

117 J Butler, 'Merely Cultural', *New Left Review,* 227 (1998)[국역: "단지 문화적인", 《불평등과 모욕을 넘어》, 그린비, 2016], and N Fraser, 'Heterosexism, Misrecognition and Capitalism: A Reply to Judith Butler', 같은 책, 228 (1998)[국역: "이성애 중심주의, 무시 그리고 자본주의", 《불평등과 모욕을 넘어》, 그린비, 2016].

118 Fraser, 'From Redistribution to Recognition', pp 86-91.

119 앤 필립스는 *Which Equalities Matter?* (Cambridge, 1999)에서 이 문제들을 신중하게 논의한다.

120 Barry, *Equality as Impartiality,* p 3 이하, and Scanlon, *What We Owe to Each Other,* 7장* 참조.

4장 평등과 자본주의

1 J Roemer, *Equality of Opportunity* (Cambridge, MA, 1998), pp 74-83.

2 A Ryan, 'Britain: Recycling the Third Way', *Dissent,* Spring 1999, p 77. W G Runciman, 'Diary', *London Review of Books,* 10 December 1998, p 33도 참조.

3 고전적 설명 두 가지는 G Dangerfield, *The Strange Death of Liberal*

---

* 8장을 잘못 쓴 듯하다.

England (London, 1935)와 R C K Ensor, *England 1870-1914* (Oxford, 1936), 12~13장 참조. 피터 클라크는 새 자유주의를 다룬 더 유연하지만 여전히 명료한 연구서를 몇 권 썼다. 특히 *Lancashire and the New Liberalism* (Cambridge, 1971)과 *Liberals and Social Democrats* (Cambridge, 1978) 참조.

4 D Cannadine, *The Decline and Fall of the British Aristocracy* (London, 1990), pp 69-70.

5 P Stephens, 'Who Gives a Damn for the Blessed Poor?', *Financial Times,* 9 April 1997.

6 R Gott, 'The Drive to Intervene', *Guardian,* 20 May 1999.

7 A Callinicos, 'Barbarity and Hypocrisy: The Ideology of Humanitarian Intervention', in T Ali, ed, *Masters of the Universe?* (London, 2000) 참조.

8 S Brittan, 'A Good "Liberal" Budget', *Financial Times,* 19 March 1998.

9 D Piachaud, 'Wealth by Stealth', *Guardian, Society* supplement, 1 September 1999.

10 S White, 'What Do Egalitarians Want?', in J Franklin, *Equality* (London, 1997), pp 70-1.

11 G Brown, 'The Politics of Potential: A New Agenda for Labour', in D Miliband, ed, *Reinventing the Left* (Cambridge, 1994), p 114.

12 같은 책, p 116.

13 J Rogers and W Streeck, 'Productive Solidarities', in Miliband, ed, *Reinventing the Left.* 신노동당의 경제사상에 대한 비판적 평가는 N Thompson, 'Supply Side Socialism', *New Left Review,* 216 (1996) 참조.

14 HM Treasury, *Tackling Poverty and Extending Opportunity,* March 1999, pp 23, 35.

15 같은 책, p 23.

16 브라운이 통화주의의 (정책 처방을 모두 받아들이는 것은 아니지만) 자연

실업률 가설을 비롯한 핵심 분석을 받아들인다는 것은 1999년 10월 19일 "완전고용의 조건"을 주제로 한 강연을 들어 보면 알 수 있다. www.hm-treasury.gov.uk

17 P Clarke, *The Keynesian Revolution in the Making, 1924-1936* (Oxford, 1988), p 136에서 인용.

18 'Europe: The Third Way/Die Neue Mitte — Tony Blair and Gerhard Schröder', 6 June 1999, www.labour.org.uk, p 6.

19 같은 책, p 8.

20 같은 책, p 12.

21 같은 책, p 11.

22 G Brown, Speech to the Labour Party Conference, 27 Sep 1999, www.lab.org.uk, p 7 (강조는 나의 것).

23 *Financial Times,* 10 November 1999.

24 Piachaud, 'Wealth by Stealth'.

25 *Tackling Poverty and Extending Opportunity,* p 32.

26 'Europe: The Third Way/Die Neue Mitte', p 9.

27 R Kuttner, 'Don't Forget the Demand Side', in Miliband, ed, *Reinventing the Left,* p 146.

28 E Luttwak, *Turbo-Capitalism* (London, 1999), pp 79, 80-1.

29 같은 책, pp 82, 83.

30 'Europe: The Third Way/Die Neue Mitte', pp 12-13.

31 T Blair, 'Speech to the Labour Party Conference', 28 September 1999, www.lab.org.uk, pp 4, 8.

32 이런 이데올로기적 분위기의 완전히 전형적인 사례는 사회정의위원회가 "한 사람이 보상을 받으면 다른 사람이 손해를 볼 수 있다"는 것을 인정하고, "산업계 거물들에게 주는 막대한 보상"은 슬쩍 지나치면서 이런 보상-손해 주장을 입증해 주는 사례로 1970년대 스태그플레이션[경제 불황 중에도 물가가 계속 오르는 현상]의 원인이 높은 임금 인상 요구였다고 주장한다는

것이다. *The Justice Gap* (London, 1993), p 14. 산업계 거물들에게 불평등과 빈곤의 책임이 어느 정도 있다는 말은 오늘날 노동당에서 결코 들어 볼 수 없다.

33 Brown, 'Speech to the Labour Party Conference', pp 6, 7. 실제로는 루스벨트의 두 번째 임기 때(1937~1941년) 뉴딜 정책은 좌초했다. 특히, 보수파의 압력을 받은 루스벨트 정부가 적자재정에서 균형예산으로 돌아선 것이 대공황 후의 경제 회복을 중단시키고 1937~1938년의 경기후퇴를 촉발하는 데 일조했다. 이 경기후퇴를 두고 찰스 킨들버거는 "미국 역사상 최악의 경제 위축"이라고 말했다. Charles Kindleberger, *The World in Depression 1929-1939* (Harmondsworth, 1987), p 271[국역: 《대공황의 세계 1929-1939》, 굿모닝북스, 2018]. 당대의 흥미로운 분석은 J Strachey, *A Programme for Progress* (London, 1940), Part II 참조.

34 *Financial Times*, 20 July 1999.

35 A Maddison, *Dynamic Forces in Capitalist Development* (Oxford, 1991), p 48 and Table 3.2, p 50.

36 *Financial Times*, 21 December 1996.

37 *OECD Employment Outlook*, June 1999.

38 러시아의 신자유주의 경험에 관해서는 M Haynes and P Glatter, 'The Russian Catastrophe', *International Socialism*, 2.81 (1998)과 P Gowan, *The Global Gamble* (London, 1999)[일부 국역: 《세계 없는 세계화》, 시유시, 2001] 9장 참조.

39 *OECD Employment Outlook*, June 1999.

40 J Grahl, *After Maastricht* (London, 1997) 참조.

41 J K Galbraith et al, 'Inequality and Unemployment in Europe: The American Cure', *New Left Review*, 237 (1999).

42 이어지는 일반적 정식화는 페리 앤더슨의 몇몇 표현을 빌려온 것이다. 'The German Question', *London Review of Books*, 7 January 1999, p 16 참조.

43 W Hutton, *The State We're In* (London, 1995), and L Elliott and D

Atkinson, *The Age of Insecurity* (London, 1998).

44 동아시아와 러시아의 금융시장 붕괴에 관해서는 A Callinicos, 'World Capitalism at the Abyss', *International Socialism*, 2.81 (1998)과 Gowan, *Global Gamble*, 6장 참조. 유용한 이론적 분석은 M Itoh and C Lapavitsas, *Political Economy of Money and Finance* (London, 1999) 참조.

45 *Financial Times*, 21 June 1999.

46 Stratfor, 'World Bank Reverses Position on Financial Controls and on Malaysia', *Global Intelligence Update: Weekly Analysis*, 20 September 1999, www.stratfor.com.

47 *Guardian*, 10 October 1998.

48 J Plender, 'Taming Wild Money', *Financial Times*, 20 October 1998.

49 M Wolf, 'No Magic Potion', *Financial Times*, 12 May 1999.

50 예컨대, M Wolf, 'Watch Out for the Fireworks', *Financial Times*, 27 January 1999 참조. 증권회사 필립스앤드드루의 연구 보고서 2건은 미국의 호황을 떠받치고 있는 매우 불안정한 금융 불균형 구조를 조심스럽게 분석하고 있다. Bill Martin and Wynne Godley, 'America and the World Economy' (December 1998)과 'America's New Era' (October 1999) 참조.

51 마르크스의 경제 위기 이론을 간략하게 설명한 A Callinicos, *The Revolutionary Ideas of Karl Marx* (London, 1983)[국역: 《카를 마르크스의 혁명적 사상》, 책갈피, 2018] 6장 참조. 이 주제를 다룬 방대한 문헌 중에서 유용한 길잡이 구실을 할 수 있는 것으로는 C Harman, *Explaining the Crisis* (rev edn, London, 1999)[국역: 《왜 사본주의는 경제 위기에 빠지는가?》, 책갈피, 근간], J Weeks, *Capital and Exploitation* (London, 1981), M C Howard and J E King, *A History of Marxian Economics* (2 vols, London, 1989, 1992), and S Clarke, *Marx's Theory of Crisis* (London, 1994)[국역: 《마르크스의 공황 이론》, 한울, 2013] 등이 있다.

52 R Brenner, 'Uneven Development and the Long Downturn: The Advanced Capitalist Economies from Boom to Stagnation, 1950-

1998', *New Left Review,* 229 (1998), p 7. G Duménil and D Lévy, *La Dynamique du capital* (Paris, 1996)은 이윤율의 움직임에 초점을 맞춰 연구한 최근의 또 다른 주요 저작이다. 브레너의 글에 대한 비판적 평가는 A Callinicos, 'Capitalism, Competition, and Profits', *Historical Materialism,* 4 (1999) 참조.

53 Callinicos, 'Capitalism at the Abyss', pp 21-4.

54 United Nations Development Programme, *Human Development Report 1999* (New York, 1999), p 40.

55 M Albert, *Capitalism against Capitalism* (London, 1993)[국역: 《자본주의 대 자본주의》, 소학사, 1993]은 이해 당사자 자본주의를 지지하는 주장을 가장 일반적으로 서술하고 있다(물론 그 책은 윌 허턴의 저작에도 영향을 미쳤다). 이에 대한 비판은 A Callinicos, 'Betrayal and Discontent: New Labour under Blair', *International Socialism,* 2.72 (1996), pp 5-13 참조.

56 B Barry, 'The Attractions of Basic Income', in J Franklin, ed, *Equality* (London, 1997).

57 R Van Parijs and R Van Der Veen, 'A Capitalist Road to Communism', in P Van Parijs, *Marxism Recycled* (Cambridge, 1993), p 163.

58 Van Parijs, 'Universal Grants versus Socialism', in Van Parijs, *Marxism Recycled,* pp 178, 179.

59 같은 책, p 206 n 4.

60 *Financial Times,* 6 September 1999. 노동의 종말 테제에 대한 뛰어난 비판은 M Husson, 'Fin du travail ou réduction de sa durée?', *Actuel Marx,* 26 (1999) 참조.

61 Van Parijs and Van Der Veen, 'Universal Grants versus Socialism', p 189.

62 *Financial Times,* 13 March 1999.

63 Barry, 'The Attractions of Basic Income', p 163.

64 E O Wright, 'Why Something like Socialism is Necessary for the

Transition to Something like Communism', in Wright, *Interrogating Inequality* (London, 1994) 참조.

65 *Libération,* 3 October 1998.

66 *Financial Times,* 7 June 1997.

67 J Wolfreys, 'Class Struggles in France', *International Socialism,* 84 (1999).

68 예컨대, J Rawls, *A Theory of Justice* (rev edn, Oxford, 1999), pp xiv-xvi, and R Dworkin, 'Liberalism', in M Sandel, ed, *Liberalism and Its Critics* (Oxford, 1984), pp 68-9 참조.

69 G A Cohen, 'Back to Socialist Basics', in Franklin, ed, *Equality,* p 37.

70 Cohen, *Self-Ownership, Freedom, and Equality* (Cambridge, 1995), pp 259, 262.

71 P Devine, *Democracy and Economic Planning* (Cambridge, 1988). 앞 단락과 여기서 제기된 쟁점들에 관한 약간 더 광범한 논의는 A Callinicos, *The Revenge of History* (Cambridge, 1991) 참조.

72 T Nagel, *Equality and Partiality* (New York, 1991), p 4.

73 같은 책, pp 90, 91, 124.

74 같은 책, p 125.

75 네이글 주장의 철학적 기초는 *The View from Nowhere* (New York, 1986)에서 찾아볼 수 있다.

76 G A Cohen, 'Incentives, Inequality, and Community', in G B Peterson, ed, *The Tanner Lectures on Human Values,* XIII (Salt Lake City, 1992), pp 269-70. 앞의 3장 참조.

77 Cohen, *Self-Ownership, Freedom, and Equality,* p 262. Cohen, 'Back to Socialist Basics', pp 35-7도 참조.

78 Wolfreys, 'Class Struggles in France', and S Béroud et al, *Le Mouvement social en France* (Paris, 1998) 참조. 운동의 부활이 사상에 미친 영향에 관한 논의는 A Callinicos, 'Social Theory Put to the Test of Politics: Pierre Bourdieu and Anthony Giddens', *New Left Review,* 236 (1999),

pp 85-102 참조.

79 Michael Moore's *Newsletter,* 7 December 1999, www.michaelmoore.com

80 G B Shaw, *The Intelligent Woman's Guide to Socialism and Capitalism* (London, 1928), p 385.

81 Cohen, 'Incentives, Inequality, and Community', 예컨대 pp 307-10.

찾아보기

ㄱ

게이츠, 빌(Gates, Bill) 29, 48, 49, 132

경제 위기 22, 167, 183, 188, 192, 194, 195

경제협력개발기구(OECD) 31, 184, 185

계획 205~208

고트, 리처드(Gott, Richard) 162

공동체 74, 77, 83, 84, 88, 91, 104, 116, 205, 211, 216, 217

공리주의 12, 13, 16, 17, 68, 90~94, 97, 108

과세(세금) 49, 130, 161~163, 165, 168, 175, 179, 182, 199, 200, 209, 235, 236

교육 40, 73, 78, 85, 99, 101, 158, 164, 165, 169, 174~176, 178, 179, 204, 232, 233

국제통화기금(IMF) 188~190

굿하트, 데이비드(Goodhart, David) 48, 49, 51, 132

그레이, 에드워드(Grey, Sir Edward) 162

글래드스턴, W E(Gladstone, W E) 159, 160, 162

금융시장 29, 79, 187~189, 193

기든스, 앤서니(Giddens, Anthony) 87~89, 146, 225, 234

《제3의 길》 87

기본 소득 197~202

기본적인 사회적 재화들(primary social goods) 96, 113, 116, 117

기여 원칙 129, 130, 132, 141, 148~150

ㄴ

네이글, 토머스(Nagel, Thomas) 38, 47, 51, 128, 129, 208, 209, 212

노동당 49, 73, 79, 89, 159, 163, 165, 170, 171, 196, 231
노직, 로버트(Nozick, Robert) 9, 12, 47, 93, 99, 107, 117, 135
《아나키, 국가, 유토피아》 47
누스바움, 마사(Nussbaum, Martha) 119
능력주의 86, 98, 225~236

ㄷ
대처, 마거릿(Thatcher, Margaret) 34, 82, 166, 169, 175, 182, 185, 231
독일 10, 55, 83, 159, 183, 196, 199, 200, 229
드워킨, 로널드(Dworkin, Ronald) 9, 12~14, 16, 51, 105, 109~114, 116, 118, 125, 126, 134, 151, 204, 228
디바인, 팻(Devine, Pat) 208

ㄹ
라이언, 앨런(Ryan, Alan) 158
라이트, 에릭 올린(Wright, Erik Olin) 20, 131
라퐁텐, 오스카어(Lafontaine, Oskar) 199, 200, 213, 217
러시아 29, 184, 185, 187, 188, 189
레이건, 로널드(Reagan, Ronald) 31, 34, 82, 182
레이어드, 리처드(Layard, Richard) 185
레인버러, 토머스(Rainborough, Colonel Thomas) 58~60
로머, 존(Roemer, John) 51, 112, 115, 123, 128, 134, 158
로이드조지, 데이비드(Lloyd George, David) 161, 162
로저스, 조엘(Rogers, Joel) 164
로크, 존(Locke, John) 94
로티, 리처드(Rorty, Richard) 148
롤스, 존(Rawls, John) 9, 11~13, 17, 19, 23, 51, 53, 54, 63, 87, 89, 90~108, 111, 113, 116, 118, 123, 124, 133~135, 147, 148, 151, 154, 156, 204, 205, 221, 228
《만민법》 11
《정의론》 11, 12, 51, 53, 90, 100, 105, 221, 228
《정치적 자유주의》 90, 147
롱텀캐피털매니지먼트(LTCM) 189, 191
루소, 장자크(Rousseau, Jean-Jacques) 94
루스벨트, 프랭클린 D(Roosevelt, Franklin D) 180
루트왁, 에드워드(Luttwak, Edward) 32, 42, 176~178
룩셈부르크, 로자(Luxemburg, Rosa) 101

ㅁ
마르크스주의 7, 8, 10, 18, 19, 23, 43, 56, 86, 101, 124, 125, 131, 205

마르크스, 카를(Marx, Karl) 10, 12, 17, 19, 23, 44, 53~56, 65, 67,~72, 78, 79, 119, 123, 127,~130, 141, 142, 148~151, 192, 193, 197, 202, 211, 228
《고타 강령 비판》 70, 71, 129, 228
《자본론》 68, 72, 192
마이크로소프트 177, 214
매드릭, 제프리(Madrick, Jeffery) 43, 44
매디슨, 앵거스(Maddison, Angus) 183
멕시코 187, 189
모더니티 58, 63, 64, 66, 156, 220, 224
모하맛, 마하티르(Mohamed, Mahatir) 188
무어, 마이클(Moore, Michael) 213
미국 11, 31~35, 38, 42~44, 47, 52, 54, 55, 58, 59, 86, 131, 132, 148, 158, 159, 169, 170, 173, 176, 177, 182~184, 186~89, 191~196, 198, 212, 213, 220, 231
미국혁명 61, 91, 220
미제스, 루트비히 폰(Mises, Ludwig von) 206
미테랑, 프랑수아(Mitterrand, François) 199
민주주의 38, 60, 67, 83, 84, 209
밀러, 데이비드(Miller, David) 135, 136, 138~142, 144, 145
밀, 존 스튜어트(Mill, John Stuart) 63

ㅂ

바이어스, 스티븐(Byers, Stephen) 181
발리바르, 에티엔(Balibar, Etienne) 23, 61~63, 100, 102, 147, 155, 220
발칸 전쟁(1990년) 162
배리, 브라이언(Barry, Brian) 51, 53, 94, 97, 155, 197, 200, 202
버트, 시릴(Burt, Cyril) 73
버틀러, 주디스(Butler, Judith) 153, 154
벌린, 이사야(Berlin, Sir Isaiah) 63
베버, 막스(Weber, Max) 54
벤담, 제러미(Bentham, Jeremy) 68, 91
보비오, 노르베르토(Bobbio, Norberto) 50, 51, 76
복리주의 108, 115, 120, 122, 123
부르디외 피에르(Bourdieu, Pierre) 46, 232
불가피한 운 13, 14, 111, 112, 121, 125, 126, 128, 134, 137, 145, 221, 228
브라운, 고든(Brown, Gordon) 33, 82, 84~87, 89, 134, 146, 163~166, 171, 173, 176, 179~181, 183, 196, 201, 225, 226, 235
브라질 189
브레너, 로버트(Brenner, Robert) 43,

44, 132, 193
브리턴, 새뮤얼(Brittan, Samuel) 163
블레어, 토니(Blair, Tony) 38, 49, 51, 55, 79, 83, 158, 159, 162, 163, 168~172, 175, 176, 178~181, 185, 196, 202, 203, 213, 225~227, 234, 235
비달, 고어(Vidal, Gore) 54
비데, 자크(Bidet, Jacques) 23, 52, 54, 63~66, 102, 105, 106
빈곤 15, 28, 31~33, 37~41, 45, 48, 85, 89, 110, 131, 132, 163, 165~167, 173, 174, 183, 197, 213, 229, 236

ㅅ

사회정의위원회 89, 124, 135
사회주의 44, 50, 51, 54, 67, 71, 76, 79, 82~84, 101, 119, 125, 127, 129, 151, 195, 202, 205, 206, 208, 210, 222
시장 사회주의 21, 138, 144, 145, 197, 205, 223
새 자유주의(New Liberalism) 158~161
색스, 제프리(Sachs, Jeffrey) 185
샌델, 마이클(Sandel, Michael) 11
선택적 운 14, 111, 125, 126
세계무역기구(WTO) 213, 214
센, 아마르티아(Sen, Amartya) 9, 12, 15, 16, 89, 106~109, 113, 115~123, 127, 150, 221
소련 29, 32, 185, 205~207, 223
소로스, 조지(Soros, George) 142, 143
쇼, 조지 버나드(Shaw, George Bernard) 73, 113, 174, 215
슈뢰더, 게르하르트(Schröder, Gerhard) 38, 49, 83, 168~171, 176, 178, 185, 213
슈트렉, 볼프강(Streeck, Wolfgang) 164
스미스, 존(Smith, John) 89
스캔런, T M(Scanlon, T M) 51, 97, 155
스탈린주의 205, 207
시애틀 시위(1999) 213, 214
신노동당 33, 48, 54, 55, 82~85, 87, 124, 134, 146, 159, 161, 163, 164, 166, 171, 172, 174,~176, 179~182, 195, 196, 204, 221, 225, 227, 235, 236
신자유주의 14, 21, 34, 47, 82, 117, 163, 166~169, 172, 182~189, 196, 201, 211~213, 224, 236
실업 46, 82, 167~174, 176, 183~186, 193, 198, 199, 201

ㅇ

아너슨, 리처드(Arnerson, Richard) 51, 121~123
아리스토텔레스(Aristotle) 17, 18, 115, 119

애스퀴스, H H(Asquith, H H) 158, 159, 162
앤더슨, 앨리자베스(Anderson, Elizabeth) 125~127
엘리엇, 래리(Elliot, Larry) 187
연방준비제도이사회 189·191·192
영국 33~36, 39~41, 45, 48, 49, 54, 55, 58, 73, 74, 77, 87, 124, 142, 143, 158~160, 162, 166, 167, 169, 174, 180, 182, 185, 187, 195, 212, 213, 220, 221, 228, 229, 231, 232, 236
영국은행 163, 167, 201
영국혁명 58, 59
왈저, 마이클(Walzer, Michael) 11, 89
운 평등주의 125~127, 134, 222
울프, 마틴(Wolf, Martin) 190
웨브 부부 77
윌슨, 해럴드(Wilson, Harold) 79, 199
유럽연합 38, 184~186
유럽중앙은행 168, 186, 198
유엔개발계획(UNDP) 15, 28, 29, 40, 117, 194
  《인간 개발 보고서》 28, 195
응분 21, 85, 125, 133~136, 138~143, 145
이익에 대한 접근권의 평등 12, 16, 20, 108, 113, 121, 127, 131, 134, 136, 145, 215, 221
인도네시아 188, 189
인센티브 103, 104, 113, 143, 145, 165, 167, 172, 179, 204, 209, 210, 216, 223
일본 184, 196

ㅈ

자본주의 7, 10~12, 19~22, 29, 42, 43, 52, 56, 65, 69~71, 75, 123~125, 127, 130, 153, 156, 176, 182, 183, 186, 187, 192~198, 200~202, 204, 206, 208, 215, 220, 222~224, 231, 236
  이해 당사자 자본주의 196
  자유주의 17, 43, 52, 53, 63, 97, 100~102, 147, 148, 156, 168, 208, 216, 220
자율(성) 64, 66, 83, 84, 119, 211
적응적 선호 110, 112, 123, 222
정의(justice) 8, 9, 11~13, 16, 18, 52, 53, 56, 70, 71, 76, 89, 94~97, 99, 100, 102, 105, 123, 124, 128, 133~136, 138, 139, 141, 145~147, 150, 151, 154, 158, 204, 215, 221~223
제3의 길 21, 38, 48, 49, 54, 55, 79, 82, 83, 84, 89, 119, 158, 159, 169, 172, 173, 175, 176, 182, 183, 202, 212, 213, 222, 225
제라스, 노먼(Geras, Norman) 70
제퍼슨, 토머스(Jefferson, Thomas) 58, 60, 61

젤딘, 시어도어(Zeldin, Theodore) 67
조스팽, 리오넬(Jospin, Lionel) 202, 203
존슨, 새뮤얼(Johnson, Dr Samuel) 61
지니계수 29, 33, 36, 226, 237

ㅊ

차등 원칙 205, 221, 246
차이 145~156
착취 19, 20, 46, 49, 64~66, 69, 70~72, 125, 127~133, 141, 144, 145, 151, 222
책임 13, 14, 22, 98, 111, 112, 113, 114, 115, 118, 134~138, 170, 222
체임벌린, 조지프(Chamberlain, Joseph) 160

ㅋ

칸트, 이마누엘(Kant, Immanuel) 10, 92, 93, 94, 99
칼링, 앨런(Carling Alan) 83, 87~89, 242, 243
캘러핸, 제임스(Callaghan, James) 79
캠벨배너먼, 헨리(Campbell-bannerman, Sir) 158
커트너, 로버트(Kuttner, Robert) 176
케네디, 존 F(Kennedy, John F) 42
케인스, J M(Keynes, J M) 159, 167, 168
《고용·이자·화폐의 일반 이론》 187
코이타, 야긴(Koita, Yaguine) 30
코헨, G A(Cohen, G A) 12, 16, 23, 38, 51, 89, 103~106, 108, 111~115, 118~121, 125, 134, 146, 205~207, 210~212, 216, 221, 222
크로스랜드, C A R(Crosland, C A R) 4, 67, 73, 75~79, 82, 83, 85, 86, 172, 174
클라크, 피터(Clarke, Peter) 253
클린턴, 빌(Clinton, Bill) 38, 54, 55, 79, 170, 171, 202

ㅌ

토니, R H(Tawney, R H) 67, 73~75, 77~79, 83, 86, 118, 174
토크빌, 알렉시 드(Tocqueville, Alexis de) 60, 63, 66
《미국의 민주주의》 60
퉁카라, 퐁데(Tounkara, Fedé) 30

ㅍ

〈파이낸셜 타임스〉 163, 171, 181, 184, 190, 200, 234
판 데르 페인, 로베르트(Van Der Veen, Robert) 197, 198, 199, 200
판 파레이스, 필리페(Van Parijs, Philippe) 197, 198, 199, 200
평등
기회의 평등 16, 74, 83, 85,~87, 98, 100, 115, 122, 158, 233

복리의 평등 13, 108~110, 115, 122
소득의 평등 15, 73, 113
역량의 평등 15, 113, 115, 117, 136, 150, 221
자원의 평등 9, 14, 15, 105, 110, 111, 113, 115
평등자유(Égaliberté) 61~66, 100, 147, 155, 220, 241
평등주의적 자유주의 7, 10, 51, 52, 56, 89, 105, 107, 123~125, 128, 203, 204, 208, 221, 222, 228
포용·배제 87
프랑스 46, 67, 68, 199, 202, 213, 214, 224, 227
프랑스, 아나톨(France Anatole) 68
프랑스혁명 60, 61, 66, 67, 91, 156, 220
프레이저, 낸시(Fraser, Nancy) 151, 152, 153, 154, 155
프리드먼, 밀턴(Friedman, Milton) 167
플랜트, 레이먼드(Plant, Raymond) 242
피어쇼, 데이비드(Piachaud, David) 163, 174
핀레이슨, 고든(Finlayson, Gordon) 246
필리핀 188
필립스, 케빈(Phillips, Kevin) 31
필요 원칙 70, 141, 150

ㅎ

하이에크, F A 폰(Hayek, F A von) 141, 187, 206
한국 7, 8, 9, 33, 41, 45, 128, 165, 188, 189
해터슬리, 로이(Hattersley, Roy) 85
허턴, 윌(Hutton, Will) 45, 46, 187
헤겔, G W F(Hegel, G W F) 64, 101
화이트, 스튜어트(White, Stuart) 164
흄, 데이비드(Hume, David) 95
힐리, 데니스(Healey, Denis) 49
힐퍼딩, 루돌프(Hilferding, Rudolph) 78

평등(새 번역) 불평등과 능력주의를 극복하려면 무엇이 필요한가?

지은이 알렉스 캘리니코스
옮긴이 이수현

펴낸이 김태훈 | 편집 차승일 | 표지 디자인 나유정
펴낸곳 도서출판 책갈피 | 등록 1992년 2월 14일(제2014-000019호)
주소 서울 성동구 무학봉15길 12 2층 | 전화 02) 2265-6354
팩스 02) 2265-6395 | 이메일 bookmarx@naver.com
홈페이지 chaekgalpi.com | 페이스북 facebook.com/chaekgalpi
인스타그램 instagram.com/chaekgalpi_books

첫 번째 찍은 날 2022년 9월 16일

값 15,000원
ISBN 978-89-7966-229-0
잘못된 책은 바꿔 드립니다.